Autor

Uta Ranke-Heinemann, Prof. Dr. theol., geboren 1927 in Essen als Tochter des späteren Bundespräsidenten Heinemann. Studierte evangelische Theologie in Bonn, Basel, Oxford und Montpellier. 1953 trat sie zum Katholizismus über. Promotion in katholischer Theologie 1954 in München. Als erste Frau der Welt konnte sie sich 1969 in katholischer Theologie habilitieren. Seit 1970 Professor für Neues Testament und Alte Kirchengeschichte, anfangs in Neuss, seit 1985 an der Universität Essen. Kämpfte 1971 für ein internationales Napalmverbot, reiste auf Einladung des vietnamesischen Roten Kreuzes 1972 nach Hanoi und forderte die Beendigung des Vietnam-Krieges durch die USA. Flog 1979 mit Medikamenten in das hungernde Kamboscha. In der Friedensbewegung engagiert. 1984 Spitzenkandidatin der Friedensliste für die Europawahl. 1985 für die Landtagswahl in NRW, Veröffentlichungen: Der Protestantismus, Wesen und Werden; Christentum für Gläubige und Ungläubige; Die sogenannte Mischehe; Eunuchen für das Himmelreich, Katholische Kirche und Sexualität u. a. Sie ist verheiratet mit dem Religionslehrer Edmund Ranke und hat zwei Söhne.

Uta Ranke-Heinemann

Widerworte

Friedensreden und Streitschriften

GOLDMANN VERLAG

Der Goldmann Verlag
ist ein Unternehmen der Verlagsgruppe Bertelsmann

Made in Germany · 6/89 · 2. Auflage
Genehmigte Taschenbuchausgabe

Umschlaggestaltung: Design Team München
Druck: Presse-Druck Augsburg
Verlagsnummer: 12027
Lektorat: Michael Görden
Herstellung: Ludwig Weidenbeck
ISBN 3-442-12027-6

VORWORT

Die Menschheit ist krank. Sie leidet an einer Mangelerscheinung. Was ihr fehlt, ist etwas, was man das gewöhnliche Gefühl für Menschlichkeit nennen könnte. Für manche Päpste und andere Kirchenmänner freilich ist das ein verwerfliches Gefühl. Papst Pius XII. verurteilt in seiner Weihnachtsansprache 1948 „das gewöhnliche Gefühl für Menschlichkeit, das zu oft nur reine Sentimentalität ist und den Krieg lediglich verabscheut wegen seiner Schrecken und Grausamkeiten" als ein „Gefühl eudämonistischer und utilitaristischer Art und materialistischer Herkunft".

Alles, was dieses Buch bewegt, alles, was es erhofft, ist dieses verworfene Gefühl.

U. R.-H.

Inhalt

REDEN FÜR DEN FRIEDEN

KIRCHE UND CHRISTEN

UNGEHALTENE REDE

BÜCHER UND AUTOREN

AUGENZEUGENBERICHT

ANHANG: DIE AKTUELLE DISKUSSION

Reden für den Frieden

Es sind Menschen, die brennen

Gegen den Krieg in Vietnam (1971)

Das Thema, um das es hier geht, ist ein unerhörtes Thema. Und man begegnet ihm weithin so, daß man es verdrängt und aus dem Unerhörten das Ungehörte macht. Es geht um Menschen, die Unsägliches leiden. Und vor dem Unsäglichen die Ohren zu verschließen, erscheint weithin als probat. Menschen, die schreien, hat man gelernt, zu einem stimmlosen Dasein abzuschalten, weil man im Grunde Angst hat, daß man, wenn man die Schreie hört, aufsteht und selber beginnt zu schreien. Wer Stimme der Stimmlosen sein will, wenn auch eine ganz inadäquate, bringt Unruhe, belastet, wird lästig. Welche Tabus darf man verletzen, wieviel Rücksichten darf man fallenlassen, Rücksichten auf Kirche und Partei, auf Familie und Kollegen, auf Regierung und Verbündete? Wie laut ist es erlaubt zu klagen? Wie deutlich ist es gestattet anzuklagen?

Ich spreche vom Krieg in Vietnam, insbesondere von Napalm. Ich spreche von den ermordeten Wehrlosen, insbesondere von den Alten, den Frauen und den Kindern. Die Napalmbombe brennt, so erfuhr ich vom Verteidigungsministerium „10 bis 12 Minuten" (Zentrale Dienstvorschrift 9/13 Dezember 1969). Die Wahrheit ist, daß es Menschen sind, auf denen diese Masse brennt und die dann weiterbrennen, stundenlang qualmen.

„Bei feuchter Witterung", sagt die Schrift des Verteidigungsministeriums [„Jahrbuch der Wehrtechnik", Folge 4 1969 (Feuerbomben)] „ist die Wirkung des Napalms wesentlich schlechter". Verlangt nicht die Logik nach dem entsetzlichen Schluß, daß die Wirkung der Bombe bei trockenem Wetter eine gute sei? „Eine nachhaltige Wirkung", sagt der Bericht des Ministeriums, „ist nur bei besonders günstigen Voraussetzungen zu erwarten, die normalerweise auf dem Gefechtsfeld nicht gegeben sind". Nicht auf dem Gefechtsfeld, das heißt nichts anderes, als daß die Voraussetzungen günstig sind bei der Zivilbevölkerung. „Die taktische Wirkung der Feuerbomben auf dem Gefechtsfeld", sagt der Bericht, „ist umstritten. Sie haben zweifellos eine erhebliche moralische Wirkung." Von Moral ist die Rede, und diese Moral sagt nicht: Du sollst nicht töten, diese Moral sagt: Töte. Von der „Suche nach einer dem Napalm überlegenen neuen Brandmasse" spricht der Bericht, von einer „Verbesserung der jetzigen Feuerbomben", von „Fortschritten" in der Wirkung. Aber hinter den Wörtern „Überlegenheit" und „Verbesserung" und „Fortschritt" steht nichts als die immer reibungslosere Perfektion dieses Tötens. Es ist dabei nicht so, als ob man jede Sorge außer acht ließe, aber diese Sorge gilt der Bombe: „Da die normale Napalmmasse", heißt es, „sich nicht von selbst entzündet und dadurch oft erhebliche Mengen unwirksam bleiben, werden oft je Bombe zwei Zünder verwendet." Es ist nicht so, daß man kein Bedauern kennt, es klingt etwas davon mit, wenn es heißt: „Die Tiefenwirkung ist äußerst gering." Aber man weiß von Erfolgen zu berichten, wenn zu lesen steht: „Von brennender Napalmmasse getroffene Menschen tragen, wie aus Einsatzberichten bekannt ist, meist große Verbrennungen und schwer zu behandelnde Verletzungen davon." Man bleibt nicht bei dem Erreichten stehen und legt die Hände nicht in den Schoß: „Da die Lagerbeständigkeit der Napalmmischung jedoch inzwischen verbessert wurde, werden heute zum Teil bereits betriebsfertige Feuerbomben an die Truppe ausgegeben." Viel Arbeit und viel Intelligenz wendet der Mensch an, um töten zu können. Aber die Summe dieser Intelligenz ist die Vernichtung des Menschen, ist „die Abscheulichkeit des ‚bodycount', des belohnten Preiszählens toter Körper", wie Rudolf Augstein es nennt (Der Spiegel Nr. 16, 12. 4. 1971).

Immer größer wird die Kapazität des Todes, die wehrlose alte Leute umbringt und Frauen und Kinder. Immer geringer wird, was den Opfern bleibt. Verlassen und gemartert zu schreien und zu sterben auf einer Erde, die kein Erbarmen mit ihnen kennt. Was ihnen bleibt, ist nichts als ein entsetzlich verbrannter Leib und ein Gesicht, das nicht mehr das von Menschen scheint. „O Erde", sagt Hiob, „decke mein Blut nicht zu, mein Schreien finde keine Ruhestatt" (16,18).

Wo ist die Stimme der Kirche in diesem Inferno? Sie, die die Stimme der Barmherzigkeit sein soll, die Stimme Christi, der die niemals sich schließende Wunde eines jeden fremden Lebens annimmt als die eigene? „Niemand übersieht", schreibt die von Jesuiten herausgegebene Schweizer Orientierung („Katholische Kirche und Entwicklung in Vietnam" 31. 3. 1971 von Michael Wiener), „daß im entscheidenden Spiel der Allianzen ... die westlich geprägte Kirche Vietnams zum bevorzugten Partner des US-Apparates aufrückt... Kirche und Armee treten als mächtige Verteidiger einer etablierten Ordnung auf. Beide haben in der revolutionären Bewegung der Befreiungsfront den gemeinsamen Todfeind erkannt oder – pastoral gesprochen – die Verleiblichung des Teufels, dessen radikale Bekämpfung banale Selbstverständlichkeit ist. Krieg wird de facto Religionsausübung." In der Tat, die Christen haben schon oft Gott zu dem „Gott mit uns" gemacht, zu dem Gott der freien Welt und der Antikommunisten. Darum sind die Amerikaner nach Kardinal Spellman „Soldaten Christi", und jeder, der sich dagegen wendet, wird häufig genug als kommunistisch gesteuert verdächtigt und nicht selten in seiner Rechtgläubigkeit suspekt.

Ich bitte Sie, das Töten nicht zu dulden. Tun Sie, was Ihr Teil sein kann, dazu, daß diese Erde nicht ein Objekt der Vernichtungsmaschinerien wird, sondern eine Erde der Menschen. Ich meine, wir sollten die Kirchenführer auffordern, ihren Einfluß in der Welt aufzubieten, damit das Töten ein Ende findet. Ich meine, wir sollten unsere Regierung auffordern, daß sie internationale Schritte unternimmt, um der Grausamkeit ein Ende zu bereiten, und wenn sie dazu nicht bereit ist, dann sollten wir eine bessere Regierung wollen.

Die Toten von Vietnam sehen uns an. Und in ihnen sieht Gott uns an. Nicht der Gott, den wir uns zurechtgemacht haben. Wir haben Gott zu einem bequemen Gott gemacht, wir sind mit ihm ins Reine gekommen. Aber Gott ist kein bequemer Gott, er will nicht das gute Gewissen, das ein sanftes Ruhekissen ist. Der Nächste ist als Maß gesetzt, nach dem wir gemessen werden. Wir können nicht flüchten in die Unverbindlichkeit einer privaten Gottesliebe. Der tote Vietnamese, die tote Vietnamesin sehen uns an. Wir dürfen uns nicht abwenden. Und wir sollen uns nicht täuschen. Der, der sagt, daß er Gott liebt und seinen Mitmenschen nicht liebt, ist ein Lügner.

Es ist nicht viel, was von uns verlangt wird. Nur ein bißchen Erbarmen, dazu ein bißchen Zeit und vielleicht ein bißchen Geld. Dieses bißchen Erbarmen fordert keinen Heroismus, kein Opfer, das diesen Namen verdiente, nichts als die Entschiedenheit, all das nicht mehr zu wollen.

Ich bitte Sie, das Schreckliche, das mit Menschen geschieht, nicht mehr zu dulden. Die Toten, die wir töten, oder deren Tötung wir dulden, können wir nicht bestatten. Es gibt nicht Erde genug, um sie zu bedecken. Es gibt für uns nicht Zeit und nicht Ewigkeit genug, sie zu vergessen.

Ansprache am 6. Mai 1971 in Münster.

Wir haben nichts gelernt

An den Gräbern von Stukenbrock (1975)

Meine Damen und Herren, liebe Freunde!

Lassen Sie mich am Anfang Ihnen danken dafür, daß Sie gekommen sind. In einer Zeit, da viele kein anderes Opfer zu bedauern wissen, als sich selbst, ist es nichts Geringes, daß es Menschen gibt, die das Entsetzliche nicht aus ihrem Bewußtsein verdrängen. Daß Sie hier sind aus verschiedenen Nationen, aus verschiedenen politischen und religiösen Herkünften, ist schon viel. Es ist viel, weil es eine Entscheidung bedeutet, denn mit den Gräbern, an denen wir hier stehen, ist uns eine Mahnung gesetzt, eine Forderung, daß wir uns nicht flüchten dürfen vor der uns auferlegten Verantwortung. Sie, die Sie hier sind, liebe Freunde, sind herausgetreten aus der Gleichgültigkeit, aus der vielfältig anzutreffenden Kollaboration mit der Stumpfheit, die den Aufruf dieser Toten aus Polen, aus Frankreich, aus Italien, insbesondere aber aus der Sowjetunion nicht hört. Sie sind gekommen in der Trauer um das, was hier geschehen ist. Das ist kein Ungeschehenmachen, das kann keine Wiedergutmachung sein. Aber jede Trauer an jeder Stätte der Vernichtung bedeutet einen Anfang, ein Stück Hoffnung. So vielfältig sind die Möglichkeiten, der Trauer zu entkommen, und so viel bequemer ist es, unsere Vergangenheit zu vergessen, statt sich zu erinnern. Aber man übersieht dabei, daß dieser Verdrängungsvorgang uns nicht nur nicht vor einer schlimmen Vergangenheit rettet, sondern uns vielmehr in eine aussichtslose Zukunft hinein gefährdet. Denn mit der Vergangenheit verdrängen wir zugleich die Erfahrung, daß die alte politische Weise, in der Menschen zusammengelebt haben, offenbar nicht ausgereicht, daß das alte Haus nicht standgehalten hat, daß wir ein neues Haus bauen und auf besseren Grund gründen müssen, wenn wir miteinander leben, wenn wir miteinander überleben wollen. Die Gefahr ist groß, daß wir das neue Haus wieder auf Sand bauen. Es gibt schon wieder Leute bei uns, die mit Säbeln rasseln, wenn nicht mit eigenen, so doch mit fremden. Wir haben aus dem Schlimmen, das hinter uns liegt, das Einfachste nicht gelernt, daß die Drohung mit Waffen niemals ein Problem gelöst hat und niemals in der Lage sein wird, eines zu lösen. Jede solche Drohung bedeutet zudem schon Aggression. Den anderen sterben zu lassen, statt ihn leben zu lassen, ist die Quintessenz einer Politik, die nicht willens oder fähig ist, die Ordnung einer menschlichen Welt zu realisieren.

Wir haben nichts gelernt, oder: was wir gelernt haben, haben wir wieder vergessen. Damals, als das Leiden dieses Lagers zu Ende ging, waren auch wir am Ende, an einem Ende, das ein neuer Anfang hätte werden können. Es hätte aus unserer Schuld der Wille zur Einsicht und Umkehr wachsen können. Es hätte das Leiden begreifen und tiefere Menschlichkeit gebären können. Aber wir gingen mit Schuld und Leid um, ohne daß es uns veränderte, ohne daß es unsere Kraft und Phantasie bewegte, ohne daß unser Herz gebrannt hätte nach einer *wirklich* neuen Zukunft. Wir waren in einem tiefen Minus. Und das bißchen Addieren, das uns gelang, war, nachträglich betrachtet, nicht viel. Es ist wahr, daß wir die äußere Not bekämpften und weithin beseitigten, aber damit allein läßt sich keine Zukunft bauen. Unsere Politik blieb weithin monströs. Wir konstruierten eine neue Freund-Feind-Welt und begriffen nicht, daß eine solche illusionäre Existenz immer schon eine gescheiterte ist. Wir haben uns weithin wieder zu Fanatikern der Parteilichkeit verdummen lassen, statt offen zu sein für die, die *nicht* unserer Partei, *nicht* unserem Volk, *nicht* unserem politischen System anhängen. Die Politik des Kalten Krieges macht uns inhuman. Es scheint, als sei die Trauer um die vielen Gräber in aller Welt noch zu wenig tief, als daß sie alle so tief erschüttert hätte, daß Menschen niemals mehr bereit wären, sich gegenseitig zu vernichten.

Wollen wir menschlich miteinander leben, müssen wir immer wieder neu den Anfang zu Besserem suchen. Das ist nicht immer bequem. Es wird von uns nichts Geringeres gefordert, als daß das Gewissen so zum Maßstab des Handelns gemacht wird, daß es niemals willens ist, sich zu arrangieren um der Position und des Ansehens willen, daß es vielmehr bereit ist, Verdächtigung und Anfeindung auf sich zu nehmen. Gefordert wird ein kritisches Bewußtsein, das nicht Parolen verfällt, das Scheinheiligkeit entlarvt, das Vorurteile bekämpft, das sich von der kollektiven Angst befreit. Dazu, meine ich, sind diese Gräber ein Mahnruf.

Ich danke Ihnen.

Ansprache am 6. 9. 1975 im ehemaligen NS-Lager Stukenbrock bei Bielefeld.

Man muß dem Gewissen folgen

Zum 30. Jahrestag der VVN (1977)

Es gibt Erinnerungen, die wehe tun. Es gibt Erinnerungen eines Volkes, die so schmerzhaft sind, daß man sie nicht haben will. Heute ist ein Tag der Erinnerung. Das ist mehr als ein Jubiläum. Über das Datum der Gründung Ihres Verbandes hinaus wenden sich die Gedanken zurück zu dem Schrecklichen, das vorausgegangen war. Erinnerung bedeutet dabei mehr als eine rationale Registrierung vergangener Fakten, mehr als das bloße Sich-ins-Gedächtnis-zurückrufen. Erinnerung heißt und muß heißen, einer Vergangenheit so inne zu werden, daß sie unser Inneres, das heißt, unser Herz und unser Gewissen, zur Erkenntnis unserer Verantwortung sensibilisiert. Wir müssen uns der vergangenen Barbarei erinnern, um eine kommende auszuschließen.

Weil wir ein so schlechtes Gedächtnis haben, hilft es uns, wenn wir durch andere erinnert werden. Sie, die Sie hier versammelt sind, und Ihre Vereinigung sind eine helfende Erinnerung, für die wir und alle zu danken haben. Eine solche Hilfe ist immer notwendig. Denn es gibt keine Zeit, in der das Gewissen nicht gefordert ist. Es gibt immer Mächte, die es bedrohen. Mehr oder weniger ist der Einzelne immer vor die Entscheidung gestellt, Mitläufer zu sein oder Verdächtiger, Ja-Sager oder Gegner, Willfähriger oder Verfolgter. In einer Zeit, da das Wort „radikal" zum Schimpfwort geworden und damit das Mittelmaß zur Maxime erhoben ist, sollten wir uns trotzdem radikal zu der Pflicht bekennen, jeder den Menschen bedrohenden Macht der Mächtigen zu widerstehen. Es sind immer nur einzelne, die dieser Pflicht leben. Und dies nicht nur, wenn es die Gefährdung des eigenen Lebens bedeutet. Das Bekenntnis zum Gewissen wird immer gehemmt durch die Angst, sich zu isolieren. Die Furcht, sich abzusondern, ist Anlaß, sich der Menge anzuschließen, auch wenn man nicht wie die Menge denkt, um dann schließlich doch auch wie die Menge zu denken, da man dem Urteil des eigenen verborgenen Gewissens weniger glauben will, als den lauten Parolen der Vielen.

Heute gibt es Demonstrationen und Aufrufe und Proteste und Bürgerinitiativen. Deren Recht und Wert soll nicht bezweifelt werden. Aber Widerstand, der jenem in jener Zeit vergleichbar wäre, ist das nicht. Demonstrationen und Bürgerinitiativen heute sind ein Teil der öffentlichen Meinung. Sind manchmal schon selbst Machtausübung. Proteste heute sind Leben in der Gesellschaft. Widerstand damals bedeutete Verlassenheit, Isolierung, Ohnmacht, Ausgestoßensein aus der Gesellschaft. Bei wem hätte der Einzelne, der seinem Gewissen folgte, Hilfe und Zuflucht finden können? Da war keine Herde, in der er sich bergen konnte. Da war kein Hirte, dessen Stimme er hätte folgen können. Es ist eine beklemmende Wahrheit, daß auch die geistliche Autorität versagte, daß die Kirche den Einzelnen im Stich ließ. Es sei zwar nicht geleugnet, daß sie auch protestierte. Insbesondere dann, wenn es um ihre eigenen Rechte ging. Es sei nicht geleugnet, daß sie ihre Stimme gegen das Verbrechen der Euthanasie erhob. Aber sie schwieg, wo sie hätte reden sollen (ich spreche von den Judenmorden), und sie trieb laute Propaganda, wo sie dann schon lieber hätte schweigen sollen (ich spreche vom Krieg).

Wie verwirrt mußte der Einzelne sein, der das, was geschah, als Unrecht erkannte, wenn nicht nur die Gesellschaft bereit war, sich den Phantasien eines Führers zu unterwerfen, sondern wenn auch noch die hohe Priesterschaft diesen Führer magisch überhöhte, indem sie dem von ihm verursachten Krieg – ich sage nicht „ungerechten" Krieg, um nicht den Anschein zu erwecken, als ob das

Wort „Krieg“ je das Wort „gerecht“ neben sich verdienen könnte – indem sie dem von ihm verursachten Krieg noch Heilsbedeutung verlieh. „Meine lieben Erzdiözesanen“, sagte Erzbischof Jäger am 11. Februar 1942, „schaut hin nach Rußland. Ist jenes arme unglückliche Land nicht der Tummelplatz von Menschen, die durch ihre Gottfeindlichkeit und durch ihren Christushaß fast zu Tieren entartet sind?... Ihre (unserer Soldaten) heilige Liebe zu Volk und Heimat, ihr sieghafter Glaube an unseren Herrn und Heiland gibt ihnen die Kraft, so unendlich große Opfer und Heldentaten für uns alle zu vollbringen, um die Welt zu erretten vom gottlosen, christusfeindlichen Bolschewismus...“ (Kirchliches Amtsblatt für die Erzdiözese Paderborn Nr. 3, 11. 2. 1942).

Ein anderes Beispiel aus der Fülle der Propaganda, die die vom fanatischen Antikommunismus besessene Mehrheit des deutschen Episkopats betrieb – wobei mit Mitscherlich („Die Unfähigkeit zu trauern“) zu bemerken ist, daß sich der „emotionale Antikommunismus“ als „folgenreichstes“ Teilstück des Naziweltbildes bis heute „völlig unbehelligt erhalten“ hat – ein anderes Beispiel ist der Hirtenbrief vom 21. September 1941 des Bischofs Rackl von Eichstätt. Er nennt Hitlers Krieg gegen die Sowjetunion „einen heiligen Kreuzzug, einen heiligen Krieg für Heimat und Volk, für Glauben und Kirche, für Christus und sein hochheiliges Kreuz.“

Der Bischof von Münster, Graf von Galen, den man wegen seiner mutigen Predigten im August 1941 gegen die Euthanasie als Widerstandskämpfer mit Recht rühmt, hat die Kriege Hitlers in einem Maße gutgeheißen, daß dies in einem Brief des Sicherheitsdienstes vom 29. September 1941 lobend erwähnt wird: „Eine durchaus positive Betrachtung der kriegerischen Ereignisse und vor allem seine klare Stellungnahme gegen den Bolschewismus“, wird Hitler-staatlicherseits über den neuesten Hirtenbrief Galens anerkennend vermerkt. Zum Krieg gegen England schreibt von Galen am 9. März 1941 im katholischen Kirchenblatt für das nördliche Münsterland:

„Gott hat es zugelassen, daß das Vergeltungsschwert gegen England in unsere Hände gelegt wurde. Wir sind die Vollzieher seines gerechten göttlichen Willens.“ Kardinal Faulhaber von München spricht am 21. August 1944 vom „himmelschreienden Verbrechen des 20. Juli“, das er, „vor aller Welt verdammen und brandmarken muß“ und von seiner persönlichen „Verehrung zum Führer“.

Eine seltene Ausnahme unter dem deutschen Episkopat ist neben dem Rottenburger Bischof Sproll der Bischof von Berlin von Preysing gewesen, dem Goebbels in seiner Tagebucheintragung vom 21. Februar 1942 bescheinigt: „Der Bischof Preysing von Berlin betätigt sich weiter als Hetzer gegen die deutsche Kriegsführung."

Es waren einzelne, die widerstanden. Es war z. B. Franz Jägerstätter, der Hitlers Krieg als ungerecht erkannte, den Kriegsdienst verweigerte und mit seinem Leben dafür bezahlte. Er und alle Kriegsdienstverweigerer wurden noch nach dem Krieg 1946 durch den Linzer Bischof Fließer wegen ihres „irrigen Gewissens" diffamiert. Mit Recht schreibt 1962 der frühere Gefängnispfarrer in Berlin, Harald Poelchau, der manche Kriegsdienstverweigerer auf ihrem letzten Gang nach Plötzensee begleitete: „Das Versagen der offiziellen Kirche, nicht nur wegen ihrer Abhängigkeit vom Regime, sondern auch aus ihrer inneren Taubheit gegenüber diesem Gewissensanliegen (KDV) war für die Christenheit beschämend."

Es war nicht die Kirche, sondern es waren einzelne in der Kirche, die widerstanden. Zum Beispiel der katholische Pfarrer Dr. Max Josef Metzger, der wegen seiner Friedensbemühungen 1944 hingerichtet wurde. Sein Bischof, Erzbischof Gröber von Freiburg, distanzierte sich in einem Brief an Freisler mit dem Ausdruck seiner „hohen Verehrung und Wertschätzung" (für Freisler, nicht für Metzger) von dem „Verbrechen, dessen Metzger sich schuldig gemacht hat" (16. Oktober 1943).

Es waren einzelne, die widerstanden. Zum Beispiel die elf überlebenden (von 17) KZ-Priester der Erzdiözese Freiburg. Als sie 1946, also nach dem Krieg, zu einer Tagung in Offenburg sich trafen, verweigerte Erzbischof Gröber seinen Besuch und verbot die Öffentlichkeit der Tagung. Der katholische Historiker Friedrich Heer schreibt: „Die Lage war 1945 so heikel, daß nur ein gigantisches Verdeckungsmanöver das Gesicht des offiziellen Christentums in Deutschland zu retten und wiederzugewinnen vermochte... Im Schatten der Ruinen entstand jenes mächtige Gebäude der Lebenslüge der deutschen Christenheit."

Die Legende vom kirchlichen Widerstand zu zerstören und von der Wahrheit, nämlich dem Widerstand weniger in der Kirche zu sprechen, kann nicht bedeuten, neue Schuldige zu suchen, oder gar eine bestimmte Gruppe zu beschuldigen. So wie Widerstand Sache des einzelnen ist, so ist auch Schuld – so sehr sie die Schuld vieler ist – nicht Sache einer bestimmten Gruppe. Die Legende vom Widerstand der Kirche zu zerstören, heißt nur dies: zu erkennen, daß Widerstand des Gewissens eine Sache des Alleingelassenseins ist, ein Heraustreten aus dem Schema der jeweiligen Zeit. Es heißt wach zu sein dafür, wie sehr der Zeitgeist nicht nur die Bösen, sondern auch die Guten fortträgt. Widerstand ist eine Sache des Mißtrauens nicht nur gegen die Zustände, sondern zuerst gegen uns selbst. Denn es ändern sich zwar die Zeiten und wir in ihnen, aber ändern wir die Zeiten, so daß die Zeit menschlicher wird für alle?

Heute ist ein Tag der Erinnerung. Jede Erinnerung bedeutet einen Anruf in die Zukunft, einen Anruf, nicht stehen zu bleiben, sondern weiterzugehen.

Es wird für jeden viele Scheidewege geben, es wird kein Stern sein, dem er folgen könnte, aber solange das Gewissen nicht müde und nicht gleichgültig ist, wird der Weg offenbleiben in die Zukunft einer Erde der Menschen.

Ansprache auf der Festveranstaltung der Vereinigung der Verfolgten des Naziregimes am 12. 3. 1977 in der Frankfurter Paulskirche aus Anlaß des 30. Jahrestages der Gründung der VVN

Ihre Sprache ist Terror

Abrüstungskundgebung in Essen (1977)

Der Mensch ist auf Zukunft ausgerichtet. Aber die Wahrheit ist, daß er keine Zukunft hat. Er hat nur eine Frist, die abläuft. Der Mensch ist auf Überleben ausgerichtet. Und da er unfähig ist, seine *eigene* Frist zu überdauern, will er *fremde* Fristen überdauern: er will andere überleben, insbesondere will er seine Feinde überleben. Aus Angst vor dem Vergehen braucht er Feinde und macht sich Feinde. Weil er ein kollektives Wesen ist, schafft er sich einen kollektiven Feind. Wenn er schon nicht Herr über seinen eigenen Tod sein kann, will er Herr über den fremden Tod sein. Weil er sein Ausgeliefertsein an die ablaufende Zeit aufheben will, will er, daß andere *ihm* ausgeliefert sind. Feinde zu haben, Feinde zu bedrohen, gegen Feinde zu rüsten eröffnet schon einen scheinbaren Horizont einer Überlebensmöglichkeit. Der in die eigene Hand gegebene Tod des anderen offenbart die eigene Macht, der Sieg über den anderen Ruhm und Unsterblichkeit.

Ein solcher Glaube ist ein Aberglaube. Wir haben uns damit noch nicht sehr weit von den Vorstellungen der Primitiven entfernt, die das Hirn des Feindes verzehrten, um dadurch das eigene Leben zu potenzieren. Im Grunde sind wir Kannibalen geblieben. Im Grunde war es immer die Angst, die den Menschen trieb. Auch heute noch ist die Waffe unser Fetisch, ist die Rüstung der große Zauber, der uns den Feind in die Hand gibt und uns unser Leben garantiert. Durch die Geschichte hindurch hatten wir hundert und mehr edle Motive, um Kriege zu führen und Menschen zu töten. Auf allen Seiten wurden immer nur *gerechte* Kriege geführt und hatte man immer nur eine gute Sache im Sinn, ja, nicht selten hat Gott selbst es so gewollt und sind in seinem Namen Unzählige ermordet worden. Wir rüsten natürlich auch heute wieder für eine gute Sache, für den Kampf gegen den Kommunismus z.B., für den Kampf gegen den Imperialismus z.B. Und wenn der nächste Krieg gewesen sein wird, wenn die Erde ein toter Planet sein wird, voll von atomverseuchten Leichen, die niemand mehr begräbt, weil niemand mehr da sein wird, sie zu begraben, so wird auch das für eine gerechte Sache gewesen sein.

Wir rüsten für den Frieden. Daß man, wenn man den Frieden will, den Krieg vorbereiten müsse, hat immer als bewährte Politik gegolten. In Wirklichkeit ist es eine nahezu pathologische Verhaltensweise, den Frieden ausgerechnet durch Kriegsvorbereitung sichern zu wollen. Wer den Krieg vorbereitet, bekommt den Krieg. In den Versuchslaboratorien der Verhaltensforscher lernen sogar die Ratten, wenn sie zum Futter wollen, den Weg zum Futter zu finden und die Stromstöße zu vermeiden. Wir haben niemals gelernt, den Weg zum Frieden zu finden und sind immer wieder in das Feuer gerannt. Der Grund ist, daß wir niemals ernstlich und wirklich den Frieden wollten. Bewahrung des Friedens war immer nur ein Vorwand für unsere Machtgelüste und Aggressionen. Wenn zwei Menschen mit der Maschinenpistole im Anschlag aufeinander zielen und dabei erklären, sie täten dieses um des Friedens willen, wird man sie für unzurechnungsfähig halten. Aber die aufeinander gerichteten Atomwaffen, die gegenseitige militärische Erpressung mit Menschenleben in unvorstellbarer Zahl soll als Friedenswille ernstgenommen werden. Sie garantiert nur den Tod. Ein Frieden, der sich auf den Terror der Vernichtungswaffen gründet, ist kein Friede. Darum fordern wir Beendigung des Wettrüstens. Wir fordern keine einseitige Abrüstung des Westens. Wir fordern keine einseitige Abrüstung des Ostens. Wir fordern Abrüstung auf beiden Seiten.

Man hat sich im Laufe der Geschichte viele Gedanken gemacht, wie man Kriege gewinnt. Dafür gibt es Ministerien und Generalstäbe und Kriegsschulen. Es gibt Manöver und Milliarden. Man hat sich wenig Gedanken gemacht, wie man den Frieden gewinnt. Der Mensch hat das Töten des Menschen gelernt und entwickelt. Er hat ungeheure Fortschritte in der Entwicklung der Maschinerie des Todes erreicht und steigert sich in diesem Fortschritt des Wahnsinns zu einem Inferno, das ein Massengrab schafft für alle, für eine Rasse, die den Untergang finden wird, weil sie den Frieden nie wirklich gewollt hat.

Der Mensch hat aus sich selbst keine Zukunft, aber da ist eine Stimme, die ihm Zukunft verheißt: Selig sind die Friedensstifter. Das ist kein Wort, das den Propagandisten des Wettrüstens gefallen könnte. Und es ist doch das einzige Wort, das die Erde eine Erde der Menschen bleiben läßt. Es richtet sich an alle, und zwar ganz konkret. Es richtet sich an die einzelnen und an die Regierungen. Es richtet sich an Washington und Moskau, an Bonn und Ostberlin, an Damaskus und Jerusalem. Zum Engagement für den Frieden sind alle, und zwar alle gemeinsam gerufen. Parteien mögen sich von Parteien distanzieren, wenn es um die Sache der Partei geht. Christen dürfen sich niemals von anderen distanzieren, wenn es um die Sache des Menschen geht. In letzter Zeit hat man viel darüber gehört, daß der Friede, um den wir uns bemühen, nicht der richtige Friede sei, weil sich auch Kommunisten um ihn bemühen. Nur der Friede, heißt es, sei der richtige Friede, den man mit den richtigen Leuten anstrebt. Und so erhob sich die Frage: Wann ist der, der sich um Frieden bemüht, in guter Gesellschaft? Die Antwort muß lauten: „Selig sind die Friedensstifter". Mit diesem Wort Jesu sind nicht nur die Christen selig gepriesen, und nicht nur die Sozialdemokraten. Und nicht nur die Liberalen. Damit sind auch die Kommunisten seliggepriesen, wenn sie sich um den Frieden bemühen. Durch diese Seligpreisung ist der, der sich mit anderen um den Frieden bemüht, immer in der allerbesten Gesellschaft.

Die, die die Panzer haben, dünken sich als die Herren, sie verlangen nach immer neuer Macht. Ihre Sprache ist Terror, und ihre Taten bedeuten Tod. Aber Zukunft wächst nicht aus Atompilzen, und Friede gedeiht nicht durch Verwüstung. Die, die die Panzer haben und sich als die Herren dünken, finden wir überall, im Westen wie im Osten. Überall wo eine Militärparade stattfindet, vollzieht sich die Liturgie der neuen Götter und haben diese schon ihre Stiefel auf die Erde gesetzt. Sie sind die schreckliche Internationale der potentiellen Vernichter. Sie haben Verheißungen für uns. Sie haben Verheißungen für die Menschen im Osten. Sie nennen sich Garanten der Zukunft und des Friedens. Glauben wir diesen Friedensfürsten nicht. Zu groß ist die Gefahr, daß die Erde zum Brandopfer dieser Götzen wird. Tun wir, was unser Teil sein kann, das zu verhindern.

Ansprache am 21. 5. 1977 auf dem Kennedyplatz in Essen

Niemand wird die Toten begraben

„Christen für Abrüstung" (1978)

Die Geschichte des Menschen ist aus unseren Augen gesehen eine lange Geschichte. Sie reicht zurück in Vergangenheiten, die uns verborgen sind. Die Geschichte des Menschen ist eine schwere Geschichte, weil sie übervoll ist vom Leiden, das dem Menschen durch den Menschen widerfuhr. Es scheint, als ob diese lange und schwere Geschichte nun bald zu Ende geht. Und sie hat kein Happy-End. Es führt ein eindeutiger Weg von dem Tag, da zum ersten Mal ein Mensch einen Stein formte, um einen Menschen zu töten, bis zu jenem Tag, da das Inferno über uns hereinbrechen wird. Das wird die Vollendung der Welt sein, so wie wir sie vermögen. Ein schwerer Tod nach einer langen Krankheit. Eine militärische Pseudoerlösung. Wo Begreifen nötig war, begriffen wir nichts. Und so wird das Ende des Menschen als Spezies ein Tod durch Dummheit sein. Jede neue Rakete – oder wenn wir lieber sagen: Waffe, weil es humaner erscheint, mit Waffen statt mit Raketen zu töten und besser ist, durch Waffen statt durch Bomben zu sterben –, jede neue Waffe soll ein Schritt zur Sicherheit sein, ein festerer Grund, auf den wir uns gründen könnten. Jede neue Waffe ist aber nur ein weiterer Schritt zum Ende. Die, die immer perfekter das Einander-töten lernen und üben, werden immer unfähiger und machen immer unfähiger, miteinander zu leben. Miteinander zu leben statt miteinander zu sterben, dafür gibt es keine Ausbildung.

Die mit den Waffen drohen und uns angeblich Sicherheit garantieren, sind unfähig, über den Schatten eines Denkens in Blöcken zu springen. Sie sind in ihrer waffenstarrenden Macht, die nicht damit zufrieden ist, die Menschheit siebenmal ausrotten zu können, sondern danach verlangt, es siebenmal siebzig mal zu tun, die Widersacher einer positiven Beziehung von Menschen zu Menschen. Schon sind die Begriffe in Verwirrung geraten. Kriegsdienst wird als Friedensdienst bezeichnet. Es fehlt nicht mehr viel, und der Krieg wird als Frieden gelten. Als Ernstfall gilt er ohnehin.

Und das ist Beweis genug, wie wenig ernst man es mit dem Frieden meint. Niemand kann zwei Herren dienen. Der, der dem Krieg dient, dient nicht dem Frieden.

Hier muß auch die Tätigkeit der Kirchen in der sogenannten Militärseelsorge daraufhin befragt werden, wieweit sie mit dem Evangelium noch in Übereinstimmung steht. In einer Informationsschrift des Verteidigungsministeriums über die Militärseelsorge war zu lesen, daß es bei der Militärseelsorge darum geht, „ein getröstetes Gewissen für das legitime Tun als Soldat im Kriege zu geben". Das scheint mir ein schreckliches Evangelium, das Menschen in Stand setzt, christlich getröstet millionenfachen Tod zu bereiten. Im Lichte dieses Todesevangeliums ist es konsequent, daß diejenigen suspekt sind, die sich weigern, mit einem durch die Militärseelsorge getrösteten Gewissen das Töten von Menschen zu lernen und zu üben.

Religionskriege sind heute nicht mehr modern. Aber Religion und Krieg geben immer noch ein harmonisches Paar. Und das hat schon eine lange Geschichte. Wo immer es Kriege gab, wurden sie religiös motiviert, bei Assyrern, Babyloniern und Griechen, bei Germanen und Indianern. Krieg wurde immer in Gottes Namen geführt. So gesehen hat Militärseelsorge eine alte Tradition. Auch Israels Kriege im Alten Testament sind Jahwes Kriege gewesen. Im Heiligen Krieg wurde Kanaan von Israel unter Josua erobert. Israels Gott ist als Jahwe Zebaoth ein Gott der Kriegsheere.

Die Religion ist also kein schlechter Pate des Krieges gewesen, denn es werden weniger Menschen heimtückisch ermordet als aus edlen Motiven in offener Schlacht getötet. Die Menschen sind in ihrer fanatischen Hingabe an ein falsches Credo gefährlicher als in ihren egoistischen Aggressionen.

Militärseelsorge hat auch insofern eine alte Tradition, als in vielen Religionen der Trost für Krieger der Anfang des letzten Trostes gewesen ist. Bei den Azteken gingen gewöhnliche Tote in die Unterwelt, im Krieg Gefallene aber zur Sonne. Auch das Alte Testament kennt zunächst ähnlich wie Homer nur die Vorstellung von der Unterwelt, in der die Toten ein Schattendasein führen. Angesichts der Frage nach dem Schicksal der im Krieg Gefallenen wird dann im 2. vorchristlichen Jahrhundert während der Makkabäerkriege in weiten Kreisen des jüdischen Volkes der Gedanke an die Auferstehung der Toten lebendig und ist seitdem geschichtsmächtig für Judentum und Christentum und darüber hinaus.

Von hier aus könnte man sagen, Religion habe Kriege hervorgebracht, aber auch umgekehrt habe der Krieg Religion erzeugt: Denn das Töten habe die Frage nach dem Leben gestellt, die Schlachtfelder hätten die Hoffnung auf das Jenseits geweckt. Krieg und Religion seien geradezu füreinander bestimmt und arbeiteten sich gegenseitig zu. Und in nicht wenigen Abhandlungen über den Krieg seitens christlicher Theologen wird bis heute ein ungebrochenes Verhältnis von Krieg und Religion immer wieder neu deutlich.

Zahlreich sind die Opfer der Christenverfolgungen. Ich meine, groß ist die Zahl derer, die durch Christen zu Tode kamen. Denn die Christen haben weithin die Tradition des hl. Krieges fortgesetzt. Bis hin zu den Kreuzzügen, bis hin zu Vietnam, wo die Amerikaner laut Kardinal Spellman als „Soldaten Christi" kämpften. Die Brandstifter und Brandsegner schrecken nicht davor zurück, uns einen Christus zu erfinden, der mit Napalm und Giftgas Menschen wie Ungeziefer vernichtet.

Zu schnell wird vergessen, daß auch der Nazi-Krieg durch die christliche hohe Priesterschaft, die in ihren Hirtenbriefen auch hier vom „hl. Krieg", vom „hl. Kreuzzug für Christus", für die „Errettung der Welt vom gottlosen, christusfeindlichen Bolschewismus" usw. sprach, propagandistisch gefördert wurde.

Zu fragen ist, ob nicht auch noch heute bei der maßlosen Aufrüstung solche pervertierte christliche Religiosität im Spiel ist. Die Schlacht gegen die Gottlosen bleibt für manche Fromme noch zu schlagen.

Fern ist die Stimme dessen, der gesagt hat: Liebet eure Feinde. Diese Stimme ist so fremd geworden, daß man sie nicht mehr heraushört. Wenn sich jemand gegen die allgemeine Tötungsbereitschaft wendet, vermutet man kommunistische Propaganda. Man erbaut weiter das Bild eines Gottes, der ein Gott-mit-uns-Gott ist. Aber dieser Gott der Armeen der sogenannten freien Welt, dieser Antikommunistengott ist nicht der Gott, der der Vater aller ist.

Die Christen haben weithin vergessen, daß Christus ihnen einen anderen Weg wies, wenn er sagte: Selig sind die Friedensstifter. Das Wort Friede ist im christlichen Sprachgebrauch hauptsächlich ins Abseits oder Jenseits abgedrängt: Herr gib ihnen den ewigen Frieden. Die Theologen unterscheiden zwischen einem ungerechten und einem gerechten Krieg, als ob das Wort Krieg jemals das Wort gerecht neben sich verdienen könnte. Die Bergpredigt, die den Friedenswilligen und nicht den Kriegern das Erdreich verspricht, legt sich quer zur uralten menschlichen Erfahrung vom Krieg als lebensnotwendiger Daseinsbewältigung.

Was ist zu tun? Wenn wir in die Geschichte blicken, sehen wir, wieviel Mut und wieviel Wagnis von Menschen geleistet wurden, wenn es darum ging, Taten im Krieg, in Vernichtung und Gegenvernichtung zu vollbringen. Niemals ist von Menschen ernsthaft das Wagnis und der Mut erbracht worden, einander nicht mehr und *nie* mehr zu vernichten. Was wir brauchen, ist ein Mut zur Menschlichkeit, der alle Menschen einschließt. Vielleicht werden wir auch mit diesem Mut untergehen. Aber das ist besser, als zu sterben als blinde Vernichter, die das Verhängnis geschürt und heraufbeschworen haben und die schließlich vor den Trümmern eines waffenstarrenden irdischen Tollhauses, das sie selber errichteten, selber vernichtet wurden.

Rede im Dominikanerkloster in Frankfurt am 18. 3. 1978 aus Anlaß des Kongresses „Christen für die Abrüstung"

Das Kreuz an den Bombern

Friedensinitiative Münster (1978)

Wir sind heute hier in Münster zusammengekommen, einer alten und schönen Stadt. Es ist, wie man sagt, eine christliche Stadt. Und darum ist es vielleicht angemessen und erlaubt, Christliches zu sagen. Dies erscheint umso angemessener, als es auch bei Christen viele Mißverständnisse über das Christentum gibt, gerade auch was unser Thema heute, nämlich Krieg und Frieden, Rüstung und Abrüstung betrifft. Die Bischofsstadt Münster scheint mir ein Dokument solchen Mißverständnisses zu sein. Als Karl der Große – nicht ein Mann der Kirche, sondern ein Krieger – diesen Ort zum Bischofssitz bestimmte, weil er an einer Heerstraße lag, wurde die Allianz von Krieg und Christentum deutlich, die schon lange vorher und noch länger nachher bestand und weithin noch besteht. Das Christentum als Religion der Eroberer, als Gewalttat, als Glaube an einen Kriegsgott, das Christentum als Verbündeter der Gewalt, als Segner und Nutznießer von Gewalt, das ist das große Missverständnis, *die große* Verfälschung des Christentums, die sich durch die ganze Geschichte belegen läßt. Von Kaiser Konstantin, der gemeinsam mit seinem Heer am Himmel ein Kreuz sah bzw. meinte zu sehen und neben dem Kreuz die Worte: „In diesem Zeichen sollst du siegen" und der dieses Zeichen auf den Schilden und Fahnen seiner Soldaten anbringen ließ, spannt sich ein weiter Bogen bis in die Gegenwart. Auch wir sehen heute das Zeichen des Kreuzes am Himmel, nämlich an den Jagdbombern, die wohl auch in diesem Zeichen siegen wollen. Und wir sehen es an den Panzern auf der Erde, die doch nicht die Erde des einen gegen den anderen, sondern die Erde aller sein soll. Das Kreuz ist das Zeichen dessen, der Tod und Angst von uns wegnimmt. Wir haben daraus ein Zeichen auf Tötungsmaschinen gemacht, die Tod und Angst bringen. Friede hat uns der gebracht, den wir als Erlöser bekennen. Aber dieser Friede ist uns abhanden gekommen. Er hat keinen realen Nutzwert mehr. Darum erwarten wir Frieden von Bombern und Panzern und wissen nicht, daß wir Betrogene sind.

„Wer das Schwert ergreift, wird durch das Schwert umkommen", sagt Christus. Man hat dieses Wort immer wieder auf den Kopf gestellt und als Rechtfertigung der Todesstrafe mißverstanden. Das ist falsch. Was gemeint ist, ist dies: Daß das Schwert niemals retten, sondern nur verderben kann, daß das Schwert keine Lösung, keine Erlösung bringt, daß Panzer und Bomber keine Lösung sind. Wir sehen sie zwar an als Retter vor Krieg und Not und Tod. Uns wird verkündet, daß sie Garanten unserer Freiheit sind. Wir gründen unsere Zukunft auf sie, aber wir bauen damit in Wahrheit unser Leben auf falsche Götter, auf Götzen und Götzendienst. „Wer das Schwert ergreift, wird durch das Schwert zugrunde gehen." Modern ausgedrückt: Wer rüstet, wird durch die Rüstung umkommen. Und man muß auch sagen: Wer rüstet, wird durch die Rüstung töten. Schon heute sterben Menschen an unserer Rüstung. Es verhungern Menschen, weil uns das Geld für Waffen wichtiger ist als die Nahrung für Verhungernde. Darum kann eine Armee, die verantwortlich handelt, nicht danach trachten, immer mehr Waffen in die Hand zu bekommen. Sie muß aus sozialem Gewissen heraus immer auch eine Beschränkung der Rüstung wollen.

Ich meine darum, daß die Notwendigkeit einer Rüstungsbeschränkung ein wichtiges Thema auch der Militärseelsorge sein müßte. Wenn Militärseelsorge, wie Seelsorge überhaupt, Stimme der Barmherzigkeit Gottes ist, sollte sie in solcher Weise Anwalt der Armen in aller Welt sein. Denn zumindest so lange es diese Armen in dieser Welt gibt, haben die reichen Völker kein Recht auf den Luxus einer immer größeren Zahl von Waffen, mit denen sie sich eines Tages dann gegenseitig umbringen.

In diesem Zusammenhang ist zu bedauern, daß die kirchliche Fürsorge und Förderung nicht in gleicher Weise den Kriegsdienstverweigerern gilt wie den Soldaten. In seiner Rede zum Volkstrauertag sagte mein Vater am 15. November 1964 über die Kriegsdienstverweigerung: „Wer aber die Kriegsdienstverweigerung heute noch diffamiert, und es geschieht ja solches in allen Lagern, sollte eingedenk sein, daß sie zu dem Ethos der Zukunft gehören wird, so wie wir inzwischen die Blutrache abgeschworen haben." Ich meine, die Kirche sollte die Kriegsdienstverweigerer loben. Theologen sind ohnehin vom Kriegsdienst befreit. Wieso man übrigens angesichts dieser Besonderheit noch von einer *allgemeinen* Wehrpflicht reden kann, ist mir nicht klar. Theologen sind also vom Kriegsdienst befreit. Ich nehme an, aus christlichen Motiven. Das ist anerkennenswert. Aber es bleibt auch anerkennenswert, wenn Leute, die keine Theologen sind, aus den gleichen christlichen Motiven den Kriegsdienst ablehnen. Leider steht die katholische Moraltheologie einem solchen Lob entgegen. (J. Hirschmann, Zur Diskussion um die Wehrpflicht, „Stimmen der Zeit", Jahrg. 1956/57, 3. Heft). Sie spricht von Vorbereitungen der Bundesrepublik Deutschland für einen gerechten Verteidigungskrieg. Sie meint, daß es zwar anderswo ein objektives Kriegsdienstverweigerungsrecht – ja sogar eine -pflicht – gibt (man kann sich denken, wo sie solches ansiedelt), daß es aber bei uns ein solches objektives Kriegsdienstverweigerungsrecht nicht gibt. Bei uns haben nach dieser Moraltheologie die Kriegsdienstverweigerer ein irrendes Gewissen. Was ihnen allein zugestanden wird, ist ein möglicherweise unverschuldet irrendes Gewissen. Dafür aber, nämlich für die Unschuld des falschen Gewissens, dürfe der Staat Beweise verlangen, sagen diese Theologen. „Auch und vor allem", so formuliert der wohl prominenteste katholische deutsche Moraltheologe Hirschmann, Beweise, „ob der sich Weigernde die notwendigen und zumutbaren Anstrengungen gemacht hat, sich ein rechtes Gewissen in dieser Frage zu bilden". Ich weiß nicht, ob diese Moraltheologen die notwendigen und zumutbaren Anstrengungen gemacht haben, sich selbst ein rechtes Gewissen in dieser Frage zu bilden. Ich weiß nicht, ob es diesen Moraltheologen gelingen würde, ihre eigene Unschuld zu beweisen, oder ob nicht die vielen Toten, die auch durch solche Theologie in den vielen sogenannten gerechten Kriegen getötet wurden, Beweis genug sind für ihre Schuld.

Fast allerdings wären die Kriegsdienstverweigerer von höchster katholischer Stelle gelobt worden, nämlich vom 2. Vatikanischen Konzil. Dieser Text wurde dann auf die Initiative einiger Bischöfe aus der vorletzten Fassung gestrichen. Diese Bischöfe haben nicht begriffen, worum es geht. Zur Ehre der letzten Päpste sei darauf hingewiesen, daß sie es begriffen haben, so z. B. Papst Paul VI. in seiner Ansprache vor der UNO am 4. Oktober 1965. Er sagte: „Man muß für die neue geschichtliche Epoche, für jene des Friedens, des wahrhaft menschlichen Zusammenlebens, wie sie den Menschen guten Willens verheißen ist, eintreten. Die Wege hierfür sind ihnen schon vorgezeichnet. Es ist zunächst der der Abrüstung. Wenn sie Brüder sein wollen, so lassen sie die Waffen aus den Händen fallen. Die Waffen, insbesondere jene schrecklichen, welche die moderne Wissenschaft ihnen in die Hand gegeben hat, sind schon noch bevor sie Opfer und Ruinen zeitigen, Ursache von Alpträumen, schlimmen Empfindungen, verbrecherischen Gedanken. Sie rufen Angstzustände hervor, schaffen Mißtrauen und beklagenswerte Entschlüsse, verursachen enorme Ausgaben, hemmen Planungen des Zusammenstehens und nützlicher Arbeit." Soweit Papst Paul VI.

Und zum Schluß noch ein Papst. Johannes XXIII. sagt in seiner Enzyklika „Pacem in terris" 1963: „Wir sehen nicht ohne Schmerz, daß in den wirtschaftlich gut entwickelten Staaten ungeheure Kriegsrüstungen geschaffen wurden und noch geschaffen werden... Als rechtfertigenden Grund für diese militärische Rüstung pflegt man anzugeben, daß unter den gegenwärtigen Umständen der Friede nur durch das Gleichgewicht der Rüstungen gesichert werden kann. Die militärische Rüstungssteigerung an einer Stelle hat also zur Folge, daß auch anderswo das Streben nach Mehrung der Waffen zunimmt... Deshalb fordern Gerechtigkeit, gesunde Vernunft und Achtung der Menschenwürde dringend, daß der allgemeine Rüstungswettlauf aufhört, daß ferner die in verschiedenen Staaten bereits zur Verfügung stehenden Waffen auf beiden Seiten und gleichzeitig vermindert werden, daß Atomwaffen verboten werden und daß endlich alle durch Vereinbarung zu einer entsprechenden Abrüstung mit wirksamer gegenseitiger Kontrolle gelangen." Soweit Papst Johannes XXIII.

Ich danke Ihnen.

Rede am 20.5.1978 in Münster bei der Abschlußkundgebung der Friedensinitiative

Apostel des Overkills

Ev. Kirchentag 1981 in Hamburg

Sehr geehrte Christen,

es ist gut, daß es evangelische Kirchentage gibt. Sie haben, wie der Name sagt, etwas mit dem Evangelium zu tun. Und es ist gut, daß wir uns des Evangeliums erinnern. Das Evangelium handelt nämlich von der doppelten Friedensstiftung, wie Paulus im Epheserbrief das Werk Christi zusammenfaßt: Christus, der unser Friede ist, hat die Versöhnung der Menschheit untereinander und die Versöhnung der nicht mehr entzweiten Menschheit mit Gott bewirkt (2,14–16). Wir dürfen das Evangelium nicht zu einer Sammlung von unverbindlichen Phrasen verkommen lassen. Das Evangelium ist kein Wort zum Sonntag, das im Alltag ohne realen Wert bleibt, weil sein Inhalt ein skurril-exotischer wäre. Das Evangelium ist ein Wort für jeden Tag mit seiner konkreten Last. Es ist ein Wort vom Miteinander von Mensch zu Mensch, von Volk zu Volk, von West zu Ost.

Selig sind die Friedenschaffenden. Wir haben in diesem Wort Jesu genau wie in der Zusammenfassung des Evangeliums durch Paulus den Akt einer, wie wir heute sagen würden, politischen Theologie. Es ist nicht der Friede des Menschen mit sich selbst gemeint, auch nicht zuallererst der Friede des Menschen mit Gott. Denn seinen Frieden mit Gott zu machen, das gelingt manchem Christen gut. Und anschließend soll Gott ihm den ewigen Frieden geben. Aber nicht selten handelt es sich bei diesen Friedensschlüssen lediglich um einen eingebildeten Frieden mit einem eingebildeten Gott.

Selig sind die Friedenschaffenden. Das ist der konkrete Friede zwischen Mensch und Mensch, zwischen Volk und Volk. Es ist der Gegensatz zum Krieg, zum heißen und zum kalten, zum Krieg mit Waffen und zum Krieg mit Wörtern. Aber die Bergpredigt hat für die Christen leider eine eigentlich reale und konkrete Bedeutung nie besessen. Wir reden stattdessen von Rüstung und von Stationierung von Vernichtungswaffen. Hunderte Millionen vom Hunger und Verhungern bedrohte Menschen sind der Preis für diesen Machtrausch der Militärblöcke in Ost und West, in West und Ost, für die aberwitzige Vermehrung des militärischen Potentials, für die grandiose Vernichtungsmaschinerie des Todes.

Weil Christus kein Killer ist, haben die Apostel des Overkills mit seinem Evangelium nichts zu tun. Die Herren Overkiller gebärden sich als die neuen und besseren Friedensbringer. Sie treten auf als die Herren über Leben und Tod. Sie setzen dabei nicht etwa Vernunft gegen Evangelium, sondern einen neuen, besseren Glauben anstelle des alten, angeblich lebensfremden, an dessen konkrete Möglichkeit und Verpflichtung nach ihnen nur Schwärmer glauben können. Auch ihre deutschen Propagandisten erkennen an, daß es militärische Notwendigkeit zu der geplanten Stationierung *nicht* gibt. Und sie haben noch gestern laut als unvernünftig erklärt, was sie uns heute anpreisen. Sie handeln damit nicht gemäß ihrer eigenen *Vernunft*, sie berufen sich jetzt auf ihr *Gewissen*. Sie geben damit ihrem Handeln den Mantel eines religiös-moralischen Bewußtseins, den Weihrauch eines neuen Glaubens. Aus höchstem politischen deutschen Munde, nämlich von unserem Herrn Bundeskanzler, wird der Herr amerikanische Außenminister Alexander Haig – zu dessen Ruhmestaten es gehört, Kambodscha bombardiert zu haben – als der „Neue Alexander“ gepriesen. Der alte Alexander, der als Gottessohn verehrt wurde und sich dann selbst zum Gott erhob, der Gott-König Alexander hat in Washington eine Auferstehung im neuen Alexander gefeiert. Er verlangt von seinen Jüngern Gefolgschaft. Und so haben unsere Politiker einen neuen Gott und einen neuen Glauben und einen neuen Bund. Und demgemäß sprechen sie von „Bündnistreue“ und von „Glaubwürdigkeit des deutschen Außenministers“. Aber unsere Treue sollte sich auf anderes richten als auf das Bündnis der sogenannten freien Welt gegen die sogenannten gottlosen Kommunisten, mit denen die letzte Schlacht zu schlagen und die zu vernichten es manche Christen drängt. Und die Glaubwürdigkeit eines Außenministers reicht als Grund für fremde und eigene Vernichtung nicht aus. Und wenn man uns mit Rücktritten droht, das Motto des Kirchentags: „Fürchte dich nicht“, gilt auch für Rücktrittsdrohungen von Kanzlern und Ministern. Mögen andere mit der Stationierung von Raketen stehen oder fallen, wir wollen uns auf einen besseren Grund gründen als auf Atomwaffen und die, die sie besitzen.

Neuerdings sprechen die Herren neue Erlöser davon, daß im Evangelium nicht nur vom Frieden, sondern auch von der Freiheit die Rede ist, und diese evangelische Freiheit gedenken sie uns mit ihren Raketen zu bescheren. Ich kann hier aus Zeitmangel nicht auf diese Unverfrorenheit eingehen. Aber ihre Dummheit bedeutet Diffamierung des Evangeliums, das uns eben nicht wie diese Herren eine Freiheit zum Tode, sondern eine Freiheit zum Leben eröffnet und das uns auch von den zweifelhaften Freiheiten dieser neuen Apostel befreit. Unser Land mit Raketen vollzustellen, die wir nicht haben wollen und an denen wir und viele andere umkommen werden, ist nicht ein Akt der Freiheit sondern der Tyrannei.

Rede, gehalten auf dem 19. Evangelischen Kirchentag in Hamburg am 19. 6. 1981

Meine Tränen sind von Moskau ferngesteuert

Großdemonstration in Bonn (1981)

Im August 1981, einem Jahr des Herrn, verkündete ein anderer Herr den Befehl zum Bau von Neutronenbomben. Es war ein Tag, an dem viele Menschen in der Welt der Opfer jener beiden ersten Nuklearbomben gedachten, die man auf Befehl eines ebensolchen anderen Herrn auf Menschen geworfen hatte. So wurde eine Totenklage zu einem Bombenjubiläum.

Denn auch eine Atombombe hat für manche Herren ihre zwei Seiten. Sie sehen nicht nur die Opfer, sie sehen auch die gute Sache, für die sie geworfen werden. Der Herr amerikanische Außenminister, laut unserem Herrn Bundeskanzler „der neue Alexander" – der alte Alexander war ein Kriegsheld und Welteroberer und selbsternannter Gott – dieser neue Kriegsgott also hat uns in Berlin in bewegenden Worten das Menschenbild des freien Westens geschildert. Ich würde es umreißen mit den Begriffen Freiheit, Menschenrecht und Menschenwürde und nicht zuletzt Frieden.

Und für dieses Menschenbild sind die Bomben gefallen. Man kann also jene Bomben durchaus Friedenswaffen nennen. Und solcher Friedenswaffen braucht man sich nicht zu schämen. Auch ein Atompilz kann eine Fahne sein, die uns voranweht auf dem Weg zu neuen Friedensbomben.

Theoretisch kann man auf zweierlei Weise sich um den Frieden bemühen, mit atomaren Bomben und ohne solche Bomben. Die Frage ist nur, welches die bessere Weise ist. Jesus hat die selig gepriesen, die den Frieden schaffen. Aber er hat leider vergessen zu sagen, ob er die mit den Bomben oder die ohne Bomben meint. Da sind wir also aufs Raten angewiesen. Die Kirchen sagen: sowohl als auch. Man sieht: sie wissen auch nichts Genaues. Aber die maßgebenden Politiker wissen es genau. Sie sagen: die Methode ohne Bomben ist falsch, das ist überhaupt keine Methode. Das ist Spinnerei und Illusion. Das ist Utopie. Und die, die Frieden ohne Bomben vertreten, sind von Moskau ferngesteuert. Da habe ich mich geschämt, denn ich neigte auch dazu, so etwas zu denken. Aber nun möchte ich aufhören zu denken. Denn ich will doch nicht von Moskau ferngesteuert sein. Und wenn mir dennoch die schwarzen Gedanken kommen und ich an die Opfer jener ersten Bomben und an die unendlich große Zahl der Opfer der kommenden Bomben denke und mir die Tränen in die Augen treten wollen, dann dränge ich sie zurück, weil ich Angst habe, noch meine Tränen könnten von Moskau gesteuert sein.

Aber daß die Welt voller Bomben ist, soll uns ja beruhigen. Die Sprengkraft reicht aus, um hochgerechnet 100 Milliarden Menschen umzubringen. Die Frage ist nur, wo kriegen wir so viele Menschen her? Es ist ja inzwischen kein Mangel an Waffen mehr, die Menschheit zu vernichten. Es reicht vielmehr die Menschheit, die vernichtet werden könnte, nicht mehr für die Waffen aus. Statistisch gesprochen klafft die Schere zwischen aktivem und passivem Vernichtungspotential immer weiter auseinander. Allein in der Bundesrepublik lagert laut unserem Herrn Bundeskanzler nach einem deutschen Nachrichtenmagazin ungefähr die Hälfte des amerikanischen Nuklearpotentials. Um der Vernichtung willen brauchen wir also nicht noch weitere Bomben. Aber wir brauchen sie sehr wohl um des Friedens willen, sagen unsere Politiker. Und deswegen müssen wir nachrüsten.

Ich habe gehört, daß auf jeden Menschen in der Welt zur Zeit eine nukleare Vernichtungssprengkraft von vier Tonnen TNT entfällt. Da der sogenannte Ernstfall in Europa stattfindet, entfallen auf jeden von uns hier ein Vielfaches von vier Tonnen. Wir liegen jetzt schon pharaonengleich unter Pyramiden von Sprengstoff begraben. Aber die Rüstungspolitiker in Ost und West bauen diese Pyramiden höher und höher und halten sie für Friedenskathedralen. Sie merken nicht, daß sie jeden Bezug zur Wirklichkeit verloren haben. Sie merken nicht, daß sie Wahnsinnige sind. Es gibt Menschen auf dieser Erde, die hungern und verhungern, aber wir geben ihnen nichts zu essen. Wir stehlen ihnen ihr Brot für unsere Waffen. Wir stehlen ihnen ihr Leben für unseren Supertod. Die Menschen auf dieser Erde sind in die Hände von Unzurechnungsfähigen gefallen. Das ist eine bittere Wahrheit, und ich hoffe, ich habe mich nicht einseitig ausgedrückt.

Ähnlicher Wahnsinn steht uns demnächst mit den Giftgasen ins Haus. Auch hier soll nachgerüstet werden. Dabei sollen allein bei Pirmasens nach westdeutschen Presseberichten Giftgasvorräte liegen, die geeignet sind, die europäische Bevölkerung mehrmals zu vergiften. Und vielleicht ist Pirmasens nicht unser einziges Pirmasens. Aber selbst wenn wir schon eine Reihe davon haben, so brauchen wir doch noch mehr Pirmasense, weil nämlich unser potentieller Gegner uns an Pirmasensen überlegen ist. Wenn wir also auch mit Giftgas nachrüsten, haben wir dasselbe Problem wie bei den nuklearen Waffen: wo finden wir eine entsprechende Menge von Menschen, die wir vergiften können, wo doch bei allem technischen Fortschritt der Mensch ganz altmodisch nur seinen einen Tod hat.

Aber inzwischen ist es vielen Menschen in der Welt immer mehr klar, daß es nicht um Abschreckung, daß es nicht um Friedenssicherung durch solche Abschreckung geht, denn dazu reichen die vorhandenen Abscheulichkeiten längst aus. Es wird immer mehr Menschen klar, daß es um die Möglichkeit einer Kriegsführung und Kriegsgewinnung geht. Wir lesen in der amerikanischen Presse, daß die amerikanische Regierung sich instand setzen will, jeden denkbaren Atomkrieg zu gewinnen. Wir werden freilich einen solchen Krieg nicht mitgewinnen können. Unsere Karten sind zu schlecht gemischt. Die amerikanische Bevölkerung kann zu einem Drittel gerettet werden. Vielleicht sogar zu zwei Dritteln. Wenn es gelingt, schnell genug die Städte zu evakuieren. Aber wir haben keine Wüste von Nevada zur Hand, jedenfalls nicht in Friedenszeiten. Wenn die Regierung der USA die USA zur Nr. 1 in der Welt machen will, macht sie uns zur Nr. 1 in der Vernichtung. Wogegen wir uns wehren und was wir verhindern wollen, ist der sinnlose Opfertod unseres Volkes für fremden militärischen Größenwahn.

Einige von uns allerdings haben eine Chance, zu überleben. Ich denke da an unsere Regierung. Lassen sie mich eine einfache Frage stellen: warum hat unsere Regierung einen Bunker und die Bevölkerung so gut wie keine? Offenbar ist es erforderlich, daß die Regierung überlebt. Für die Bevölkerung scheint das weniger erforderlich. Vielleicht sagt die Regierung, sie will gerade für die Bevölkerung überleben. Aber, wenn das Volk stirbt, warum will die Regierung leben? Wem will ein Minister, wenn er aus seinem Bunker heraustritt in ein neutronenbomben-verteidigtes Land und sich in seinen intakten Dienstwagen setzt zu seinem toten Chauffeur, wem will ein Minister dann noch ministrieren? Wen will unsere Bunkerregierung, wenn sie aus dem Regierungsbunker aufsteigt, noch regieren? Aber vielleicht gibt es doch noch etwas zu tun. Es sind nämlich noch nicht alle tot in den Häusern. Viele sterben wochenlang. Und es werden viele sein, die um einen Gnadenschuß betteln. Und vielleicht sind die Herren Minister in der Lage, ein Todeskommando zu bilden, um diesem letzten Willen zu entsprechen.

Manchmal kommen mir die Tränen in die Augen – ich sagte das schon. Aber ich denke dann auch: eigentlich sollten die Rüstungspolitiker aus aller Welt, aus Ost und West, zusammenkommen, vielleicht in der Wüste von Nevada. Denn es ist einfacher, Politiker in die Wüste zu schicken als die Bevölkerung. Und sie sollten sich zusammensetzen und über sich und die Welt weinen. Wir aber wollen, und das zu sagen sind wir heute hier, statt einander mit Terror zu bedrohen, statt Überlegenheit zu gewinnen und womöglich Siege zu erringen, wir wollen den Völkern den Frieden erklären, um nicht miteinander zu sterben, sondern miteinander zu leben.

Rede auf der Großdemonstration in Bonn am 10. 10. 1981

Ein Kardinal sieht rot

Zweites Krefelder Forum (1981)

Sehr geehrte Friedensfreunde,

ich möchte heute ein paar Randbemerkungen machen zu ein paar Randerscheinungen unserer Bemühungen um den Frieden. Es haben da manche Leute manches gesagt, was für sich allein genommen nicht so schön ist. Aber nimmt man alles in allem, wird ein Chor daraus, der uns nicht abschrecken kann, sondern ermuntert. Ich kann bei der Fülle des Echos nur wenige Beispiele nennen.

Es war eine Friedenskundgebung am 10. Oktober 1981 in Bonn. Es war eine friedliche Kundgebung. Aber am nächsten Tag stand in „Bild am Sonntag" eine Äußerung von Herrn Kardinal Ratzinger, und die lautete: „Der Streit um den Frieden hat eine blutige Spur in unser Land eingezeichnet." Mit den Streitern um den Frieden hat er uns ganz gut charakterisiert. Aber, da er uns doch wohl nicht mit Krawallmachern anderswo verwechselt, fragte ich mich, was hat der Herr Kardinal mit der blutigen Spur gemeint? Es hat zwar ein Polizist in Bonn geblutet, aber nur weil er eine Coladose ungeschickt geöffnet hat. Und ich selbe habe bei einer Rede auf dem evangelischen Kirchentag Nasenbluten bekommen, aber daran war der Herr Piecyk von den Jusos schuld, weil der nämlich so viel geraucht hat und ich das nicht vertrage. Beides kann doch der Herr Kardinal nicht gemeint haben. Und fast möchte ich, falls es kirchenrechtlich erlaubt ist, mich über den Herrn Kardinal wundern. Aber ich fürchte, es ist nicht erlaubt. Und deswegen erkläre ich lieber gleich: ich wundere mich überhaupt nicht.

In derselben „Bild am Sonntag" war aber auch etwas anderes zu lesen. Es wurde nämlich gerade der friedliche Verlauf der Kundgebung hervorgehoben. Aber das war ganz schlecht. Das war ein Beweis für die kommunistische Steuerung, weil Kommunisten nämlich diszipliniert sind. Die Friedensbewegung steht also vor dem Dilemma, friedlich aber kommunistisch oder nicht kommunistisch aber unfriedlich zu sein. Manche christlichen Politiker sind da in einer etwas merkwürdigen Situation: einerseits ist für sie ein Kommunist so etwas wie ein leibhaftiger Gottseibeiuns, andererseits sind sie glücklich, Kommunisten in einer Kundgebung zu entdecken, denn das erspart ihnen das Denken. Sie sagen: „infiltriert", „gesteuert", „Volksfront", und damit ist ihr Horizont der Gefahr entronnen, sich zu erweitern und bleibt weiterhin selbstzufrieden, eng und stabil.

Weil es nicht darauf ankommt, *was* man uns vorwirft, sondern nur, *daß* man uns etwas vorwirft, weil es nicht um Argumente, sondern um Diffamierung geht, kann man uns statt des Kommunismus auch Faschismus vorwerfen, wenigstens latenten. So geschehen in einem Kommentar des Bayerischen Rundfunks. Und weil es um Diffamierung geht, kann man auch statt unserer Sache unsere Person aufs Korn nehmen. In demselben Kommentar heißt es, bei der Friedensbewegung sei unsere „kleine rachitische Seele aus dem Gefängnis des pickligen Körpers geflattert". Wir wollen das mit Humor nehmen. Und die „zwielichtigen Gestalten" des Herrn Bundeskanzlers wollen wir mit Vornehmheit übergehen, obwohl, wenn von Zwielichtigkeit die Rede ist, es für meine Begriffe nichts Zwielichtigeres gibt als einen Doppelbeschluß.

Aber es gibt auch Dinge, die wir ernster nehmen. Was man uns vielfältig vorwirft, ist unsere Emotionalität. Damit will man uns den Verstand absprechen. Verstand *und* Gefühl zu haben, das scheint manchen Leuten unmöglich. Ich jedenfalls habe – von manchen Ausnahmen abgesehen – überhaupt nichts gegen Gefühle. Ich habe viel mehr gegen Gefühllosigkeiten. Wenn es in der Vergangenheit z.B. mehr Mitgefühl gegeben hätte in der Welt, gäbe es viele Orte des Schreckens weniger auf der Welt. Und wenn es heute mehr Mitgefühl oder Verantwortungsgefühl gäbe in der Welt, gäbe es weniger Hunger und Folter und Gefängnis und Leid und Unrecht und Angst. Man wirft uns unsere Angst vor. Aber wir haben keine Angst vor unserer Angst und bekennen uns zu ihr. Denn unsere Angst ist keine irrationale, keine egoistische. Sie ist wesentlich eine Angst um andere, um alle, und ich wünsche mir mehr davon statt weniger. Denn solange diese verantwortliche Angst um den Menschen existiert, dürfen wir Hoffnung haben. Erst wenn wir zu monströsen Wesen entarten, die Angst umeinander nicht mehr haben wollen oder haben können oder haben dürfen, wird die Zukunft endgültig ausweglos.

Ich habe etwas über den Herrn Bundeskanzler gelesen, was mich bestürzt gemacht hat. Frau Ministerin Huber hatte in einer Kabinettssitzung geäußert, sie sei in Sorge darüber, daß Deutschland „Schauplatz eines atomaren Stellvertreterkriegs werde". Und der Herr Kanzler hat die Frau Ministerin abgekanzelt und erklärt, er dulde nicht, „daß sich ein Kabinettsmitglied so emotional äußert" (zitiert nach „Spiegel" Nr. 44, 1981). Ich halte es für schlecht, keine Sorge vor einem solchen Krieg in Deutschland zu haben. Mit solchem Heroismus ist uns nicht geholfen. Solche Sorge bei anderen zu unterdrücken, halte ich für schlimm. Mit solchen Unterdrückern ist uns nicht gedient. Und ich danke Frau Huber für diese ihre Sorge, denn auf Menschen mit menschlichen Gefühlen sind wir angewiesen. Und in mancher Leute Gefühl ist mehr Verstand als in anderer Leute Gehirn.

Noch ein anderes Gefühl sollte unserem Herrn Abkanzler helfen, sich gegen die Stationierung der amerikanischen Raketen in Deutschland zu wenden. Denn der Kanzler weiß, was „jedermann weiß", daß nämlich „alle in Europa installierten Mittelstreckenraketen nur zum Erstschlag, niemals aber zum Zweitschlag geeignet sind". Denn schließlich hat er das selbst gesagt, als er noch nicht Kanzler war. Ich möchte seinen Satz noch einmal lesen: „Alle in Europa installierten Mittelstreckenraketen sind nur zum Erstschlag, niemals aber zum Zweitschlag geeignet." Auf deutsch heißt das: die neuen Raketen sind Angriffs- und nicht Verteidigungswaffen. Und wenn es in der Politik so etwas gibt wie ein Schamgefühl, dann sollte – wenn schon nicht Verstand und Selbsterhaltungstrieb – uns unser Schamgefühl davor bewahren, einen neuen Vernichtungskrieg von deutschem Boden aus oder die Waffen dazu auf deutschem Boden zu dulden, nachdem schon einmal ein Vernichtungskrieg von Deutschland aus gegen unsere Nachbarn im Osten geführt wurde. Aber offenbar ist die Scham über die vielen Millionen Opfer nicht groß genug, um nicht die schamlose Vernichtung von noch mehr Millionen zu denken oder denkbar zu machen.

Es ist schon, um zu der Blutspur des Herrn Kardinal zurückzukehren, eine solche in unser Land gezeichnet. Der Beschluß zur Stationierung der Raketen, die gedacht sind, gegebenenfalls viele Millionen Menschen zu töten, hat sie gezeichnet. Die Stationierung der Raketen wird sie noch tiefer zeichnen. Es ist für jeden, der Augen hat zu sehen, schon jetzt unser Himmel und unsere Erde rot von dieser Spur und von dem Ende, zu dem sie führt. Und es kann kein Trost sein, daß, nachdem der Mensch schon so viele schlimme Spuren in unsere Erde gezeichnet hat, diese Spur, wenn wir ihr folgen, unsere letzte, unsere allerletzte, sein wird.

Man hat uns von seiten unserer Gegner einen „unfreien Gang" bescheinigt. Das soll wohl heißen, daß wir die Diener fremder Herren sind. In Wahrheit sind wir die Freien, weil wir uns nicht zu Vernichtern dressieren lassen, weil wir uns nicht zu Menschentötern degradieren. Und mit uns sind alle frei, die an eine andere, eine menschlichere Zukunft glauben als die, die uns die Herren dieser Welt mit ihren Bomben verheißen.

Zum 2. Krefelder Forum am 21. 11. 1981 in der Westfalenhalle Dortmund.

Ein Mensch, der vorausgeht

Martin Niemöller zum 90. Geburtstag (1982)

Um ein Leben zu leben, bedarf der Mensch des Mutes. Damit die kleine Spanne Zeit, die ein Mensch hat, sich nicht erschöpft in bloßer Vergänglichkeit und nicht zerfließt in Leere, bedarf der Mensch der Kraft. Aber wie und woher soll ein Mensch Kraft und Mut finden in der Zeit? Diese ist ja angefüllt mit lauter Vernichtungen. Das fängt an bei den Langeweilen und ihren Zeitvertreiben. Und das endet bei den politischen Erlösern und Endlösern und unserem sprachlosen Entsetzen darüber. Leicht bergen wir uns in dem gewohnten stummen Dasein als einem Leben, das uns Mut und Kraft möglichst gar nicht erst abverlangt. Aber es gibt Menschen, die aufstehen und sprechen. Und es gehört zu den Geheimnissen des Lebens, daß ein Mensch, auch wenn er längst begriffen hat, daß menschliche Träume sterblich sind, auch wenn er längst die Verlogenheit von Wörtern durchschaut hat, daß er dann dennoch von einem solchen anderen Menschen Vertrauen und Hoffnung gewinnen kann, nicht so, daß ein Blinder an einen anderen Blinden sich klammert, sondern daß der eine am Stehen des anderen seinen Stand gewinnt, daß der eine durch das Gehen des anderen in seinem eigenen Versuch, zu gehen, sich in ein neues Voraus überholt.

Ein solcher Mensch, der vorausgeht, der Mut und Kraft gibt, sind Sie, lieber Herr Niemöller. Es nimmt Ihnen nichts, daß Sie dabei in der Kraft eines anderen handeln, daß Sie Stimme und Zeuge eines anderen Menschen sind. Diesen Menschen, Jesus, der unsere Erde zu einer Erde des Friedens hat machen wollen – der Friede ist die schlechthinnige Botschaft des Evangeliums, es gibt keine andere Botschaft daneben – hat man hinausgehängt zwischen Himmel und Erde als Staatsfeind und Gotteslästerer. Und auch wir schieben ihn noch immer von unserer Erde fort in den Himmel und aus der Zeit in die Ewigkeit. Denn was unsere Erde betrifft, trauen wir diesem Erlöser schlecht. Wir glauben zwar, daß er uns mit Gott versöhnen kann, aber für die Versöhnung unter den Menschen reicht er nicht aus. Man will uns einreden, der, den wir Messias nennen, ein Messias für unsere Erde sei er nicht. Man will uns einreden: setzten wir unsere Hoffnung auf ihn als Maß unseres konkreten Lebens, dann sei das eine falsche und törichte Hoffnung.

Sie, Herr Niemöller, haben unseren Blick wieder geradegerückt. Gegen falsche Weisheit und falsches Wissen haben Sie das Gewissen und die Gewißheit des einen Weges und des einen Evangeliums gesetzt. An Ihnen erkennen wir, was Widerstand des Gewissens ist und zur Folge haben kann, nämlich Verlassenheit, Isolierung, Ohnmacht, Ausgestoßensein aus der Gesellschaft, auch wenn hinterher viele sich dekorieren und die Legende vom Widerstand der Kirchen im Hitlerreich zur Lebenslüge der Nachkriegschristen wurde. Widerstand des Gewissens ist auch heute eine Sache des Alleingelassenseins, ein Heraustreten aus dem Schema der Zeit. Deshalb ist bei vielen das Bekenntnis zum Gewissen gehemmt durch die Angst, sich zu isolieren.

Sie, Herr Niemöller, haben uns gezeigt, daß Widerstand des Gewissens auch innerhalb des Christentums erforderlich sein kann. Ihnen ist es zu verdanken, daß insbesondere unter den evangelischen Christen in Deutschland die Friedensbewegung einen so weiten Widerhall fand und damit Hoffnung besteht, daß die Erde nicht den Raketendiktaten und -diktatoren anheimfällt. Und ich

möchte den Wunsch äußern, daß es auch in der katholischen Kirche einen Martin Niemöller geben möge, da man doch bei manchen Christen den Eindruck hat, daß es ihnen an Unterscheidung der Geister fehlt, wenn z.B. fiktiven Kindern mehr Schutz vor der Empfängnisverhütung zuteil wird, als realen halberwachsenen Kindern vor der Hölle der Schlachtfelder, in jener irrealen und unerträglichen Überbewertung sexueller Normverstöße gegenüber den wirklichen Verbrechen, so als ob die eigentlichen Frevel der Menschheit sich in den ehelichen Schlafzimmern vollzögen und nicht auf den Kriegsschauplätzen und an den Massengräbern. Voll Bitterkeit schrieb 1936 Ernst Bloch: „Frauen mit bloßen Armen dürfen nicht in die Kirche, doch nackte Juden dürfen sich ihr eigenes Grab schaufeln."
Ihnen ist es zu verdanken, daß vor allem in der evangelischen Christenheit unseres Landes die Idee des Heiligen Kriegs, mit der die Frommen aller Religionen ihre Intoleranz zu rechtfertigen pflegten, weithin aufgegeben wurde, während sich bei manchen anderen Christen das gefährlichste Erbe des Naziweltbildes, nämlich der Kreuzzugsgedanke gegegen den gottlosen Kommunismus ungebrochen erhalten hat. Die Gefahr ist groß, daß in diesem Kreuzzugsgedanken gegen den Kommunismus, oder wie Hitler zu sagen pflegte, den „jüdischen Bolschewismus", den die hohe Priesterschaft mit ihrem Segen und mit ihren Hirtenbriefen damals zu einer Kollaboration von Kreuz und Hakenkreuz magisch überhöhte, die Gefahr ist groß, daß in diesem Kreuzzugsgedanken – und wer ist sicher, daß dieser Kreuzzug nicht einen Haken hat und dahinter nicht immer noch ein Hakenkreuzzug steckt – die Gefahr ist, daß jetzt nicht mehr nur die Juden durch Schweigen geopfert werden, sondern die gesamte Menschheit geopfert wird. Mit Recht hat Karl Jaspers gewarnt: „Das Judenmorden war der Anfang, die große Chance ist, daß das Ereignis sich in größtem Stil wiederholt, aber dann mit hunderten von Millionen, ausgerottet durch Atombomben. Es wird geschwiegen, verschleiert, man sieht nicht, wohin man geht."

Sehr verehrter, lieber Herr Niemöller. Das „sehr verehrter", das wir gewohnt sind zu sagen, ist häufig nicht mehr als eine Formel, die Anrede „lieber" an manche lieben Leute ist meistens nicht mehr als ein Wort. In unserem Sprechen, in unserem Ansprechen erheben wir Ansprüche an uns selbst und an andere, von denen wir doch wissen, daß sie uns nicht erfüllt werden und daß wir sie nicht erfüllen. Zu ehren und zu lieben ist etwas, was dem menschlichen

Herzen nicht häufig gelingt. Aber bei Ihnen gelingt es leicht und ganz. Und so sagen wir ihnen, sehr verehrter, lieber Herr Niemöller, unsere Verehrung und unsere Liebe.

Rede am 16. 1. 1982 in der Frankfurter Paulskirche.

Mit der falschen Braut im Bett

Gründung „Demokratische Sozialisten" (1982)

Es gab eine Zeit, so heißt es im Märchen, wo das Wünschen noch geholfen hat. Es half gegen die Mächte und die Mächtigen der Welt, gegen Teufel und Riesen, gegen Könige und Herren. Hier und da wurde dem Menschen durch Wünschen ein Stück Entrinnen aus der Bedrängnis zuteil und ein Stück Überwindung.

Aber diese Zeit, wenn es sie denn jemals gab, ist lange vorbei. Wünsche helfen schon längst nicht mehr. Die Mächtigen sind Bedrücker geblieben, und die Wehrlosen sind immer noch ihre Opfer.

Was aber hilft uns heute? Man sagt: Not lehrt beten. Das ist gewiß wahr. Aber wen lehrt denn das *Beten*? Wenn die Armen beten, lehrt das die Reichen? Wenn die Verhungernden beten, lehrt es die Satten? Wenn der Gehenkte gebetet hat, hat das den Henker etwas gelehrt? Wenn wir beten gegen die Vernichtungspolitik und die Raketen der Mächtigen, hören sie uns zu? Zwar wird Gott, wenn er die Trauernden hört, mit ihnen trauern, aber die, die es angeht, berührt es nicht.

Aber vielleicht, wenn schon sonst niemand, sind wir es selbst, die etwas lernen aus unserem Beten, mag es ein christliches sein oder nicht, ein wörtliches oder ein stummes. Vielleicht lernen wir gerade etwas aus der Mißachtung, die es erfährt, vielleicht gerade etwas aus seiner Vergeblichkeit, nämlich, daß *sich* nichts ändert in der Welt, wenn *wir* es nicht ändern. Vielleicht kommen wir zu einem neuen ora et labora, einem auch politischen „Bete und Arbeite". Vielleicht lehren uns, nachdem uns Not das Beten gelehrt hat, Not *und* Beten eine neue politische Verantwortung und Aktivität, mag das auch einigen Herren gegen den Strich gehen.

Die Geschichte war zu lange eine Geschichte von Herren, deren Zeche von anderen bezahlt wurde, regelmäßig blutig dazu. Sie war zu lange eine parasitäre und menschenfressende Geschichte, als daß wir nicht schließlich gegen die letzte und schlimmste Menschenfresserei aufstehen müßten, wenn es denn überhaupt jemals einen Stand und Aufstand geben soll für eine menschliche Welt. Wenn es ihn diesmal nicht gibt, wird es ihn niemals geben. Der countdown dieses Jahrhunderts ist der countdown der Raketen. Und jedes Jahr ist ein immer deutlicheres Menetekel des Endes. Die Zeit ist klein geworden, wir stehen mit dem Rücken an ihrer Wand.

Wir wollen uns nicht damit trösten, daß die großen Herren diesmal ihre Zeche mitbezahlen müssen. Sie wollen sich zwar in ihre Bunker verkriechen, wenn es brennt. Aber diesmal wird das Feuer so groß sein, daß es die Brandstifter aus ihren Löchern holt. Und die alte Zweiteilung der Welt in Opfer und Geopferte, in Namhafte auf Denkmälern und Namenlose in Massengräbern wird nicht mehr sein. So wird eine ungerechte Geschichte zu einem bösen Schluß noch als gerechte entlarvt, und die Denkmalparks der Großen erweisen sich als Narrenparadiese.

Aber ein solcher Trost ist zu klein. Es gibt keinen Trost. Und wir wollen auch keinen. Trost könnte die Wahrheit verdecken, und die Wahrheit ist, daß die Menschheit vor ihrer letzten Barbarei steht.

Es ist erstaunlich, wieviel gegen diese Wahrheit mobilisiert wird, wie sehr die Todesmaschinen gepriesen werden als Garanten eines Pakts der Sicheren und Seligen, welche intellektuellen und moralischen Tänze man um diese nuklearen Fetische tanzt. Man hat Zauberformeln auf ihre Computer gestanzt, die unser Leben vor feindlichen Dämonen retten sollen, aber die Dämonen wohnen schon lange in uns selbst. Wir waren einmal im Begriff, die Welt durch Aufklärung zu entmythologisieren, jetzt mythologisieren wir sie wieder. An die Stelle der Verehrung der alten Schutzgötter haben wir jetzt die Raketenliturgie gesetzt. Die Lobgesänge auf die Raketensilos sind unsere neue Litanei, vorgebetet von Rattenfängern und nachgesungen von hirngewaschenen Verzückten. Diese sind bereit, in dem panischen Killerkult die Erde zu opfern, um sich zu retten, und erkennen nicht, daß ihre neuen Götzen unersättlich sind und sie als erste fressen.

Man will die Wahrheit nicht sehen. Die Welt ist schwanger von Lügen. Eine davon heißt NATO-Doppelbeschluß. Hier hat man eine absurde Bigamie beschlossen mit Abrüstung und Aufrüstung zugleich. Angeblich weil man die eine zur Braut begehrt, ist man mit der anderen ins Bett gegangen und hat sich so selber betrogen schon in der ersten Nacht. Man ist damit einem Monstrum verfallen, einer neuen Meduse, die nicht mehr wie die der alten Griechen alles zu Stein verwandelt, sondern alles zu Feuer. Auf der Genfer Abrüstungskonferenz ist dann der Lügenbastard geboren. Man gab ihm den Namen „Nullösung". Er trägt diesen Namen tatsächlich zu Recht, weil er nämlich ein Null und Nichts an Lösung bringt und damit die Menschheit auf Null reduziert. Und weil er uns einnullen soll, daß wir die Null dieser Lösung verehrend bestaunen als das neue Ei des Columbus.

Im alten Rom grüßten die Gladiatoren den Kaiser mit dem Ruf: ave imperator, morituri te salutant. Heil, Kaiser, die Todgeweihten grüßen Dich. Heute ist die ganze Erde durch die Politik unserer neuen Imperatoren dem Tod geweiht, aber wir wollen wenigstens vor den heutigen Kaisern nicht auch noch salutieren. Und weil ich gerade beim Zitieren bin, lassen Sie mich noch einen anderen Ausspruch bringen, der auf einen Papst zurückgehen soll, auf Julius III., und der auf dem Grabmal einer ausgestorbenen Welt angebracht wäre, wenngleich niemand mehr da sein wird, der ihn anbringt: „Weißt du denn nicht mein Sohn, mit wie wenig Verstand die Welt regiert wird?" Recht hat dieser Papst, und man kann hinzufügen: mit so wenig Verstand, daß die Menschheit, wenn sie begriffe, daß dies die geringe und miese Ursache des langen Leidens ihrer Geschichte und ihres schlimmen Endes ist, in Gefahr stände, sich an einem bitteren und bösen Lachen totzulachen.

Aber wir wollen nicht lachen und wir wollen nicht weinen. Wir wollen versuchen, zu tun, was nötig ist. Sie sind hierher gekommen, meine Damen und Herren, um einen neuen Anfang zu machen. Mit dem Frieden hat man so gut wie nie einen Anfang gemacht, und mit dem Krieg noch nie ein Ende. Wir brauchen eine neue Politik. Wir brauchen sie, um vieles zu beginnen und vieles zu beenden. Wir brauchen als Ziel dieser Politik eine neue menschliche Solidarität. Es gilt als töricht, über die eigenen Verhältnisse zu leben. Aber über die fremden Verhältnisse zu leben, gilt immer noch als clever. Wir sind reich geworden über die Verhältnisse der Armen, wir sind satt geworden über die Verhältnisse der Hungernden. Dem, der nichts hat, wird noch genommen, statt des Krieges gegen die Armut ist der Krieg gegen die Armen in vollem Gange. Zu viele Menschen werden, wie man so sagt, „freigesetzt“ um des Profits willen, und solche Sonne der Freiheit geht immer größer auf über unserem Land. Schon beginnt man, die alten Menschen in ihren Heimen um ihr bißchen Taschengeld zu bestehlen. Schon sind Ausländer Pressionen und Diskriminierungen ausgesetzt. Zu viele Menschen in unserem Land haben schon einen physischen oder psychischen Knüppel im Gesicht, aber das menschliche Gesicht ist nicht für den Knüppel da.

Die Politik der politischen Selbstdarsteller in diesem Land ist schlecht geworden, und uns ist schlecht geworden von ihr. Es ist eine Politik, die fremden imperialen Interessen dient, die oft nicht weiter sieht, als die fremden Stiefelspitzen reichen. Es ist eine Politik, die die Wahrheit verdrängt hat, daß Militärstiefel noch niemals Leben und Zukunft bedeutet haben. Was wir brauchen, ist eine menschliche Politik. Es hat einmal Parteien gegeben in diesem Land, die eine Hoffnung waren für viele. Es hat einmal eine Christliche Union gegeben, die mit ihrem Namen eine Zukunft versprach, bis sie sich als Rüstungslobby entlarvte. Es hat einmal eine Sozialdemokratische Partei gegeben, die Aussicht versprach für viele, die aber dann weithin noch schlimmer entartete. Denn während die meisten christlichen Parteigänger gläubig genug sind zu glauben, daß ihre Partei Recht hat mit ihrem Raketengeschrei, wissen viele Sozialdemokraten, daß ihre Partei nicht Recht hat mit dem gleichen Geschrei. Aber sie schweigen dennoch, um Macht und Einfluß der Partei nicht zu gefährden. Sie haben die Wahrheit verkauft für ein Linsengericht. Früher einmal hat die SPD Ostermärsche gegen Raketen veranstaltet. Und einer ihrer Ostermarschierer ist Bundeskanzler geworden. Aber dann ist dieser Bundeskanzler zum Raketenapostel avanciert. Wie hoch ist die Sozialdemokratische Partei gestiegen oder: wie tief ist die Sozialdemokratische Partei gesunken! Dieselbe, die sie war, ist sie jedenfalls nicht mehr. Durch ihre Mutation hat sie es fertiggebracht, daß das

Gewissen bei vielen verstummt ist in diesem Land, daß die Erkenntnis unterdrückt wird, daß der Weg, den man uns drängt zu gehen, zu einem schlimmen Ende führt.

Daß Sie hier zusammengekommen sind, meine Damen und Herren, ist ein Versuch und ein Appell zur Umkehr. Es ist eine Hoffnung für unser ganzes Volk.

Rede, gehalten in Recklinghausen am 20.3. 1982 aus Anlaß der Gründung der „Demokratischen Sozialisten".

Lügner und ihre Lügenworte

Live-Sendung nach Japan (1982)

An der Katastrophe von Hiroshima und Nagasaki waren zwei Staaten beteiligt, als Opfer die einen, als Täter die anderen. Die Opfer, nämlich die Japaner, haben daraus eine Erkenntnis gezogen: daß Atomwaffen unmenschlich und verbrecherisch sind und daß sie deshalb solche Waffen ablehnen. Die USA hat die umgekehrte Lehre gezogen: daß solche Waffen geeignet sind, die eigenen Interessen zur Geltung zu bringen. Nur in einem Punkt sind sie der Erkenntnis der Japaner gefolgt und haben dem Schrecken der Opfer Rechnung getragen, nämlich, daß sie nicht willens sind, solche Waffen auf ihrem eigenen Territorium niedergehen zu lassen. Sie sollen im Ernstfall nur anderswo niedergehen. Krieg gehört nicht in die USA. Es besteht nur dann Aussicht, daß sie nicht in Amerika niedergehen, wenn sie nicht in Amerika abgeschossen werden. Zum Abschießen außerhalb Amerikas sollen sie außerhalb Amerikas stationiert werden, z.B. in der Bundesrepublik Deutschland und zwar ab 1983, denn der Nuklearkrieg soll möglichst auf Europa begrenzt werden. Auf die Frage, ob er einen begrenzten Nuklearkrieg für möglich halte, sagte am 2. März 1982 im ZDF der deutsche Forschungsminister von Bülow: „Man muß Verständnis dafür haben, daß die Amerikaner nicht hereingezogen werden wollen, nur weil in Europa Krieg ist, nur weil in Europa jemand hustet."

Das deutsche Volk ist da weitgehend anderer Meinung als die Regierung. Während unsere Regierung übergroßes Verständnis für die Amerikaner hat und die eigenen Interessen außer acht läßt, sagt die Friedensbewegung, es darf überhaupt keinen Nuklearkrieg geben, nicht nur nicht in Amerika, auch nicht in Europa. Das erste und unmittelbare Ziel der Friedensbewegung ist, die Stationierung der Waffen 1983 zu verhindern. Aus Hiroshima und Nagasaki haben wir gelernt, daß die USA Atomwaffen einsetzen, auch wenn es militärisch unnötig ist, auch wenn wehrlose Zivilisten die Opfer sind. Wievielmehr ist der Einsatz der Atomwaffen wahrscheinlich, wenn es militärisch sinnvoll erscheint.

Ja, eine solche Stationierung von Nuklearwaffen in Deutschland macht im Ernstfall einen Nuklearkrieg geradezu zwingend. Warum?

Bei den zu stationierenden Waffen handelt es sich um Angriffswaffen, sie sind nur für einen Erstschlag, nicht für einen Zweitschlag geeignet. Das hat unser Bundeskanzler Schmidt, als er noch Verteidigungsminister war, selbst ausdrücklich gesagt. Das geht auch aus der geomilitärischen Situation hervor: denn bei einer Konzentration der Raketen auf einem so engen Raum wie es die BRD ist, würden diese Raketen bei einem feindlichen Erstschlag sofort zur Gänze ausgeschaltet. Weil es sich also um Angriffswaffen handelt, zwingen wir einen potentiellen Gegner, zu seinem Schutz uns in einem Ernstfall möglichst schnell zu vernichten. Darum geht die eigentliche Gefahr für uns von diesen bei uns zu stationierenden Waffen aus, indem wir nämlich einen Gegner, der uns im Ernstfall vernichten *kann*, zwingen, uns im Ernstfall vernichten zu *müssen*.

Daß die zu stationierenden Raketen uns nicht sicherer machen, sondern gefährden, ergibt sich auch daraus, daß bei einem Computerirrtum über Anflug feindlicher Raketen, wie er schon einigemale in den USA vorkam, die Zeit nicht mehr reicht, den Irrtum zu korrigieren, und so die Möglichkeit eines Atomkrieges infolge eines Computerirrtums nicht auszuschließen ist.

Die Stationierung der neuen Waffen in der BRD 1983 hat die USA davon abhängig gemacht, ob die Russen die „Nullösung" akzeptieren. Das Lügenwort Nullösung, wurde von den Amerikanern in dem Augenblick erfunden, als sie selbst ihre Rüstungsausgaben steigerten, und bedeutet nämlich nur Null für die Sowjets, während die Nato zur See weiter aufrüstet. Mit diesem Lügenwort hat Amerika für die Genfer Verhandlungen Bedingungen gesetzt, auf die die Sowjets nicht eingehen können. Dazu gesellt sich ein zweites Lügenwort: „Natodoppelbeschluß". Das soll bedeuten, wenn die Russen nicht auf die Nullösung eingehen, also nicht abrüsten, dann werden in der BRD die Raketen stationiert. Dieses Wort ist deswegen ein Lügenwort, weil das amerikanische Interesse an der Stationierung der Waffen in der BRD viel größer ist als ihr Interesse an der Abrüstung der russischen SS 20. Denn durch die SS 20 werden die Amerikaner nicht bedroht, lediglich die Europäer, aber mit den Raketen, die hier stationiert werden sollen, sind die Amerikaner in der Lage, die Sowjets zu vernichten. Nullösung und Natodoppelbeschluß sind Opium für das deutsche Volk, sollen den angeblichen Abrüstungswillen der Amerikaner zeigen, während sie in Wirklichkeit nur den Raketenstationierungswillen der Amerikaner unterstützen. Denn die Amerikaner wissen, daß auf ihre Nullösung die Sowjets nicht eingehen können und daß sie dann laut Doppelbeschluß ihre Waffen hier stationieren können.

Statement für das japanische Fernsehen, Sender Tarebi Asahi, direkt nach Japan ausgestrahlt am 2. 4. 1982.

Sie sitzen in ihren Bunkern

Ostermarsch 1982 in Dortmund

In der Geschichte der Menschheit sind viele Menschen auf vielen Straßen marschiert. Sie sind regelmäßig in Soldatenstiefeln marschiert und haben mit diesen ihren Stiefeln in das Gesicht der Erde getreten. Wenn wir in den Seiten der Geschichtsbücher blättern, steigt die Erinnerung auf an viele Heere, die unterwegs waren in alle Himmelsrichtungen. Vielleicht sollte man richtiger Höllenrichtungen sagen, denn noch niemals haben Stiefel ein Paradies erobert, sondern Hölle und Tod und Not war immer die Saat und die Ernte entlang den Wegen dieser Marschierer. Das Waffenklirren der Vergangenheit ist verstummt, aber wenn wir die Namen nennen, die berühmt oder berüchtigt geworden sind durch das Blut ihrer Soldaten, die Könige der Perser und den großen Alexander und die römischen Cäsaren, dann klingt der Klang der Schwerter von ferne wieder auf. Bei Napoleons Namen stirbt die große Armee im russischen Winter wieder aufs neue, und die Toten von Verdun und Stalingrad stehen, wenn wir an ihre Führer und Verführer denken, vor uns auf und sehen uns an. Wir haben diese Opfer unter Jahreszahlen begraben, als gingen sie uns nichts mehr an. Aber wenn nur einmal in der Geschichte ein solcher Zug der toten Marschierer die Menschen etwas angegangen wäre, wenn er nur einmal in das menschliche Herz einmarschiert wäre, hätten diese Züge längst ein Ende genommen.

„Wir werden weiter marschieren, wenn alles in Scherben fällt", dieses Lied hat man in Deutschland unter dem sogenannten größten Feldherrn aller Zeiten gesungen. Heute singt man das Lied nicht mehr mit denselben Worten, aber die Melodie ist die gleiche geblieben. Von neuen und vielleicht noch größeren Feldherren neu arrangiert, ist sie ein Evergreen geworden und zum Hit aller Paraden der Militärs in Ost und West. Heute stehen nicht nur Menschen zum Marschieren bereit, man hat auch Raketen das Marschieren gelehrt, man nennt sie Marschflugkörper. Durch solche marschierenden Computer ist es gelungen, den Tod zu beflügeln und nicht mehr nur einen lokalen, sondern den totalen und globalen Tod aufmarschieren zu lassen. Welch ein Fortschritt in der Waffentechnik seit Hannibals Elefanten! Wir sind vorangeschritten bis an den Rand des Nichts. Es wird nur einen ganz kurzen Marsch brauchen, nur einen kleinen Schritt weit, und dieser kleine Schritt von Menschen wird der größte und tiefste Schritt der Menschheit sein, der letzte Fort-schritt fort aus der Geschichte.

Warum sind die Menschen in der Geschichte und durch die Geschichte marschiert? Sie sind immer für ihre Herren marschiert und niemals für sich selbst. Kein Soldat Dschingis Chans wurde für sich am Kaukasus erschlagen. Kein Soldat Napoleons ist für sich an der Beresina erfroren. Kein Soldat Hitlers ist für sich in seinem Panzer bei Woronesch verbrannt. Und wenn vielleicht bald die Kinder sterben müssen in diesem Land unter den Feuerbällen, die am Himmel aufgehen werden wie böse Sonnen, werden sie nicht für sich selber sterben, auch wenn man uns das mit Gehirnwäsche weismachen will, daß nämlich dies zu unserer Verteidigung geschieht oder dergleichen. Sie werden für nichts anderes sterben als für die großen Herren in der Welt in Ost und West und deren Machtrausch und kranke Gehirne, weil diese nicht Frieden halten können miteinander.

Darum müssen wir uns umdrehen. Wir wollen nicht länger *für* die Herren marschieren, sondern *gegen* sie. Wir haben laut Bundeskanzler Schmidt in Mr. Alexander Haig einen „neuen Alexander" vor uns. Aber wir wollen alle Alexander hinter uns haben. Solche neuen Alexander und neuen Cäsaren und neuen Napoleone sitzen überall, sie sitzen in den weißen Häusern und den roten Kremls dieser Welt. Sie sitzen in dem Pentagons und den Hardthöhen und wie die sogenannten Verteidigungsministerien alle heißen. Sie sitzen in ihren Befehlsbunkern vor den Startknöpfen und spielen auf ihren Computern den kommenden Krieg durch und rechnen unseren Tod aus und für sich ihre schäbigen Siege.

Wir wollen aber keine Siege mehr und keine Sieger und keine Besiegten. Von diesem blutigen Spiel hat es mehr als genug gegeben. Wir sind sie im Übermaße leid, weil wir zu sehr darunter gelitten haben. Die Bunkerstrategen, die von ihrem entsetzlichen Hobby der Menschenvernichtung nicht lassen wollen, mögen sich einen anderen Planeten suchen. Bis sie einen gefunden haben, sollte man sie ausbruchssicher verwahren.

Man spricht von der Emanzipation der Frau. Das ist gut. Man spricht von der Emanzipation des Mannes. Das ist auch gut. Aber

Männer *und* Frauen sollten sich außerdem gemeinsam emanzipieren zu einer Emanzipation des Volkes und der Völker. Bisher haben die Menschen immer nur gelernt, sich zu ducken, und sie haben dabei nicht mehr gelernt, als zu töten und getötet zu werden, als verscharren und verscharrt zu werden. Langsam sollten sie gelernt haben, sich aufzurichten und nein zu sagen. Langsam sollten sie gelernt haben, zu leben und miteinander zu leben. Sonst bleibt ihnen nichts, als miteinander zu sterben.

Rede, gehalten zum Ostermarsch 1982 in Dortmund.

Mit Blumen an der Bahnhofsuhr

Zum SPD-Parteitag in München (1982)

Ich bin hierher gekommen, um die SPD an etwas zu erinnern und mich der SPD in Erinnerung zu bringen. Sie hat mir nämlich etwas versprochen, was sie nicht gehalten hat. Und darum komme ich mir vor wie bestellt und nicht abgeholt. Und viele in diesem Land kommen sich so vor. Und wenn die SPD in München einen Parteitag hält, so scheint mir das zu sehr ein Parteitag der Gedächtnislosen zu werden, als daß man nicht versuchen sollte, die SPD an sich selbst zu erinnern. Es hat einmal in Deutschland eine Sozialdemokratische Partei gegeben, die nicht nur einen solchen großen Namen trug, sondern die wirklich eine soziale und demokratische Partei war und damit eine Hoffnung und Aussicht für viele. Aber das, was sie war, ist sie nicht mehr. Sie ist offenbar viele Treppen hinauf- oder viele hinuntergefallen, daß sie heute so formidabel ist oder so deformiert. Offenbar hat sie Karriere gemacht und kennt uns nicht mehr. Und darum stehen wir heute hier und warten, daß der Partei ihre alten Versprechungen wieder einfallen. Hier lese ich mal solch ein Versprechen vor. Die SPD hat es 1959 in einem sogenannten Deutschlandplan gegeben. Da heißt es: „Die SPD schlägt vor:

1) Festlegung einer Entspannungszone, die vorerst beide Teile Deutschlands, Polen, die Tschechoslowakei und Ungarn umfaßt.
2) Innerhalb dieser Entspannungszone und ihrer möglichen Erweiterungen treten Vereinbarungen über die Rüstungsbeschränkungen der nationalen Truppen und über den gleichwertigen Abzug der Fremdtruppen der NATO und des Warschauer Paktes in Kraft."

Man sieht übrigens, die SPD hat damals nicht nur uns, sondern auch Polen etwas versprochen, und sie hat ihr Versprechen auch Polen gegenüber nicht gehalten. Ich könnte noch vieles aus der großen Tradition sozialdemokratischer Friedens- und Abrüstungspolitik vorlesen. Ich könnte an die Stimmen von Erich Ollenhauer, Fritz Erler, Walter Möller und anderer erinnern. Aber vielleicht ist das nur eine nostalgische Schattenbeschwörung. Vielleicht war früher die SPD eine Partei von Sonntagsrednern und utopischen Träumern, und heute ist sie eine des harten konkreten Werktags. Und dieser Werktag heißt Raketenstationierung.

Bekanntlich ändern sich die Zeiten, und der Mensch ändert sich in ihnen. Und wie die SPD sich verändert hat, haben auch wir uns verändert, und ebenfalls nicht zum guten. Die SPD hat uns dazu gebracht und gemacht. Sie hat uns aus Bewohnern einer Erde, die eine Erde der Menschen hätte sein sollen und können, zu Bewohnern einer Abschußrampe gemacht. Wir starren den alten Versprechungen nach in die Vergangenheit, aber vergeblich. Vielleicht will die SPD sie gar nicht mehr wahrhaben. Vielleicht will sie den Hunger ihrer früheren Jahre nach einer menschlichen Welt nicht mehr hungern. Vielleicht will sie nicht mehr leiden an der Friedlosigkeit und Ungerechtigkeit in der Welt. Offenbar wollte sie statt dessen satt werden und ist satt geworden. Die SPD ist in die Jahre gekommen und hat Speck angesetzt. Und je größer und dicker sie wurde, umso ärmer ist sie geworden. Sie war jemand und ist ein Niemand geworden. Ihr Wissen hat sie vergessen, ihr Erbe hat sie verloren, ihre Hoffnung hat sie verkauft. Und am Ende dieses politischen Striptease sitzt sie als ein betrogener Hans im Glück, vielleicht sollte man sagen: Helmut im Glück mit leeren Händen und mit leerem Kopf auf einem Pulverfaß von Bomben und Raketen. Man sieht: sie will hoch hinaus. Aber in Wahrheit ist sie als eine von vielen in diesem Land geliebte in den Betten und Sesseln der Macht und der Mächtigen verkommen. Und wir stehen immer noch mit Blumen an der Bahnhofsuhr und trauern, daß sie ihre Verabredung nicht eingehalten hat, sondern uns vergaß. Der richtige Zug ist abgefahren, die Braut ist in den falschen eingestiegen und zu einem anderen unterwegs. Sie träumt von einer Hollywoodkarriere. Wir fürchten nur, daß die Reise zu diesem Flirt kein gutes Ende nimmt und die Braut schließlich im Regen steht. Und der Blumenstrauß wird welk in unserer Hand, und wir sehen langsam ganz schön alt aus. Es wird finster und kalt in unserem Land. Und wir haben Angst, daß wir bald von allen guten Geistern verlassen sind und in der Nacht die Gespenster kommen. Und wir stehen da und wissen nicht, ob wir zu einer Verabredung kamen oder zu einem Begräbnis.

Aber vielleicht ist es noch nicht zu spät. Und deshalb möchten wir die SPD bitten, zurückzukehren zu sich selbst und zu uns, daß sie wird, was sie war, nicht eine Raketen- und Rüstungspartei, nicht eine Doppelbeschlußpartei, sondern eine Partei des einen und einfachen Beschlusses, unser Land nicht zum Land der Raketen zu machen, weil das uns alle zur Beute der Raketen werden läßt. Viele in der SPD haben noch ein Gewissen für das, was sie wieder werden kann. Und diese vielen bitten wir, Wissen und Gewissen in die Tat umzusetzen.

Wir wissen, daß die Welt krank ist. Vielleicht ist sie todkrank und muß bald sterben. Vielleicht ertönen schon bald die Sirenen zum letzten Totengeläut. Und es dauert nicht mehr lange, und wir begehen mit den Raketen unser letztes Silvester. In solcher Situation ist es möglicherweise töricht, noch irgendetwas von einem Parteitag der SPD zu erhoffen. Aber eine solche Hoffnung ist immer noch menschlicher als irgendeine Hoffnung auf Raketen.

Die Politik in der Welt ist süchtig geworden, und die Droge ist nuklear. Wir haben schon zu viel davon in uns aufgenommen, als daß wir nicht noch mehr haben müßten. Weil in der Sowjetunion die LSD 20 vermehrt wurden, müssen wir unsere Dosis erhöhen und umgekehrt. Und alle halten das für ein Doping, das sie potent und unbesiegbar macht. Alle rennen im Rausch um noch größeren Rausch. Ost und West ähneln sich in diesem Wettlauf der Stoffbeschaffungskriminalität immer mehr. Und wenn sie sich schließlich gegenseitig den goldenen Schuß verpaßt haben, werden sie im Tode Brüdern und Zwillingen gleichen. Und die Erde wird vergessen, was die so Vereinten einmal unterschied. Daran ändert auch nichts die schlaue Strategie des nuklearen Erstschlags. Diese Strategie ist das große atlantische Ei des Columbus, gelegt vom Pentagon und bei uns eifersüchtig gehütet von einer sozialdemokratisch-christlichen großen Koalition. Vielleicht wird dieses Ei schon bald zerplatzen über uns, und das, was wir als Trumpf im Ärmel hatten und als große christlich-abendländische Überlebensgarantie priesen, wird Feuer auf uns herabregnen. Und der Triumph, als erste geschossen zu haben, wird uns im Halse stecken bleiben.

Der Fisch fängt am Kopf an zu stinken. Und die Politik, die wir in unser Land gezogen haben, hat schon Verwesungsgeruch. Aber der Mensch sollte am Kopf anfangen zu denken. Und vielleicht denken manche schon, oder noch. Vielleicht gibt es auch auf einem SPD-Parteitag manche, die denken.

Rede am 17. 4. 1982 in München auf dem Parteitag der SPD.

Erinnerung an 1933

Kundgebung in Köln (1983)

Daß die Menschheit durch Schaden klug würde, ist ein alter Aberglaube. Mag der Schaden in der Geschichte noch so groß, mögen die vergangenen Schmerzen noch so tief gewesen sein, die menschliche Erinnerung reicht nicht zu viel mehr als einer oberflächlichen Statistik vergangenen Leidens. Sie bündelt das Schreckliche zu bloßen Daten der Geschichte und legt es als erledigt ab. Und das menschliche Gewissen ist zufrieden, daß es durch den historischen Staub nicht bedrängt wird, und wo und wenn es doch manchmal aus seiner Vergeßlichkeit geweckt wird durch die Wiederkehr eines Datums, wiegt es sich willig durch Verdrängung und Ausflüchte und billige Selbstvergebung in den alten und gewohnten Schlaf, der ohne die schlimmen Tagträume der Wahrheit ist.

Und so lernen wir aus der Geschichte, daß wir aus der Geschichte nichts lernen. Das gebrannte Kind scheut das Feuer, sagt man.

Aber vielleicht sind die Feuer uns selbst zu wenig nahe gekommen, es haben ja vornehmlich immer andere gebrannt, wir selbst sind davongekommen, und wir glauben, daß wir auch weiterhin davonkommen werden. Und wenn wir doch gezwungen sind, unseren Blick und unsere Erinnerung auf die Opfer zu richten, wehren wir uns und haben Angst, uns die Feuer, von denen sie gebrannt oder verbrannt wurden, zu vergegenwärtigen, weil dies unsere bequeme Mitläuferseele, mit der wir immer noch auf die Füße gefallen sind, fordern und überfordern würde und wir dann erkennen müßten, daß unser eigentlicher Platz der unter den Opfern wäre. Zu ihnen aber wollen wir nicht gehören. Uns schrecken nicht die Täter, uns schrecken die Opfer. Mit den Tätern zu laufen, ist allemal sicherer, und so gehen wir, so viele Rattenfänger die Geschichte auch kennt, schon aus Sicherheitsgründen ihnen immer wieder auf den Leim.

Immer wieder führen sie uns herrlichen Zeiten entgegen. Sie versprechen uns viel. Sie versprechen uns Sicherheiten. Und sie garantieren Frieden. Aber in Wahrheit haben sie keinen Frieden und wollen keinen Frieden. Sie wollen Macht und Herrschaft, und wir glauben, wenn wir auf ihrer Seite sind, Anteil zu gewinnen an ihrer Größe. Aber jeder Wille der Großen zur Macht ist menschenfresserisch und fordert seinen Preis, und dieser Preis sind Menschen. Und die totale Macht fordert schließlich alle und alles, sie macht die ganze Erde zum Opfer.

Morgen ist der Jahrestag einer Machtübernahme. Und diese vielversprechende Macht brachte Barbarei und Vernichtung. Der Tag vor 50 Jahren ist mehr als ein Tag in der Vergangenheit. Immer geht die Zeit schwanger mit solchen Tagen. Und ein solcher Tag hat viele Zwillinge. So ist das Gedenken an 1933 mehr als eine Schattenbeschwörung, denn es gibt schon wieder neue Schatten, und es ist nicht gewiß, ob manche dieser neuen Schatten nicht immer noch die alten sind. Die Figuren von damals sind verschwunden. Sie sind gespenstisch eingegangen in die Unterwelt mit einem unübersehbaren Gefolge von Toten, die sie mit sich gerissen haben. Der tote Führer dieses toten Zuges ist nicht mehr. Und einen neuen solchen Führer haben wir nicht. Aber neue Mächtige und neue Verheißer haben wir sehr wohl. Der Führer damals wurde mit seiner Rüstung gepriesen als Garant des Friedens. Und neue Garanten des Friedens durch Rüstung haben wir sehr wohl. Wir haben keinen Diktator, aber die Umwandlung unseres Landes in ein Raketen- und Giftdepot wird uns diktiert. Wir leben nicht in einem totalen Staat, aber wir haben schon wieder einen totalen Feind. Die Sprache hat sich geändert, was für Hitler „jüdische Bolschewisten“ waren, sind für Herrn Reagan „gottlose Monster“. Sie zu vernichten galt es damals, sie zu vernichten, gilt es gegebenenfalls wieder morgen. Schon rollen bei uns wieder Räder für den begrenzten Krieg mit einem totalen Sieg. Und wenn alte Kameraden zu Grabe getragen werden, grüßen sie andere Kameraden noch immer oder schon wieder mit dem Hitlerguß. Und über das Kameradengrab fliegen Gespenster in der Gestalt von Kampfflugzeugen zum letzten Abschied und zu neuer Bereitschaft. Eine „Gespenstergeschichte“ nannte der Verteidigungsminister die Berichte der Zeugen. Und er hat ein wahres Wort gesprochen.

Wir lernen nichts aus der Geschichte. Aber wenn schon unser Verstand uns nicht abhält, eine neue und größere Vernichtungsmaschinerie als damals aufzubauen oder zu dulden, sollte uns unser Gewissen abhalten. Wir leben in dem vermutlich einzigen Staat, der menschliche Gewissen überprüfen kann. Bisher war dies immer die Aufgabe Gottes. Aber Gott ist von unseren Politikern, insbesondere den christlichen, entlastet und aufs Altenteil geschoben worden. Wo bleiben aber die gottgleichen staatlichen Gewissensprüfer, wenn es nicht um die Gewissen derer, die nicht töten wollen, geht, sondern um die Gewissen derer, die den großen Tod vorbereiten? Stehen nicht die Vernichtungsbereiten von heute in den braunen Fußstapfen der Vernichtungswilligen von gestern? Denn es ist doch kein Zufall, daß der Feind von heute derselbe wie der von vor 50 Jahren ist. Und der gleiche Feind macht, wenn nicht gleiche Brüder, so doch gleiche Marschierer. Und so sollte, wenn nicht unser Verstand uns hindert, unsere Scham uns hindern, nun als eine Art Testamentsvollstrecker der braunen Vernichter uns zu einer willfährigen Masse von Hilfswilligen und unseren Staat zu einer Art Hiwi-Staat für fremde imperiale Interessen werden zu lassen. 1933 erfolgte eine Machtübernahme, an deren Ende die Vernichtung vieler stand. Die Gefahr ist, daß nun nach 50 Jahren durch die Raketen eine neue Machtübernahme erfolgt, an deren Ende die Vernichtung aller steht.

Die Menschheit lernt nicht aus der Geschichte. Sie weiß immer noch nicht, daß man erntet, was man sät. Sie weiß nicht, daß der, der sein Land mit Raketen bestellt, den Raketentod auch einfahren wird. Die neuen Raketen gegen den alten Feind kommen vielen gelegen. Die Befürworter gewinnen damit nicht nur die Gunst der

Sieger von gestern und mächtigen Herren von heute, sie gewinnen auch die Selbstrechtfertigung für ihren eigenen alten Kampf. So schlecht kann die alte Sache nicht gewesen sein, wenn sie jetzt eine Neuauflage erfährt. Der neue Kreuzzug rechtfertigt den von gestern. Aber in Wahrheit türmen die neuen Kämpfer nur neue Schuld auf die alte Schuld, den neuen Tod auf den alten Tod. Und die böse Warnung, das Menetekel des Endes des menschlichen Geschlechts, das schließlich selbstzerstörerisch zugrunde gegangen sein wird, weil es nicht fähig war, das Leben zu lernen, sondern immer nur den Tod, dieses Menetekel steht nicht mehr bloß wie in der Bibel in der Geschichte von dem mächtigen Belsazar, dem König von Babylon, der wie die heutigen Herren töten konnte, wen er wollte, von einem Finger geschrieben an eines Königs Wand, es steht seit Hiroshima und Nagasaki von Atombomben eingebrannt an allen Wänden der Welt.

Kundgebung zum 50. Jahrestag der Machtergreifung am 29. 1. 1983 in Köln.

Deutschland stirbt zuerst

Grußwort in Dänemark (1983)

Ich bin aus der Bundesrepublik Deutschland hierhergekommen, um Sie zu grüßen und um Ihnen zu danken. Denn es ist wichtig, daß wir, die deutsche Friedensbewegung, nicht alleingelassen werden in unserem Widerstand gegen den Willen der Herrschenden unseres Staates zur Stationierung von Raketen. In Deutschland soll aufgerüstet werden, wie es noch nie eine Aufrüstung dort gegeben hat. Und man braucht nicht die fünf Finger einer Hand, um sich auszurechnen, zu welchem Ende das führen wird. Man erzählt uns, daß diese Rüstung den Frieden garantiert, aber man sollte doch gerade bei uns wissen, daß man damit sich selbst und andere belügt. Wir haben jetzt das Jahr 1983. Es ist genau 50 Jahre her, daß ein anderer Aufrüster bei uns die Herrschaft antrat und sich als Garant des Friedens ausgab. Und das Ende war Barbarei und

Vernichtung. Und das Ende dieser neuen noch größeren Rüstung wird eine noch größere Vernichtung sein. Noch sind in unserem Land die Tränen über die vielen Opfer der hitlerschen Barbarei nicht getrocknet – und wer sollte sie trocknen? Noch ist der Berg von Schuld und Schmerzen nicht abgetragen, und wer könnte ihn abtragen? Aber mit Händen, immer noch nicht frei von dem Geruch von Blut, werden bei uns die Rampen für die Raketen gegraben. Unser Volk ist in seiner Mehrheit dagegen, weil es dunkel ahnt, daß ihm sein eigenes Grab gegraben wird. Aber die strategischen Freunde in Washington, London, Paris und anderswo wollen es so. Sie glauben, das sei nützlich für ihren eigenen Schutz oder sogar ein kluger Weg für einen begrenzten Atomkrieg und einen großen Sieg. Sie wissen, daß Deutschland als erstes stirbt, aber sie nehmen in Kauf, einen ungeliebten Verbündeten für ihre Interessen zu opfern. Und sie merken nicht, daß sie sich damit zu späten Kollaborateuren der braunen Nazibarbaren machen, wenn sie zum letzten Schlag gegen den alten und neuen Feind sich rüsten, d.h. gegen Hitlers „jüdische Bolschewisten" und gegen Reagans „gottlose Monster". Sie merken nicht, daß ihre schlauen Pläne wertlos sind, daß der kommende Krieg und sein Sieg nicht nur *ein* Volk frißt, sondern alle. Zu oft haben sich bisher die Brandstifter vor dem Brand, den sie legten, retten können. Sie werden wieder versuchen, zu überleben, indem sie sich in ihre Bunker verkriechen. Aber diesmal wird es ihnen nicht gelingen. Der Tod der Erde wird sie in ihren Löchern finden.

Wir wollen nicht zu den Tätern gehören. Wir wollen versuchen, sie zu hindern. Aber wenn wir die Vernichter nicht hindern können, zu vernichten, so wollen wir doch wenigstens keine gemeinsame Sache mit ihnen machen. Wir wollen leben. Aber wenn wir schon nicht leben dürfen, sondern sterben müssen, wollen wir wenigstens nicht als Mörder der Menschheit untergehen. Das ist vielleicht das letzte, aber nicht das geringste Ziel, das uns bleibt. Und bei diesem Willen helfen Sie, liebe Freunde, uns, wenn Sie gegen die Stationierung amerikanischer Raketen in Europa sind. Und dafür danke ich Ihnen.

Grußwort zur Demonstration in Kopenhagen am 27. 3. 1983.

Killen für Christus

Rede zum Ostermarsch 1983

Das Jahr 1983 wird nach dem Willen des Herrn Reagan und anderer Herren, so des ehemaligen Herrn Schmidt und des jetzigen Herrn Kohl, für uns ein ganz besonderes Jahr. Jahre haben ja nicht nur ihre Zahlen, sondern auch ihren Charakter. Andere Kulturkreise wissen das besser als wir, die wir die Jahre nur zählen. In Vietnam, um ein Beispiel zu nennen, beginnt jetzt im Frühling das Jahr des Schweins. Bei uns wird es das Jahr des Herrn Reagan und seiner Raketen, und das ist noch nicht alles. Dem Herrn amerikanischen Präsidenten ist noch Größeres eingefallen, er hat dieses sein Jahr 1983 überhöht und bereichert, indem er es zugleich zu einem Jahr der Bibel erklärte und verklärte. Ein Jahr der Bibel ist gewissermaßen ein gesegnetes Jahr, und von solchem Segen zehren alle seine Stunden und Tage und Taten, und noch die Raketen, die in einem Bibeljahr aufgestellt werden, haben einen Touch von Frömmigkeit. Herr Reagan ist ein frommer Mann. Frömmigkeit und Krieg standen schon häufig in einem innigen Zusammenhang. Christlich gesehen hat das angefangen bei Konstantin, dem ersten christlichen Regierungschef, der sah mit seiner Armee das Zeichen des Kreuzes am Himmel als Zeichen des Sieges und damit des Krieges. Ich will nicht die ganze Geschichte durchgehen, die voll war von christlichen Kriegern und deren Kreuzen, wenngleich die Kreuze dann regelmäßig nicht mehr oben am Himmel standen, sondern unten auf der Erde, nämlich auf den Kriegsgräbern. In der jüngsten Geschichte wurden sogar die Nazis fromm, wenn es um ihren Krieg ging. Der Propagandaminister Joseph (welch frommer Name eines Gerechten!), Joseph Goebbels also sprach davon, daß die deutschen Soldaten in die Schlacht ziehen würden wie in einen Gottesdienst. Und ich weiß nicht, warum mir, wenn ich an den Herrn Reagan und seine Bibeljahrraketen denke, immer der Herr Joseph Goebbels mit seinem Gottesdienst einfällt.

Von dem Gott, der Eisen wachsen ließ, hat der Dichter Ernst Moritz Arndt gesungen. Dieser Gott gab angeblich dem Mann Säbel, Schwert und Spieß in seine Rechte. So standen Gott und Krieg eng beieinander. Jetzt ist Gott mit dem technischen Fortschritt gegangen und läßt Raketensilos aus der Erde wachsen und drückt seinen Frommen die Abschußknöpfe in die Hand.

Manchmal frage ich mich allerdings, ob man uns, wenn man uns Gott als einen Kriegsgott ausgibt und wenn man uns die Bibel als Kriegsfibel verkauft, ob man uns dann den wahren Gott und die wahre Bibel zeigt. Bei den amerikanischen Soldaten in Vietnam gab es die Parole: „Kill einen Vietnamesen für Christus". Man sieht, auch in Vietnam waren fromme Leute am Werk. Und Kardinal Spellman bezeichnete die amerikanischen Soldaten in Vietnam als „Soldaten Christi". Ich weiß also nicht, wie gesagt, ob das eigentlich der richtige Gott und die richtige Bibel ist und der richtige Christus. Vielleicht will Gott weder den Goebbelschen Gottesdienst noch die Reagansche Bibel.

Neulich las ich von einem sogenannten „nationalen Gebetsfrühstück" in einer amerikanischen Kaserne in Deutschland, welch selbiges Gebetsfrühstück unter dem Programm stand „Pershing im Gebet", pershing at prayer. Aber es fällt mir wieder schwer, zu glauben, daß unser Gott ein Gott der Gebetsfrühstückspershings und der Pershinggebete sein soll, ein Gott der Killer und Overkiller und daß sein Evangelium die frohe Botschaft des Zu-uns-kommens der Raketen ist und die Stationierung den Advent seines Reiches bei uns bedeuten soll. Es hat den Anschein, daß man uns ein neues Vater-unser lehrt, als ob Gott nicht mehr der Gott aller, sondern ein Westblockgott, ein Natogott geworden wäre.

Deutsche christliche Spitzenköpfe wie Schorsch Leber und Alois Mertes haben vor einigen Tagen die amerikanischen Bischöfe und deren Hirtenbrief gegen das Wettrüsten getadelt, weil diese Bischöfe angeblich nicht nur den Frieden, sondern vor allem die Freiheit gefährden würden. Mich würde übrigens interessieren, ob die amerikanischen Bischöfe kommunistisch unterwandert sind und von Moskau bezahlt werden. Die beiden Spitzenchristen Schorsch und Alois also, beide Mitglied des Zentralkomittees der Deutschen Katholiken, reden von Freiheit. In der Geschichte hat man immer schon im Namen der Freiheit Unterwerfung und Aufgabe des Verstandes gefordert. Oft war das Wort Freiheit nur ein anderes Wort für Krieg. „Der Gott, der Eisen wachsen ließ, der wollte keine Knechte." Oder: „Wohlauf Kameraden, aufs Pferd, aufs Pferd, ins Feld, in die Freiheit gezogen..." „Der Soldat allein ist der freie Mann" und wie sie alle hießen, die Freiheitslieder, die wir im letzten Krieg unter Hitler in der Schule gelernt haben. Denn in jüngster Geschichte waren vor allem die Nazis große Propagandisten der Freiheit. Im Namen der Freiheit bauten sie die KZ's, und noch an den Toren dieser KZ's stand ihre Freiheitsparole zu lesen: Arbeit macht frei. Heute fordert die Schmidt-Kohl-Koalition von uns eine andere Unterwerfung im Namen der Freiheit, nämlich unter das Diktat der Raketenstationierung, und die Unterjochung unter die Vernichtungsmaschinerien. Unser bißchen letzte Freiheit, nicht zu Mördern der Menschheit zu werden, will man uns im Namen der Freiheit stehlen. Und am Ende wird als Motto der makabre Spruch über unseren Massengräbern stehen: Pershing macht frei.

Soeben hat der Papst ein Heiliges Jahr proklamiert. Vielleicht hätte er besser das Raketenjahr zu einem unheiligen und einem Unheilsjahr proklamieren sollen. Aber wenn schon durch dieses heilige Jahr ein besserer Zugang zu Christus gegeben werden soll, wie der Papst sagte, dann bitte nicht zu der Freiheit der christlichen Aufrüster, sondern zu der Freiheit eben dieses Christus, wie man auch sonst zu ihm stehen mag, zu der großen und schönen „Freiheit eines Christenmenschen", um ein Lutherwort im Lutherjahr zu zitieren. Noch eine Art heiliges Jahr! Diese Freiheit ist niemals die, Leben zu nehmen, sondern immer die, Leben zu geben.

Zu lange haben mächtige Herren die Erde und ihre Menschen beherrscht, zu lange haben sie mit Parolen die Menschen verführt, und das hat immer Tod und Vernichtung bedeutet. Das hat bedeutet, daß die Mörderherren mordeten, daß Diktatoren diktierten, daß Folterknechte folterten, daß Rüster rüsteten und Bedroher bedrohten. Die Zahl der Opfer der Herren und ihrer Parolen ist unübersehbar. Aber die Zeit derer, die verlangen, zu töten und sich töten zu lassen, muß vorbei sein, wenn nicht die ganze Erde ihr Opfer sein soll. Und so ist es Zeit, daß das Volk aufsteht, daß die Völker aufstehen und sich den todbringenden Herren widersetzen, daß sie ihrem Machtrausch nicht mehr folgen, daß sie ihren Lügen nicht mehr glauben, daß sie sich *gegen* das Töten und Sterben, daß sie sich *für* das Leben und Lebenlassen entscheiden. Wenn die Menschen in aller Welt in diesem Jahr endlich damit begännen, das wäre ein schönes Jahr der Bibel und ein schönes heiliges Jahr und ein schönes Lutherjahr und ein wahres Jahr des Schweins, was nämlich bei den Vietnamesen ein Glücksjahr ist.

Rede, gehalten zum Ostermarsch 1983 in Dortmund.

Im Zeichen des Heilands

Rede auf dem Ärztekongreß in München (1983)

Bischof Eusebius von Cäsarea, gestorben 309, berichtet in seiner Kirchengeschichte von einer Christusstatue, die er in Cäsarea Philippi gesehen habe. Die Christusstatue, sagt er, stelle einen Mann dar, der seine Hände heilend nach einer vor ihm knieenden Frau ausstreckt. Unter ihm wachse bis an den Saum seines Mantels eine Pflanze empor, die ein Heilmittel gegen alle möglichen Krankheiten sei. Euseb irrte sich. Es war keine Christusstatue, sondern die eines heidnischen Arztgottes, vermutlich des Asklepios, lateinisch Aesculapius, des Heilands der Welt (soter tes oikumenes), wie er von den Griechen genannt wurde, dessen Heiligtum in Epidauros seit dem 6. Jahrhundert vor Christus das Lourdes der Antike war. Der Siegeslauf dieses Arztgottes überzog seit dem 5./4. Jahrhundert die damalige Welt mit einem Netz von fast einem halben Tausend von Kultfilialen und Heilzentren, darunter auch Kos. Hippokrates († ca. 370 v. Chr.), der berühmteste Arzt der Antike, stammt aus einer in Kos ansässigen Asklepiadenfamilie. Asklepios war sowohl Wunderheiler in Epidauros als auch Schutzpatron einer aufgeklärten Ärzteschaft in Kos. Bis dann der Gottarzt der Christen den heidnischen Arztgott verdrängte, indem entweder seine Statuen und Tempel als Christusstatuen und Kirchen gedeutet, oder aber zerstört wurden. Konstantin z. B. ließ durch seine Soldaten ein „hochgerühmtes Wunderwerk", den Äskulaptempel in Ägä, dem Erdboden gleichmachen.

Die Verwechslung einer Asklepiosstatue mit einer Christusstatue durch Euseb ist also leicht verständlich, denn unmittelbarer als es uns heute geläufig ist, war auch Jesus für die damalige Zeit ein Krankenheiler, ein Arzt. Iasthai (griechisch = heilen) wird seine Tätigkeit von den Evangelisten genannt. Schon durch den Namen Jesus fühlten sich die Griechen an iasthai erinnert. Bei dem jonischen Futur iesomai = ich werde heilen oder bei dem Substantiv iasis = Heilung drängte sich der Gleichklang für alle Griechischsprechenden – und Griechisch war die damalige Weltsprache – auf. Auch im deutschen Wort „Heiland" wird der ärztliche Aspekt deutlich. Es handelt sich bei dem Wort „Heiland" um die alte Form des Partizips von heilen, die in der Sakralsprache noch sich erhalten hat. Übrigens stammt auch das deutsche Wort „Arzt" von dem griechen iasthai, bzw. iatros = Arzt. Das Wort Arzt entwickelte sich aus dem griechischen archi-iatros = Chefarzt, Oberarzt.

Jesus also heilte Kranke. Die Evangelisten berichten von vielen Heilungen. Trotz aller legendären Ausschmückung und Übertreibung dürfte ein historischer Kern nicht zu widerlegen sein. Jesus übernahm dabei nicht die in der Antike weitverbreitete Auffassung, die das Wesen der Krankheit in einem Schuld-Strafe-Schema sah: Krankheit als Strafe Gottes. Die altjüdische Theologie z.B. hatte Kataloge entwickelt, in denen ursächliche Schuld und bewirkte Krankheit zusammengestellt waren. Zum Beispiel: „Drei Arten von Wassersucht gibt es: bei der infolge von Unzucht ist der Leib hart, infolge von Hunger ist der Leib aufgedunsen, infolge von Zauberei ist der Leib abgemagert." Oder: „Jeder Richter, der ein Geschenk annimmt und Recht beugt, wird nicht sterben in hohem Alter, ohne daß seine Augen erblinden." Indem Jesus solche numinosen Zusammenhänge nicht akzeptierte, humanisierte er das Phänomen der Krankheit. „Wer hat gesündigt", wird er gefragt bei der Heilung eines Blinden (Joh 9) und antwortet: „weder er noch seine Eltern". Er sieht also in einem Kranken nicht einen Gestraften, sondern einen, dem geholfen werden muß. Um des kranken Menschen willen hat Jesus sich gegen die religiöse Tradition seines Volkes gewandt, indem er sogar am Sabbath heilte, was nur bei akuten, lebensgefährlichen Krankheiten erlaubt war. Sein Verstoß gegen das Sabbathgebot ist einer der Gründe, die später zu seiner Hinrichtung führen sollten.

Die Hilfe für Kranke und Verwundete ist eine zentrale Forderung des Christentums, ja, man kann sogar sagen, daß Jesu Lehre in dem Imperativ zur Hilfe an Kranken und Verwundeten kulminiert. Ein Schriftgelehrter fragte Jesus: Was ist das höchste Gebot? Und Jesus erzählt die Geschichte von dem Samariter, der einem Überfallenen und Verwundeten die Wunden verband, ihn pflegte und sogar noch die Pflegekosten bezahlte. Geh hin, und handele wie er, sagt Jesus zum Schluß und hat damit die Frage nach dem höchsten und größten Gebot beantwortet. Barmherzigkeit und Pflege der Kranken ist Jesus dabei so wichtig, daß daneben andere Punkte, auf die die Rechtgläubigkeit wert legt, unwichtig erscheinen: der Samariter nämlich gehörte dem von den Juden am meisten angefeindeten und wegen falscher Religion und falscher Rasse verhaßtesten Volk an. Die Geschichte vom Samariter klang für die Juden damals so schockierend, als wenn der Papst heute uns nicht einen Heiligen, sondern einen Unheiligen, z. B. einen atheistischen Kommunisten als Beispiel höchster Christlichkeit zur Nachahmung empfehlen und zu allem Überfluß noch hinzufügen würde, daß ein Bischof und ein Priester, also Leute von uns, an dem Verwundeten vorübergingen, wie Jesus Lk 10, 31 f. ausführt: ein Priester und ein Levit gingen vorüber.

Das Christentum hat den Auftrag der Hilfe an den Kranken aufgenommen und praktiziert. Und so erhielt die Krankenpflege trotz ärztlicher Kunst und Wissenschaft in der Antike erst mit dem Christentum ihren eigentlichen Akzent. Die planmäßige Sorge für alle Kranken kann man als eine Gabe Christi an die Welt bezeichnen. Und die unvergleichlich schnelle Verbreitung des Christentums in den ersten Jahrhunderten beruht nicht zuletzt auf der selbstlosen Liebe, mit der die Christen sich der Kranken annahmen. Der Neffe Konstantins, der römische Kaiser Julian, von den Christen wegen seiner Rückkehr zum Heidentum Julian apostata, der Abtrünnige, genannt, der wieder Asklepios gegen Christus als Heiland der Welt zur Geltung bringen wollte, konnte nicht umhin, zu bewundern, daß die Christen nicht nur ihre eigenen, sondern auch die heidnischen Kranken pflegten. Im Mittelalter wird die Krankenpflege vor allem von den Ordensleuten ausgeübt. Den meisten Klöstern sind Hospitäler angegliedert. Unsere konfessionellen Krankenhäuser sind Ausläufer dieses für das Wesen des Christentums so wichtigen Dienstes an den Kranken. Und das ärztliche Ethos, wie es heute gelebt, zum mindesten gefordert wird, ist noch weithin christlich geprägt.

Hat also das Christentum mit bemerkenswerter Treue das Krankenpflegegebot Christi befolgt, so hat es die in dem Beispiel von dem Samariter mit gleichem Nachdruck geforderte Hochachtung vor einem Anders- bzw. Ungläubigen und die durch die ganze Lehre Jesu belegte Forderung der Feindesliebe nicht befolgt. Das Christentum wurde eine Religion zwar nicht der Gewalttat, aber der Gewalttäter, der frommen Krieger, die andere bekriegten, verfolgten, unterdrückten, so daß der englische Bischof Josef Hall im 17. Jahrhundert sagen konnte: „Man ist seines Lebens dort sicherer, wo es gar keinen Glauben gibt als dort, wo alles zur Sache des Glaubens gemacht wird.“ So ist es leider kein Zufall, daß der

Begriff „religiöser Fanatismus" eine Tautologie, ein Doppeltgesagtes enthält. Denn gemäß seiner Sprachwurzel ist jeder Fanatismus religiös motiviert. Der Fanatismus ist dem fanum, dem Heiligen oder Heiligtum zugeordnet. Alles, was außerhalb des heiligen Bezirks liegt, ist profan. Fanatismus ist von seinem Begriff her die Geisteskrankheit der Frommen.

Niemals war in den Großkirchen die eigentlich christliche, d.h. friedenstiftende, wenn man so will pazifistische Tradition vorherrschend. Und so verbindet sich seit 2000 Jahren mit der krankenpflegenden Treue zum Ursprung die militarisierende Vefälschung des Christentums. Krankendienst und Waffendienst werden hervorragende Tätigkeiten der Christen, klassisch z.B. in den während der Kreuzzüge entstandenen ritterlichen Spitalorden des 11. und 12. Jahrhunderts. Und die Theologen, die die Stimme der Barmherzigkeit Gottes sein sollten, bemühen sich bis heute, vom Krieg als einem unter Umständen „gerechten" zu reden, ein Adjektiv nebenbei bemerkt, das sie einer noch so gerechtfertigten Empfängnisverhütung auch nicht aus „noch so schwerwiegendem Grund" zuzubilligen bereit sind.

So hat das Christentum einen Januskopf durch die Geschichte getragen. Wunden und Schmerzen und Tod als Früchte christlicher Militanz und andererseits Hilfe und Heilung und Pflege für die Verwundeten als Haltung christlicher Caritas. Am Ende unseres 20. Jahrhunderts, im nuklearen Zeitalter, knüpfen sich beide Stränge zu einem unlösbaren Knoten, denn jetzt geht es nicht mehr um den Tod vieler, den die Überlebenden wie bisher spitzfindig und kasuistisch legitimieren könnten, jetzt geht es um den Tod aller. Rüstung zur medizinischen Hilfe im Krieg war immer schon, ob gewollt oder ungewollt, Rüstung zum Krieg selbst. Stets haben sich die Christen mit der schönen Pflicht der Hilfe für Verwundete und Sterbende über die erste Pflicht der Verhinderung solcher Wunden und solchen Todes hinweggelogen und hinweggetäuscht. Aber nun, im nuklearen Zeitalter, wird die Täuschung offenbar. Diese christliche Form von Arbeitsplatzbeschaffung, die lang geübte christliche Arbeitsteilung von Verwunden und Verbinden, von Krieg und Hilfe für die Opfer, wird zu Ende sein.

Aber mit der Berufung auf ärztliches Ethos und christliche Moral wird auch jetzt wieder seitens der Rüster und Kriegsvorbereiter ärztlicher und sanitärer Dienst zur Versorgung der Atombombenopfer in einem Krieg gefordert. Jedoch das Ja zu solcher Versorgung ist das Amen zu solchem Krieg, weil er damit nicht nur vorausgesetzt, sondern akzeptiert wird, weil der, der bloß seine Folgen mindern will, seinen Anfängen nicht widersteht. Dem letzten Krieg wird keine Heilung mehr folgen.

Ein Mann ging von Jerusalem nach Jericho und fiel unter die Räuber. Heute sind wir alle in Gefahr, unter die nuklearen Massenmörder zu fallen oder wir sind schon in ihrer Hand. Und vielleicht gehen wieder Bischöfe und Priester an uns vorbei und schweigen. Aber vielleicht finden wir auch heute Samariter, wenn nicht bei Christen, so vielleicht bei Nichtchristen. Und vielleicht besteht der ärztliche Samariterdienst heute vor allem darin, sich nicht von den Vernichtern programmieren zu lassen für deren Tötungs- und Hilfsprogramm. Der Strich, der durch solches Programm gemacht würde, wäre die wirkungsvollste medizinische Hilfe.

Rede in München am 23.4. 1983 auf dem 3. Medizinischen Kongreß zur Verhinderung eines Atomkriegs.

Atomkrieg und Medizin

Rede auf dem Ärztekongreß in München (1983)

Homo sapiens sapiens nennt sich der Mensch. Aber er heißt nur so, er ist es nicht. Einsichtig, klug, verständlich, weise, lesen wir im Lexikon, und die Doppelung des Namens behauptet noch eine Potenz. Aber von der sapientia ist er weiter entfernt als vom ersten homo erectus, denn in bezug auf sie hat er den aufrechten Gang noch nicht erlernt. Der Mensch hat sich einen schönen Namen gegeben. Wenn er sich sapiens nennt, hat er über eine biologische Klassifizierung hinaus die sapientia zu einer Utopie von sich selbst erklärt, hat er einen Vorentwurf seiner selbst gezeichnet, hat er seine geheime Norm, seinen eigentlichen nomos erkannt.

Aber es scheint, als könnte der Mensch den Traum vom Menschen nicht mehr lange träumen. Der Mensch ist in die Irre gegangen. Er ist seinem nomos nicht gefolgt, er ist seiner Norm untreu geworden. Als ein nach seinem eigenen Maßstab anomaler, als ein nicht normaler hat er Richtung und Ziel seiner selbst aus den Augen verloren. Sein Leben, sein Menschsein, seine Menschlichkeit ist ihm nicht gelungen, und die Geschichte seines Verfehlens wurde zur Geschichte seines Verfalls. Der Mensch ist ein Kranker geworden, und es scheint, daß dies eine Krankheit zum Tode ist. Wir registrieren für den Menschen historische Daten und haben damit seine Zeit scheinbar geordnet. Aber die Zeit war, soweit der Mensch sie bestimmte, niemals in Ordnung, und uns begegnet in den Daten in Wahrheit nur die Fieberkurve seiner langen Agonie.

Immer ist der weise, weise Mensch ein Aggressor gewesen, ein Verfolger und Unterdrücker und Vernichter, ein Mörder seiner Artgenossen. Die menschliche Geschichte ist eine Kette pathologischer Phänomene, kollektiver Neurosen und Psychosen, seelischer Epidemien, politischer und sozialer Massenstörungen. Was der Einzelne an Angst und Haß, an Herrschsucht und Vernichtungswillen privat verdrängte oder tabuisierte, hat er in die Kollektive eingebracht, und die Sozietäten haben die Zwänge und Hysterien des Einzelnen aufgenommen und ausgetragen. Sie haben zudem eigene Psychosen entwickelt und sich ihrerseits aggressiv gegeneinander gewandt. Kranke Kollektive haben sich ihre kranken Führer gewählt. Häufig haben sie ihre Angst und Aggression in einem radikalen Verlust von Besinnung und Vernunft zu einer blinden Gefolgschaft und Unterwerfung unter ihre Führer formiert, die dann ihrerseits hysterische Massenreaktionen hervorriefen. Das war und ist insbesondere bei totalitären Systemen so. Aber die sogenannte Demokratie ist keine Garantie gegen Massenneurosen und neurotische Politiker. Hier findet lediglich eine unseren Ohren angenehmere Verbrämung der Motive und Motivierungen zur neurotischen Kriegsrüstung statt. Auch hier gliedert die Demagogie die Welt in Schwarz und Weiß. Und die feindlichen Blöcke in Ost und West ordnen sich hier wie dort in einem archaisch-primitiven Dualismus ein in Gut und Böse, sowohl hinsichtlich der politischen Qualität als auch der militärischen Moral: der Böse ist der andere, der Gute ist man selbst. Das hat z. B. der amerikanische Präsident oft genug und laut genug gesagt. Und das Publikum verdrängt, daß diese Rechnung nicht stimmen kann. Es beirrt hierzulande kaum jemanden in seinem Schlaf, daß z. B. die Bomben von Hiroshima und Nagasaki demokratische Bomben waren und von christlichen Gebeten begleitet.

Wer jedoch will, der mag glauben, daß sich im kommenden Krieg Gute und Böse gegenüberstehen, daß es demzufolge auch so etwas wie gute und böse Raketen geben muß. Aber mag das Töten auch ein auf der einen Seite gutes und ein auf der anderen Seite böses, mag es zur einen Hälfte ein teuflisches und zur anderen Hälfte ein Gott wohlgefälliges sein, der Tod ist schließlich doch für alle der eine. Und die kommende Vernichtung der Erde, wiederum eine Einerseits-andererseits-Vernichtung, angeblich so unterschiedlich in ihrer moralischen Qualität, wird schließlich doch eine ganze sein. Von diesem Ende her können wir also die gegenwärtige Rüstung nicht einteilen in eine solche, die gesunden und verantwortlichen Sinnes geschehen könnte, und eine, die Wahnsinn bedeutet. Wir müssen sie insgesamt als krankhaft und verbrecherisch erkennen.

Die Welt ist krank. Sie ist süchtig geworden. Sie hat die Bombe zu ihrer Droge gemacht und hängt an der Rakete als an ihrer Spritze. Von ihr erwartet sie Lösungen und Erlösungen und weiß nicht und will nicht wissen, daß sie nichts von ihr zu erwarten hat als den Tod. Aber vielleicht ahnt sie dies in ihrem tiefsten Inneren doch. Und vielleicht ist das Verlangen nach dem Tod als einem Ende einer langen Krankheit und eines langen Leidens, von dem sie kein anderes Ende und von der sie keine Heilung weiß, die geheimste Triebfeder ihres Handelns. Vielleicht ist die Stationierung der Raketen für die Menschheit ein letztes selbstmörderisches Euthanasieprogramm.

Was sollen wir tun? Man kann sagen: was fallen wir, das soll man stoßen. Aber wir sollten uns wohl doch widersetzen. Wir sollten widerstehen um der vielen schuldlosen Opfer willen, die diese Endlösung fordert. Das bedeutet zunächst ganz einfach, nicht mitzumachen bei Rüstung und Kriegsvorbereitung, nicht mitzuglauben bei Parolen, Propaganda und Gehirnwäsche. Das bedeutet, sich zu verweigern um des Menschen willen. Das ist nicht leicht. Wer den Parolen nicht folgt, wird als Verräter beargwöhnt, als einer, der die Sache des Feindes betreibt. Das Gewissen wird bei uns auf vielen Papieren garantiert, aber wo es in die Waage des Lebens gelegt wird, wird es regelmäßig von den Herrschenden als zu leicht befunden. Wir können und wollen protestieren und demonstrieren. Und es kann insbesondere die Wissenschaft mehr als bisher tun. Es liegt nahe, daß ich an diesem Ort an die medizinische appelliere. Ich erinnere an die Forderung angesehener Mediziner, alle Führer und höheren Politiker auf Psychopathie untersuchen zu lassen. Ein guter Vorschlag. Aber es ist gewiß, daß er keine allgemeine Zustimmung finden wird, weil bei den Menschen das Interesse, von psychisch Gesunden geleitet zu werden, zu gering ausgeprägt ist. Ein solches Desinteresse ist seinerseits ein pathologischer Befund.

Die Medizin ist aufgerufen, hier aufklärend zu wirken. Vielleicht sollte sie einen neuen Begriff von Gemeingefährlichkeit entwikkeln. Wir müssen verhindern, unter der Herrschaft von Paranoikern sterben zu müssen, unter den Wahnvorstellungen von Kampf-, Krieg- und Siegparanoikern. Mit dem Willen zu einer palliativen, d.h., wenn überhaupt, dann nur in Einzelfällen möglichen, die Folgen lindernden Kriegsmedizin post festum, auf den radioaktiv verseuchten Ruinen, kann es nicht getan sein. Erst recht nicht mit einer menschenunwürdigen Selektionsmedizin, die sich selbst zum Motor der Kriegsmaschinerie degradiert. Sich dieser Vernichtungsmaschinerie zu widersetzen und gegen sie aufzustehen, ist, so meine ich, eine Aufgabe menschlicher Medizin. Ein solcher Widerstand wäre ein Beitrag zu einer globalen Hygiene und ein notärztlicher Dienst für die ganze Welt.

Rede am 24.4. 1983 vor dem 3. Medizinischen Kongreß zur Verhinderung eines Atomkriegs in München.

Von Christen verfolgt

US-Vizepräsident Bush in Krefeld (1983)

Sehr geehrte Damen und Herren,
sehr geehrte Christen und Christen,

es gibt nämlich zweierlei Christen, z.B. die Verfolger und die Verfolgten. Zahlreich sind die Opfer der Christenverfolgungen, ich meine die, die von Christen verfolgt wurden. Ihre Zahl ist weit größer als die der Christen, die von Nichtchristen verfolgt wurden. Als Christ unter sogenannten Heiden zu leben, kann ein hartes Schicksal sein, als Christ oder auch als Jude unter Christen zu leben, war jedoch oft genug ein wesentlich schlimmeres. Wenn wir heute von den dreizehn Krefelder Auswandererfamilien reden, dann reden wir von Menschen, die von Christen verfolgt und unterdrückt wurden. Die Auswanderung dieser Quäker und Mennoniten vor 300 Jahren ist kein Grund zu einer Feier oder einem Jubiläum, sie ist ein Grund zur Scham. Es hat später in der Geschichte noch viele gegeben, die unser Land verlassen haben und nach Amerika gingen, um der Unterdrückung zu entgehen. Bis hin zu den Juden im Dritten Reich reicht der lange Zug solcher sogenannten Auswanderer, aber ein Grund zu Feiern und Jubiläen ist das für uns nicht.

Es hat damals eine Art Krefelder Appell gegeben, den der Krefelder evangelische, reformierte Bürgermeister im Jahre 1655 verfaßte. Der Appell war an den Landesherrn, den Prinzen von Oranien, gerichtet und verlangte, den Mennoniten solle der Aufenthalt in der Stadt Krefeld oder wenigstens die öffentliche Ausübung ihres Gottesdienstes verboten werden. Sie seien nämlich eine Gefahr für die Stadt Krefeld, weil Krefeld im Krieg Verteidiger brauche, die Mennoniten aber seien Kriegsdienstverweigerer und ihretwegen, die sonst nirgend geduldet seien, werde Krefeld verachtet.

Sie waren also Kriegsdienstverweigerer. Es gibt nämlich zweierlei Christen, z.B. die gewaltlosen und die, die Gewalt predigen. Im Hirtenwort der deutschen Bischöfe zum Frieden vom Mai dieses

Jahres heißt es: „Die Kirche hat aus Jesu Zeugnis der Gewaltlosigkeit (offenbar hat Jesus auch nach den westdeutschen Bischöfen Gewaltlosigkeit bezeugt) nie eine... für alle verbindliche Regel gemacht." Daß das so ist, finden die Bischöfe richtig, und sie fahren fort: „...wie es manche Gruppen in der Geschichte der Christenheit immer wieder versucht haben und heute noch versuchen." Daß es solche Gruppen gab und gibt, das finden die Bischöfe nicht richtig. Zu diesen pazifistischen Gruppen mit Jesu Regel der Gewaltlosigkeit gehörten als Hauptgruppe die Quäker und Mennoniten, deren dreizehn Krefelder Familien wir heute feiern. Immer in der christlichen Geschichte wurden solche Kriegsdienstverweigerer-Christen nicht zuletzt wegen dieser Verweigerung von Staat und Kirche verfolgt. Um die Zeit, als die dreizehn Krefelder Quäker- und Mennonitenfamilien Krefeld verließen, saßen z.B. in England 13562 Quäker in den Gefängnissen, das waren fast alle erwachsenen Quäker. Sie galten als Wehrkraftzersetzer, und die Gottesdienste der Quäker konnten fast nur noch von Kindern besucht werden. 388 dieser gefangenen Quäker starben damals an Entbehrungen und Mißhandlungen in den Kerkern.

1981 hat es einen zweiten Krefelder Appell gegeben, den inzwischen vier Millionen Deutsche unterschrieben haben und den man darum eigentlich den „Deutschen Appell" nennen sollte. Und wieder hat ein Krefelder Bürgermeister, ein Oberbürgermeister gar, mit, wie er sagt, „Beschämung" vermerkt, daß der „gute Name der Stadt Krefeld tagtäglich mit einem kommunistischen Machwerk in Verbindung gebracht" werde. Wenn man es recht bedenkt, müssen also schon damals die Krefelder Auswanderer kommunistisch unterwandert gewesen sein.

Die Schimpfwörter haben in der Geschichte gewechselt. Neuerdings gelten in Deutschland laut Ministermund Pazifisten sogar als die eigentlichen Ermöglicher von Auschwitz. Die Verfolger hatten in der Geschichte zu verschiedenen Zeiten verschiedene Gesichter. Aber immer, wo Christen aufstanden und den Gewalttätern und Machthabern widersprachen, ist es ihnen schlecht bekommen. Die Krefelder Quäker und Mennoniten haben aus Drangsal und Verfolgung heraus ihren amerikanischen Traum geträumt. Sie gingen 1683 fort, um eine neue Welt der Menschlichkeit zu finden und zu schaffen. Teilweise hatten andere Quäker vor ihnen Pech damit, denn auch in Amerika saßen schon Christen in den Startlöchern, und es war deshalb auch dort schon Verfolgung programmiert.

Besonders grausam war die Verfolgung der Quäker in Neuengland durch die Puritaner (ehemals selbst Verfolgte, jetzt selber Verfolger). Aber die Krefelder Quäker und Mennoniten fanden ein Land, das ihre Heimat werden sollte, das nach dem großen Quäker William Penn, Sohn eines englischen Admirals und einer deutschen Mutter, Pennsylvanien genannt wurde. 1682 war von Penn hier die Stadt der Toleranz Philadelphia gegründet worden. Philadelphia heißt „geschwisterliche Liebe". Das meint Menschenliebe schlechthin. Und die Freiheit, die die Krefelder in Krefeld nicht erfahren hatten, hofften sie dort zu finden und anderen zu geben. Es ist bezeichnend, daß 1688 im Haus des Krefelder Auswanderers Tönis Kunders in Germantown, einem Vorort von Philadelphia, der erste christliche Appell gegen die Sklaverei formuliert wurde.

Menschenliebe ist der Name einer Stadt und eines Traums. Aber die Zeit hat die Träumer überholt. Und vielleicht kommt bald die Zeit, daß es keine menschlichen Träume mehr gibt. Die Wahrheit der Quäker und Mennoniten aus Krefeld scheint vergessen, denn nur so ist es zu erklären, daß der Herr amerikanische Vizepräsident, wenn er kommt, um diese Krefelder Kriegsdienstverweigerer zu ehren, in seinem Gepäck Raketen mitbringt, daß er also gar nicht merkt, daß er sich in der Etage vertan hat und auf der falschen Hochzeit tanzt. Wenn er mit Raketen in der Hand kommt, sollte Herr Bush von den Krefelder Vertriebenen schweigen. Und wenn er sie ehren will, dann soll er nicht mehr von Raketen reden.

Es ist Gewalttat und Krieg genug ausgegangen von Deutschland, und darum sollen von Deutschland Krieg und Gewalttat nie mehr ausgehen. Menschen dieses Landes haben genug Menschen vernichtet, darum wollen wir keine Menschen mehr vernichten und keine Raketen zur Menschenvernichtung bauen. Und Menschen in diesem Land sind genug gestorben, darum wollen wir nicht, daß nun alle sterben müssen. Darum wollen wir die amerikanische Freundschaft sehr wohl, wenn sie Freiheit und Menschlichkeit und Leben bedeutet: philadelphia. Und wir danken dem amerikanischen Volk für seine Freundschaft, angefangen von den Quäkersuppen, mit denen die „Gesellschaft der Freunde", wie die Quäker selbst sich nennen, unmittelbar nach dem Krieg deutsche Kinder vor dem Verhungern schützte, bis zu der freeze-Bewegung und den amerikanischen Bischöfen, von denen wir glauben, daß sie uns auf ihre Weise eine Überlebenschance geben. Aber Militärstiefel, die unser Land am Ende zu einem Trümmerhaufen zertreten, wollen wir nicht, und Raketen für einen führbaren und gewinnbaren Krieg wollen wir auch nicht. Und so bitten wir denn die amerikanischen Freunde, im Geist einer deutsch-amerikanischen Freundschaft, den Willen der Mehrheit des deutschen Volkes zu achten und uns vor der Stationierung der neuen Raketen zu schützen.

Rede auf der Friedenskundgebung in Krefeld am 25. 6. 1983.

Weil der Bundestag schweigt

Parlament der Mehrheit in Bonn (1983)

Parlament kommt von sprechen. Und wenn es je in unserer Republik gegolten hat, zu sprechen, dann gilt es jetzt zu sprechen und zwar zu widersprechen. Denn von allen bisherigen Stunden der BRD ist die Stunde der Stationierung die ernsteste. Wenn aber das offizielle Parlament in seiner Mehrheit vom Ernst dieser Stunde und von der Folgegefahr dieser Stunde schweigt, indem es ja und amen sagt, muß das Volk selber zum Parlament werden und sprechen und widersprechen.

Wir, die wir hier sind, sind, wenn nicht die gewählten, so doch die geborenen Parlamentarier der Mehrheit des Volkes. Wir wollen nicht schweigend zusehen, wenn unser Land in Gefahr gerät, für fremden Krieg und Sieg zu sterben. In diesem Land ist schon genug gestorben worden, aus diesem Land wurde schon genug Tod in die Welt getragen. Der Herr Bundeskanzler hat gesagt, daß die Weltlage heute sehr, sehr ähnlich sei der Lage 1938. Die Weltlage 1938 war geprägt durch eine deutsche Regierung, die Frieden nicht halten wollte, die rücksichtslos zum Krieg entschlossen war. Der Herr Bundeskanzler hat gesagt, daß die Weltlage heute sehr, sehr ähnlich sei wie damals. Die Welt 1938 war schon rot von dem sich bereits ankündigenden Feuer des nahen Kriegsbrands, weil eine deutsche Regierung gegen ihr eigenes Volk und seine Interessen regierte, mochten die vielen Schreier und Ja-Sager sie auch bei ihrem Weg ins Verderben scheinbar legitimieren. Der Herr Bundeskanzler hat gesagt, daß die Lage heute sehr, sehr ähnlich sei der Lage 1938.

In einem aber ist die Lage heute anders als damals, daß wir uns heute nicht noch einmal wie damals schweigend in das Schreckliche stoßen lassen wollen, daß wir, wenn schon unsere Herren sich nicht schämen, unser Land zur Rampe von Waffen zur Vernichtung unserer Nachbarn werden zu lassen, die bereits mehr als genug Opfer anderer deutscher Herren gewesen sind, daß wir, wenn schon unsere Herren nicht Vernunft genug besitzen, zu verhindern, daß – schlimmer als in den Orwellschen Visionen – unser Tod von Computern diktiert wird, daß wir gegen diese Herren und ihre Dummheit und ihre Schamlosigkeit diesmal nein sagen, bevor wir ihre Opfer werden.

Kaum jemals ist den Opfern mehr als das Wort geblieben. Oft genug nicht einmal das. Und wo es ihnen blieb, ist es immer ein ungehörtes geblieben. Die, die es anging, haben es immer wieder zertreten oder sind darüber hinwegmarschiert. Und so bleibt auch uns nicht viel, bis das Verhängnis über uns und die Erde hereinbricht. Gleichwohl sagen wir das Wort, das uns bleibt, und sagen nein. Wir sagen es mit wenig Hoffnung, daß die Herren, die sich als Herren über Leben und Tod aufspielen, es hören. Aber es ist besser, mit diesem Nein unterzugehen, als stumm und stumpf in den willfährigen Tod der Mitläufer und Handlanger der Vernichtung zu stürzen.

Vor dem „Parlament der Mehrheit“ am 20. 11. 1983 in Bonn.

Dem Tanz ein Ende machen

Zum Frauenmarsch nach Brüssel (1983)

Liebe Frauen (und die anwesenden Männer sind hoffentlich auch lieb)!

Der Weg der Frauen durch die Geschichte zu sich selbst stand niemals unter einem freundlichen Stern. Der schwere Weg aus der Erniedrigung trug ihnen manche Beule und Schramme und Schlimmeres ein. Und noch im 20. Jahrhundert mußten sich Frauen den Kopf an manchen Polizeiknüppeln stoßen, bis ihnen das Denken wenigstens ansatzweise erlaubt wurde. Ihr Leben war ja niemals ihr eigentlich eigenes, es war immer ein vorbestimmtes, von fremder Hand reglementiertes, von Herren durch Gebote und Verbote definiertes Leben. Ihr Leben war immer ein Leben aus zweiter Hand. Und es hat sich noch nicht alles zum Besten gewendet. Auf diese Wende warten wir noch. Die Frau ist immer noch eine Art relativer Mensch. Sie hat ihre Rechte nicht kraft ihrer eigenen Person. Immer noch werden ihr ihre Rechte zugeteilt oder auch nicht. Sie ist immer noch eine Art Mensch zweiter Wahl. Um ein Beispiel zu nennen: der Herr amerikanische Vizepräsident war jüngst in Deutschland, und er hat von Menschenrechten geredet. Aber davon, daß es in der amerikanischen Verfassung noch immer keine Gleichberechtigung der Frau gibt, davon hat er nicht geredet. Und kürzlich war der Papst in Polen. Und auch er hat viel von Menschenrechten gesprochen, aber gleiches Recht der Frau in der Kirche hat er nicht gefordert. Denn Menschenrecht ist immer noch Männerrecht. Das scheint eine gottgewollte Ordnung zu sein, und die kommt vermutlich daher, daß Gott, wie der Mann ihn schuf, ein Mann ist. Ich habe viele Bilder von Gott gesehen, und immer war auf den Bildern ein Mann. Vielleicht sollte man Gott um der Gleichberechtigung willen in den nächsten 2000 Jahren als Frau abbilden, aber ich fürchte, es wird keine nächsten 2000 Jahre geben.

Denn dieser Männergott und Manngott war zugleich immer einer, der, wie unsere Dichter sagen, keine Knechte wollte (Mägde wollte er sehr wohl), und der darum dem Mann Säbel, Schwert und Spieß in seine Rechte gab, und man muß heute hinzufügen, auch die

H-Bombe und die Rakete. Man hat – d.h. eben mann, und nicht frau, – man hat aus Gott einen Kriegsgott gemacht. Und die Freiheit dieses Gottes war mit Krieg weithin identisch. „Ins Feld, in die Freiheit gezogen“, sagt Schiller in „Wallensteins Lager“, denn „im Felde, da ist der Mann noch was wert“ und „der Soldat allein ist der freie Mann“. Und so hat dieser Gott, der keine Knechte wollte, im Namen einer angeblichen Freiheit die sogenannten Freien in Wahrheit in die tiefste Sklaverei versklavt, die des Todes nämlich, in den Zwang des Tötens und Getötetwerdens. Er hat sie zu einem in Geschichte und Gegenwart nie zu Ende gekommenen und nie zu Ende kommenden Totentanz verdammt, aus dem es keine Erlösung zu geben scheint, außer schließlich der Endlösung in Gestalt des großen Todes aller. Es drehen sich die Panzer überall auf unserer Erde in diesem Tanz, es marschieren Millionen Stiefel in Ost und West zu seinem Rhythmus. In der schrillen Musik dieses Tanzes fallen Flugzeuge vom Himmel herab auf unsere Häuser, und es erheben sich in seinem Takt die Raketen auf beiden Seiten zu einem letzten pas de deux.

Wir wollen, was uns betrifft, diesem Tanz ein Ende machen. Uns Frauen ist inzwischen ein wenig das Denken und Sprechen gestattet. Uns ist inzwischen ein bißchen das Stehen und Gehen erlaubt. Aber ob mit oder ohne Erlaubnis, wir wollen aufstehen und widerstehen und widersprechen. Wir wollen gegen den Marsch und die Marschmusik der Vernichter marschieren. Das Wort marschieren kommt von markieren. Bisher hat die Erde durch die Marschierer immer tiefer eine Todesmarkierung erlitten. Wir wollen in sie die Marke des Lebens prägen. Marschieren, markieren heißt, ein Zeichen setzen, eine Spur hinterlassen. Der Marsch der Frauen ist ein Zeichen für den Aufstand von Millionen Frauen dieses Landes und anderer Länder gegen die Raketen, er setzt eine Spur, auf der möglichst viele – ob Frau oder Mann – folgen mögen. In Brüssel wird dieser Marsch auf viele Krieger-Männer treffen, die glauben, daß der Mensch – der Mann – frei sein könnte um den Preis der Vernichtung. Marschieren, markieren hängt auch mit merken zusammen. Und vielleicht trägt dieser Frauenmarsch etwas dazu bei, daß die Kriegsmänner etwas merken, nicht nur in Brüssel, sondern auch in Washington und Moskau und anderswo. Daß nämlich wir Frauen uns und unser Leben und auch unser Sterben nicht länger definieren lassen wollen von ihren spätpubertären, schlachtenlenkerischen Sandkastenspielen des Todes, daß wir frei sein wollen von der Tyrannei von Krieg und Kriegsgeschrei, frei von der Diktatur der Raketen. Denn das Leben hat durch die Jahrhunderte hindurch schon zu lange und zu sehr nach Blut geschmeckt, als daß wir nun nicht aufstehen und versuchen müßten, ihnen endlich die Waffen aus der Hand zu reißen.

Auftaktveranstaltung zum Marsch der Frauen nach Brüssel am 8. 7. 1983 in Dortmund

Statt Sprengstoff Brot

Ansprache in Essen (1983)

Daß Frauen aufstehen für den Frieden, ist ein Stück Hoffnung in einer tollgewordenen Welt. Denn toll ist die Welt, wenn sie ihre Hoffnung auf Raketen setzt, als könnten Raketen irgendetwas an Hoffnung bringen, als könnte uns der Overkill von irgendeinem Übel erlösen. Die Raketen sind die modernen Götzen geworden. Sie werden als Heilsbringer angebetet. Ihnen wird aus dem Mund der Rüstungspropagandisten die Seligpreisung des Friedensschaffens angedichtet, und wir wissen doch, daß die Todesmaschinen nichts schaffen als den Tod. Ich danke Euch, daß Ihr an die neuen Götzen nicht glaubt. Daß Ihr nicht vergessen habt, daß Friede nicht vom Wirken der Waffen, sondern vom Wirken des Geistes kommt. Selig sind die Friedensstifter. Aber damit sind nicht die Raketen gemeint.

Die katholischen Bischöfe sagen in ihren Hirtenbrief: Gerechtigkeit schafft Frieden. Nun gut, so bemüht Euch um Gerechtigkeit und nicht um Vernichtungswaffen. Diese bedeuten nämlich Ungerechtigkeit. Wir stehlen mit dem Geld, das wir in die Raketen und Bomber stecken, jetzt schon Menschen das Leben. Schon jetzt schießen wir mit unserer Rüstung täglich vierzigtausend Kinder in der Dritten Welt ab und lassen sie zugrunde gehen angeblich um des Friedens willen. Wenn es so weit ist, daß wir unsere Friedenswaffen einsetzen, werden wir in der Lage sein, vierzigtausend mal vierzigtausend Kinder an einem Tag abzuschießen.

Die Politiker und Strategen reden vom militärischen Gleichgewicht. Schon jetzt entfällt auf jeden Menschen in der Welt, ob Mann ob Frau ob Kind, eine Vernichtungskraft von 3½ Tonnen Sprengstoff. Das ist ein schönes militärisches Gleichgewicht, daß für jeden die gleiche Menge Vernichtung bereitsteht. Und ich sehe nicht ein, warum das Gleichgewicht ein noch schöneres sein sollte, wenn auf jeden Menschenkopf vier oder fünf oder sechs Tonnen Vernichtung fallen.

Gibt es also ein Gleichgewicht an Todesmitteln in der Welt, ein Gleichgewicht an Lebensmitteln gibt es nicht in der Welt. Wenn wir bei diesen ein Gleichgewicht fordern würden, dann würden wir tatsächlich vom Frieden sprechen, weil wir dann nämlich von der Gerechtigkeit reden würden. So wie es jetzt ist, haben wir für jedes verhungernde Kind auf der Welt zwar 3½ Tonnen Sprengstoff, um es zu vernichten, aber das Stück Brot, das es vom Tode errettet, geben wir ihm nicht.

Die, die nach Gerechtigkeit verlangen und die, die sich um Frieden bemühen, sind dieselben. Das eine geht ohne das andere nicht. Die, die den Rüstungswahnsinn betreiben, gehören nicht dazu, nicht nur, weil sie das Handwerk des kommenden großen Todes betreiben, sondern weil jetzt schon die Verhungernden und Verhungerten in der Welt die Ankläger ihrer Ungerechtigkeit sind. Die, die hungern in der Welt, hungern auch nach unserer Gerechtigkeit, aber sie hungern nicht nach unseren Bomben.

Liebe Frauen, Ihr seid gekommen, für den Frieden zu demonstrieren, d. h. für die Gerechtigkeit zu demonstrieren. Das heißt, gegen die Waffen und für Menschlichkeit aufzustehen, gegen den Wahnsinn und für die Vernunft.

Ich danke Euch.

Ansprache am 17. 10. 1983 auf dem Kennedyplatz in Essen

Die letzte Spielzeit

Demonstration in Bonn (1983)

Die letzte Spielzeit im deutschen Theater ist eröffnet. Die Stationierung der Raketen ist im Gange. Das ist der erste Akt. Die Anlage der Massengräber ist geprobt. Diese bilden den letzten Akt. Aus diesem Stück werden wir nicht mehr nach Hause gehen, denn an seinem Ende wird auch das Publikum begraben, wenn denn noch Statisten da sein werden, uns zu verscharren. Andernfalls werden wir nach der Massakrierung unter freiem Himmel liegenbleiben, und das wird unsere letzte Freiheit sein. Aber der Himmel wird kein Himmel mehr sein, sondern eine verseuchte Wüste, ein Leichentuch über dem entstellten Gesicht der Erde

Das ist das Spiel, das die Mächtigen mit uns spielen, und wir dürfen nichts dagegen tun. Widerstand ist nicht erlaubt, sagen die Massengräberfabrikanten. Das wäre Gewalt, sagen die Gewalthaber. Zu allen Zeiten hat man den Opfern verboten, zu widerstehen, sich zu widersetzen, zu widersprechen, ja sogar zu widerdenken. Die nächsten in der Reihe der Opfer sind diesmal wir und alle. Aber wir wollen nicht schweigen. Die Stationierung der Raketen ist ein Verbrechen an der Menschheit, sagt der Weltkirchenrat. Was können wir gegen dieses Verbrechen tun? Nichts dürfen wir tun, sagen die Mächtigen, denn auch gewaltloser Widerstand ist Gewalt. Aber wenn Ihr Frauen Kinder geboren habt, und Ihr tut nicht mehr für sie, und Ihr haltet Euch still, und Ihr haltet den Mund, dann habt Ihr sie für den nuklearen Tod geboren. Und wenn Ihr Frauen Kinder gebären wollt, und Ihr fallt den Raketenherren nicht in den Arm, dann werdet Ihr sie für das Massengrab gebären.

Wenn Widerstand auch kein Recht ist, das uns die Herren zu gewähren geneigt sind, so ist er doch eine *Pflicht*, die uns im Gewissen bindet, weil wir und alle ein Recht haben, auf dieser Erde zu leben. Macht Euch nicht abhängig von der Erlaubnis, etwas für Euer und Euer Kinder Überleben zu tun. Wartet nicht auf andere. Wartet nicht auf die Männer. Freut Euch, wenn sie mitmachen, wartet nicht auf sie, wenn sie es nicht tun. Erwartet nichts von den Regierungsherren. Wenn es so weit ist, werden sie Euch nicht helfen können. Da sie gegen den Einsatz der Raketen im Kriegsfall noch nicht einmal ein Vetorecht beanspruchen, hat sich unsere Ja-und-Amen-Regierung selbst zu einem subalternen politischen Kastratenchor entmannt. Erwartet nichts von den Besatzungsmächten, deren Hoffnung es ist, daß der nächste Krieg weit weg von ihnen in Europa stattfindet. Dafür tun sie alles, und dafür bauen sie auch die Raketen in *unserem* Land. Sie hoffen, daß in einem Wenn-schon-denn-schon-europäischen Krieg die Suppe in Amerika nicht so heiß gegessen wird, wie sie hier bei uns gekocht wird. Aber leider werden wir darüber nuklear verkocht. Erwartet nichts von den Kardinälen. Sie haben Euch längst ihren kirchenfürstlichen Rücken gekehrt. Sie haben erklärt, daß es unchristlich ist, Widerstand gegen die Raketenstationierung zu leisten. Sie haben uns für unglaubwürdig erklärt, weil wir nichts gegen die Abtreibung sagen würden. Abgesehen davon, daß das eine Unwahrheit ist, ist vielmehr der unglaubwürdig, der gegen die Abtreibung des ungeborenen Lebens seine Stimme erhebt, aber gegen die Vorbereitung der Abtreibung der gesamten Menschheit von diesem Planeten nichts unternimmt. Unglaubwürdig ist der, der fiktiven Kindern mehr Schutz vor der Empfängnisverhütung gewährt als den lebenden Kindern vor der Massenvernichtung. Erwartet von keinem Menschen etwas außer von Euch selbst und Eurer gemeinsamen Kraft. Setzt Euch dafür ein, daß das Spiel, das mit uns gespielt werden soll, vom Spielplan abgesetzt wird, sonst wird es damit enden, daß das ganze Theater explodiert und uns unter sich begräbt. Erst wenn es zu spät sein wird, werden viele noch viel zu viel schreckliche Zeit haben, zu begreifen, daß das, was über uns zusammenbrach, eigentlich ein Irrenhaus war.

Die irren Irrenhausdirektoren dieser Welt sind losgelassen. Mit ihrem Wahn von immer mehr Frieden durch immer mehr Raketen basteln sie am Untergang der Welt. Es gibt ja gar nicht so viel Einwohner des menschlichen Tollhauses wie sie töten können. Aber sie verlangen in ihrem Macht- und Blutrausch nach noch mehr Möglichkeit zu noch mehr Tod.

Auch wenn unser Staat sich immer mehr zu einer Maulkorbkultur entwickelt, sagt nein zu diesem Wahn und diesen Verbrechen und diesen Verbrechern, solange es noch Zeit ist. Sagt nein, solange Ihr noch einen lebendigen Mund habt, es zu sagen. Euer Nein ist die einzige Chance, die wir alle miteinander haben.

Rede auf der Demonstration in Bonn am 22. 10. 1983 auf dem Frauenforum

Der Kanzler jubelte

Gründung der Friedensliste (1984)

Als im Herbst 1983 der deutsche Bundestag in seiner Mehrheit für die Stationierung der amerikanischen Raketen in unserem Lande gestimmt hatte, erhob sich der deutsche Bundeskanzler von seinem Sitz und klatschte in die Hände und jubelte. Dieses offenbar erhebende martialische Glücksempfinden war ein makabres Schauspiel. Es war ein Fortsetzungskapitel in der langen und schlimmen Geschichte deutschen Waffenjubels, der sich immer schon auf die unbelehrbare Zuversicht gründete, daß Waffen, wenn nicht Macht und Kraft und Herrlichkeit, so doch Zukunft, Sicherheit und Frieden gewähren und garantieren können. Dieser Glaube ist ein Aberglaube. Aus schlimmem Schaden hätte man klug werden können. Die Geschichte hätte uns lehren müssen, daß des Kanzlers Glück des Volkes Unglück sein wird, weil der Glaube an irgendeine seligmachende Macht der Waffen nichts anderes als immer nur den geraden Kurs zur Hölle bedeutet, weil die mit ihnen verbundenen Verheißungen sich schließlich als Scharlatanerie erweisen werden. Aber allzuviele Verantwortliche haben nichts gelernt. Sie haben sich von ihrem Irrglauben nicht bekehrt. Sie setzen unverdrossen auf das alte dumme Spiel zu neuem Glück. Gebrannte Kinder scheuen das Feuer, aber Politiker und Militärstrategen, deren Völker im Feuer brannten, entblöden sich nicht, schon wieder das nächste Feuer anzuvisieren. Nach jedem Brand haben die Hasardeure und Bankrotteure der menschlichen Geschichte zu neuem Zündstoff gegriffen, sie haben die naiven oder demagogischen Litaneien der alten Rüstungsvokabeln als Messiasse eines kommenden Reiches des Friedens ohne Scham stereotyp heruntergelogen, sie haben immer wieder Gläubige oder Dumme oder willenlos Hörige gefunden, und sie haben, Rattenfängern gleich, ihre Gefolgschaft immer wieder in das Inferno geführt. Sie haben immer so gehandelt und handeln weiter so.

Sie sagen: 40 Jahre Frieden hätten uns die Raketen gebracht und wollen damit offenbar ein tausendjähriges Reich des Friedens durch ihre Raketen beweisen. Sie meinen, was schon 40 Jahre dauerte, muß ewig dauern. Sie meinen vielleicht, wenn Hitler Atomwaffen gehabt hätte, dann hätten wir schon viel länger als 40

Jahre Frieden. Und hätte unser alter Kaiser Wilhelm sie schon besessen, wäre unser ganzes Jahrhundert ein Raketenfriedensjahrhundert geworden. Aber von den letzten 40 Jahren auf die Vergangenheit oder auf die Zukunft zu schließen, ist ein Analogieschluß von Dummköpfen. Sie meinen, je mehr Waffen, desto größer und länger der Friede. Die Wahrheit ist, je mehr Waffen, desto totaler der Krieg und der Tod. Und dieser kommt, ob nach vier oder weiteren vierzig Jahren durch eben diese Waffen so gewiß wie das Amen im Gebet. Unsere klugen Führer freilich haben neue Gebete. Statt des alten Vater-unser drehen sie die Gebetsmühle des neuen Waffen-unser. Früher glaubten wir an den Gott des Friedens, heute glauben wir an die Raketen des Friedens und ihre Frohe Botschaft. Und weil unsere klugen Herren schon so lange ungestraft ihr Raketen-Waffen-unser plappern, und weil das Raketen-Amen schon 40 Jahre lang nicht kam, glauben sie, es komme nie. Wir aber können uns mit diesen 40 Jahren nicht einschläfern lassen. Denn weil bei der Trauer und dem Schmerz um die kommende Vernichtung kein Trost ist, daß er uns tröste, wird auch die Erinnerung an einen 40jährigen Frieden uns keine Tröstung sein.
Die maßgebenden Herren scheinen mit billigem Trost und ihren 40 Jahren zufrieden, sonst würde ihnen ihr Jubel über die Raketenstationierung im Halse steckenbleiben. Wieviel Hekatomben von Blut müssen noch über die Erde fließen, daß wir den Waffenfans und Rüstungsfetischisten nicht mehr folgen? Daß wir ihnen ihr Evangelium vom Heil durch Waffen nicht mehr abkaufen? Wieviel Menschen müssen eigentlich noch sterben, damit der Wahnsinn der Wahnsinnigen und das Verbrechen der Verbrecher durchschaut wird? Manchmal scheint es, als müßten alle sterben, ehe das Rüsten und das Töten, ehe das Lügen und Betrügen, ehe das Leiden und das Sterben ein Ende nimmt.
Der Ökumenische Rat der Kirchen hat 1983 in Vancouver erklärt, daß „schon die Herstellung und Stationierung von Atomwaffen ein Verbrechen gegen die Menschheit“ ist. Mit diesem Verbrechen der Stationierung von Raketen und Marschflugkörpern in der BRD wollen wir uns nicht abfinden. Mit der Mehrheit unseres Volkes sagen wir nein zu diesen Waffen. Wir fordern, daß sie wieder verschwinden. Das soll ein erster Schritt sein zu weiteren Abrüstungsschritten in ganz Europa. Das soll ferner ein erster Schritt dazu sein, daß die Völker der Welt die Einsicht realisieren, daß sie nicht nur keinen Krieg mehr gegeneinander führen ohne schließlich sämtlich Opfer eines solchen Krieges zu werden, sondern daß sie auch den Frieden nicht gegeneinander leben können, daß sie viel-

mehr einen Frieden miteinander suchen müssen, wenn sie sich die Aussicht auf Zukunft, die eine gemeinsame sein muß, erhalten wollen. Es sind ja ohnehin nicht die Völker, die sich bekämpfen. Sie wollen Frieden und wurden doch immer wieder Opfer der Mächtigen. Es waren und sind die Machthaber, die Kriege führten und weiterführen werden, wenn wir ihnen nicht ihr Todesspielzeug aus der Hand reißen. Um unseren Teil dazu zu tun, haben wir uns heute hier zusammengefunden. Wenn wir die brennende Lunte nicht löschen, wird die ganze Erde ihr Opfer sein.

Rede auf dem Gründungskongreß der Friedensliste am 18. 3. 1984 in Bonn

Es geschah in deutschem Namen

Totenehrung in Dortmund (1984)

Der Mensch ist zur Trauer, außer zur privaten, nicht fähig. Wäre er es, wäre die Geschichte anders verlaufen, würde die Geschichte in Zukunft anders verlaufen. Der Mensch ist zur Scham und zur Reue, wo es um seinen Umgang mit dem Menschen geht, nicht bereit. Wäre er es, dann wäre er nicht so sehr und immer wieder des Menschen Henker gewesen. Des Menschen Blick für den Menschen ist blind, niemals hat er in den Innenraum fremden Leidens gesehen. Sein Ohr für den Menschen ist taub, niemals hat er die fremde Stimme verstanden. Er hat statt dessen immer auf Kommandos gehört, dafür hatte er ein offenes Ohr. Er hat immer das Auge stramm auf Führer und andere Herren gerichtet, dafür hatte er den bereiten Blick, und ihren Befehlen ist er willig oder willenlos gefolgt. Diese Befehle haben das veranlaßt, was die menschliche Geschichte des Umgangs miteinander gebracht hat: Not und Tod und Leid und Schmerzen und eine unübersehbare Zahl von Opfern. Die Führer und anderen Herren hatten immer einen Hang und Drang zur Größe, sie wollten Mächtige sein und

Überwinder. Dafür brauchten sie Feinde und Siege und die Vernichtung anderer, dafür wiederum brauchten sie stumme und dumme Gefolgschaft. Und eine solche haben sie immer wieder gefunden. Der Mensch ist auf Kommando über Leichen gegangen. Statt eines schlechten Gewissens hat er ein schlechtes Gedächtnis. Kaum einer hat je sich zu seinen Opfern zurückgewendet, und auch morgen werden die Willigen im Schlepptau der Führer wieder marschieren.

Wir sind hier, um uns und andere zu erinnern. Der Mensch erinnert sich, was seinen tödlichen Umgang mit den Menschen betrifft, nicht gern. Solche Erinnerung tut weh. Es ist aber nötig, daß wir sie wachrufen, und festhalten. Denn rechte Erinnerung ist mehr als eine Tat des Gedächtnisses, sie ist eine Tat des Herzens, der Mitte des Menschen. Er-innerung ist ein Nach-innen-holen dessen, was sonst draußen bleibt, wo es uns nichts angeht, ein Nach-innen-holen in uns selbst hinein, wo es uns angeht und betrifft, wo es uns in das Herz trifft. Rechte Erinnerung ist kein rationaler Vorgang, sondern ein moralischer. Sie macht die Vergangenheit zu einem verpflichtenden Wegweiser in die Zukunft.

Heute erinnern wir uns und andere an schuldlose Opfer aus den letzten Kriegstagen 1945. Sie haben das tödliche Unglück erfahren müssen, nicht menschlichem Gewissen und menschlicher Verantwortung zu begegnen, sondern Führungswahn und gewissenloser Gefolgschaft. Wir gedenken ihrer mit Trauer und weil, was geschah, in deutschem Namen und d.h. auch: in unserem Namen geschah, mit Scham. Wir können nicht mit den kleinen Schritten unserer Trauer den Raum ihres großen und tiefen Leidens ausschreiten, wir können nicht mit unserem erinnernden Mitleid ihnen in ihrer damaligen armen Verlassenheit beistehen, wir können die ihnen von Menschen bereitete Hölle nicht mildern. Wir können Tote nicht lebendig machen. Aber vielleicht können wir aus dieser Erinnerung heraus, wenn es denn eine rechte Erinnerung in uns hinein ist, vielleicht können wir unser Gewissen und das Gewissen anderer lebendig machen. Denn es ist nicht so, als sei nur damals menschliches Gewissen gefordert gewesen, und heute nicht. Es ist nicht so, als sei nur damals die Macht der Mächtigen menschenvernichtend gewesen und heute nicht mehr. Die Gefahr der Menschenvernichtung trägt heute ein anderes Gesicht, sie redet eine andere Sprache. Und auch je nach dem auf welcher Seite die Menschen stehen, haben ihre Machthaber je verschiedene Gründe für ihren jeweiligen angeblich gerechten Kampf. Aber beide rüsten mit ihren entgegengesetzten Reden zu der einen gemeinsamen Vernichtung. Und welche verschiedene Gründe auch auf der einen gegen die andere Seite vorgebracht werden, welche alleinseligmachenden Parolen auch gegeneinander ins Feld geführt werden, auf beiden Seiten werden bereits die gleichen Kommandos zur Vernichtung der anderen geübt, auf beiden Seiten stehen die Hörigen bereit, die Befehle auszuführen, und diese Befehle werden in einem noch größeren Umfang als bisher das bringen, was sie immer gebracht haben: Not und Tod und Leid und Schmerzen und eine unübersehbare Zahl von Opfern. Überall auf der Erde stehen die Waffen bereit, und sie scheinen stumm, aber in Wahrheit schreien sie nach Krieg und Sieg. Überall auf der Erde stehen die Waffen, und die Erde scheint schön und fruchtbar, aber die letzte Frucht, die sie gebiert, wird der größte aller Tode sein.

Wir können Tote nicht lebendig machen, aber wir können versuchen, Lebende davor zu bewahren, Opfer von neuen Vernichtern zu werden. Das Gewissen, wenn es sich nämlich erinnerte an das, was Menschen einander getan haben, könnte uns sagen, daß es den Menschen nicht erlaubt ist, Menschen zu vernichten, um keiner bösen Sache willen, aber auch um keiner guten Sache willen, und daß es dem Menschen nicht erlaubt ist, zu solcher Vernichtung zu rüsten.

Wir können den Toten von damals nicht helfen, und vielleicht können wir die Toten von morgen nicht verhindern. Die Kommandostimmen sagen, wir dürften gegen ihre Waffen keinen Widerstand leisten. Und die Mitläufer und Ja-sager sagen Amen dazu. Was in der Geschichte geschehen ist, haben sie vergessen oder verdrängt. Und so stehen wir dagegen nur mit unserer leisen und kleinen Erinnerung, die die Mächtigen nicht hören wollen. Aber wir wollen sie wie einen Samen in die Erde der menschlichen Herzen säen. Erinnerung ist ein guter Widerstand Wo solche Erinnerung, wo solcher Widerstand gedeiht und wächst und bleibt, ist Hoffnung auf eine menschlichere Welt.

Ansprache am Bittermark-Ehrenmal in Dortmund am 20. 4. 1984 (Karfreitag)

Die Karten sind gegen uns

Rede zur Europawahl (1984)

Im Leben der Völker gibt es Entscheidungsstunden, in denen das Schicksal einer ganzen Nation auf der Waage liegt, und es ist das Volk selbst, das sein Gewicht auf die helle oder auf die dunkle Schale legt und sein Schicksal entscheidet. Unser Volk ist in diesem Jahrhundert an manchem Scheideweg manchen Irrweg gegangen, und es ist blind in ein schlimmes Verhängnis gestürzt. Denn es stehen keine Wächter an den Scheidewegen, es verwehren keine Engel den Weg in die Hölle, und noch nicht einmal ein gewöhnlicher Wecker weckt ein Volk, daß es wach wird, wenn seine politischen Führer und Verführer, die großen Schlafmacher, es auf einen Irrweg führen wollen.

Auch heute steht unser Volk an einem Scheideweg, und die Wege bedeuten Leben oder Tod.

Der eine der beiden Wege ist mit Raketen gepflastert, und zu diesem Weg drängt und dirigiert uns unsere Regierung, und sie sagt, das sei unser Weg zum Leben. Und sie hat den anderen Weg vorsichtshalber verbarrikadiert mit Wasserwerfern und Polizei und Tränengas und Nato-Draht, damit da kein Vertun ist und wir uns nicht womöglich mit Gewalt dahineindrängen. Die Raketen verheißen Leben und Sicherheit, sagt die Regierung, und sie verlangt von uns gehirngewaschenen Gehorsam. Aber es genügt schon das kleinste Einmaleins der Schule der Geschichte, um zu wissen, daß Raketen nicht Leben bedeuten sondern Tod.

Wie den alten Odysseus auf seiner Irrfahrt die lieblichen Jungfrauensirenen mit Zauberstimmen zu einem verlogenen Glücke lockten, so locken uns heute politische und militärische Stimmen auf den Glücksweg der Raketen. Aber wie die Sirenen damals in Wahrheit Dämonen des Todes waren, so wissen wir, daß am Ende des Raketenweges an einem nicht zu fernen Tage andere Todessirenen über unseren Häusern und Städten beginnen werden, nicht zu singen, sondern zu heulen. Und das Heulen wird sein wie ein Schreien, und das Schreien wird die schaurige Begleitmusik sein unseres Falls in die Hölle.

Die Frage ist, ob wir nicht endlich die Augen öffnen, um zu erkennen, was da gespielt wird. Denn es wird ein Spiel mit uns gespielt, mit diesem Land und mit den Bewohnern dieses Landes, und das ist kein schönes Spiel. Es ist ein Raketen- und Kriegsspiel, und es sind fremde Herren, die es mit uns veranstalten, und unsere Regierungen, die gegenwärtige und die vergangene, machten und machen mit und finden nichts dabei. Die vergangene deutsche Regierung kann sogar für sich in Anspruch nehmen, eine Art Urheberrecht an diesem Spiel zu haben, und es ist darum nicht mehr als recht und billig, die Bedeutung der SPD an seinem Zustandekommen angemessen in der Erinnerung zu halten. Und mag die SPD ihr Ja von gestern heute auch als eine Art politischen Bastard betrachten, wer weiß, ob ihre Führung sich nicht morgen wieder stolz wie gestern zu ihres Geistes Kind bekennt. Herrn Lafontaine möchte ich dabei von solchem Vorwurf und Verdacht ausdrücklich und respektvoll ausnehmen.

Vorläufig findet das Kriegsspiel noch in Form von Sandkastentheorien und auf Computern statt, aber wenn es einmal so weit sein wird – und es wird einmal so weit sein, – dann ist es groß und gegenwärtig und schrecklich, und wir werden ganz real darin einbezogen. Und es ist auf einmal kein Spiel mehr und keine Theorie, sondern Feuer und Blut. Die Herren, die es maßgebend mit uns spielen, sitzen weit weg. Sie hoffen, daß es sie nicht verbrennt und setzen auf ihren Gewinn. Aber sie haben, auch wenn sie es bestreiten, die Karten gegen uns gemischt, denn sie können, wenn überhaupt, ihre Haut nur auf Kosten anderer retten, und es bleibt an uns hängen, unsere brennende Haut zu Markte zu tragen. Rüstend für den kommenden Fall des Falles haben die Herren Strategen ihre Raketen in unser Land gesetzt als Trümpfe, den Gegner auszustechen, möglichst ohne selber Schaden zu nehmen oder doch nur geringen. Aber sie haben damit zugleich unser Land und unser aller Leben abgeschrieben, sie haben unseren Tod als Preis für ihr Überleben eingeplant. Es gibt niemanden auf der Welt, der so dumm oder so unwissend ist oder sich so stellen könnte, daß er das nicht wüßte, daß, wenn es so weit ist – und es wird einmal so weit sein, – unser Land und unsere Bevölkerung für fremde Interessen geopfert wird.

Man sagt, das sei auch in unserem Interesse. Alles geschehe, so erzählen sie uns, zu unserer Verteidigung und zu unserem Schutz. Aber wenn der reale Verteidigungs- und -schutzfall unseren Todesfall bedeutet, sollten wir uns, je eher desto besser, vor solchem Schutze schützen. Die, die Raketen in unser Land stellen, nennen sich unsere Beschützer, und Beschützer brauchen Bedroher, denn ohne diese brauchte es keine Beschützer. Mit der Verbreitung der Angst vor Bedrohung hat es der amerikanische Pate erreicht, daß wir nicht wie bei einer gewöhnlichen Mafia nur bereit sind, Schutzgelder zu zahlen, sondern daß wir ihm den Blutzoll unseres ganzen Volkes offerieren. Darum predigen sie die Botschaft unserer Bedrohtheit unermüdlich in unsere Ohren, damit wir fromm und dankbar den Segen der Umwandlung unseres Landes zu einer Raketenbasis akzeptieren. In Wahrheit ist solcher Schutz eine Bedrohung, direkt für andere, indirekt für uns, indem er einen potentiellen Gegner zwingt, uns im Kriegsfall zu vernichten, um selbst zu überleben. In Wahrheit fällt uns die Aufgabe zu, Schutz unserer Beschützer zu sein. Mit dem deutschen Bauernopfer soll der transatlantische König geschützt werden und die britische Dame, und andere Nato-Figuren dazu. Die Amerikaner hoffen, der Krieg findet, wenn schon denn schon, in Europa statt, und unsere europäischen Freunde hoffen, der Krieg findet, wenn schon denn schon, in Deutschland statt. Für manche westeuropäischen Strategen – und das sollte auch eine Frage der EG und in der EG sein – ist unser Land nur das Glacis, das deckungslose Vorgelände, auf dem das Feuer der zu schlagenden Schlacht konzentriert und so vom eigenen Hause ferngehalten werden soll. Es wird in Kauf genommen, daß wir dabei verheizt werden. Es sind ja nicht nur Raketen angeblicher Feinde auf unser Land gerichtet, sondern auch Raketen angeblicher Freunde. Natürlich geschähe auch unsere Vernichtung durch Freunde lediglich zu unserem Schutz. Bei Licht besehen aber ist das Spiel, das mit uns gespielt wird, eine schlimme Bauernfängerei, und dumm und dankbar sitzen wir zwischen den Raketen und wollen nicht sehen, daß wir damit unser Haus zu einem Schlachthaus machen.

Wenn es, wie der Weltkirchenrat in Vancouver sagte, ein Verbrechen ist, Raketen zu stationieren, so ist es ein noch größeres Verbrechen, Raketen in einem so dicht besiedelten Land mitten zwischen eine schutzlose Bevölkerung zu stationieren. Unsere Regierung hat sich mit Milliarden Steuergeldern einen Bunker gegraben, in dem sie zu überleben beabsichtigt. Sie ist dumm genug zu glauben, daß sie in diesem Bunker eine Chance hat. Aber sie ist nicht so dumm, daß sie nicht wüßte, daß das Volk, das sie auf solche Weise im Stich läßt, nicht die Spur einer Chance hat. Darum ist dieser Bunker ein Dokument der wohl tiefsten Schamlosigkeit, zu der eine Regierung fähig sein kann. Wie wenig Gewissen hat ein Staatsmann denn, daß er seine Haut retten will, während die ihm anvertrauten Bürger sterben. Wie wenig Gewissen hat ein Regierungsmann, der geschworen hat, Schaden vom deutschen Volk abzuwenden, wenn er in der letzten Stunde, die allemal auch die Folge einer, nämlich seiner schwachsinnigen Politik sein wird, wenn er in der letzten Stunde dem Volk den Rücken kehrt und den Schaden von keinem so sehr wie von sich und seinesgleichen abzuwenden sich bemüht. Wenn es Gerechtigkeit gäbe in der Welt, dann würde das Volk in sicheren Bunkern sitzen, und es würde die Regierung im sogenannten Verteidigungsfall unter freiem Himmel, wenn sich dieser zu Hölle verwandelt, die Früchte ihrer Politik genießen.

Wir wollen Schaden von unserem Volk wenden, dafür haben wir uns zusammengetan. Was not tut, ist eine neue Form eines Patriotismus. Kein Patriotismus, der unser Land groß und dick und mächtig werden lassen will, vielmehr einer, der ihm das erste aller Rechte bewahren möchte, das es hat, nämlich das Recht auf Leben. Wir halten, was an uns liegt, unsere Hand über unser Land und seine Bürger, über seine Männer und Frauen und Kinder. Wir wollen nicht, daß sie einen sinnlosen und schrecklichen Tod sterben für den Macht- und Rüstungswahn der Mächtigen, die sich als Herren der Welt dünken.

Wir rufen die Männer und Frauen dieses Landes auf, dafür mit uns zusammenzuarbeiten. Unsere Regierung meint offenbar, der beste Schutz vor einer Explosion und bei einer Explosion sei der Platz in einer Dynamitkiste, und sie macht uns deswegen immer mehr zu Insassen einer solchen. Der erste wirksame Schutz dagegen besteht darin, erstmal aus der Kiste auszusteigen, das bedeutet für uns die Forderung nach Abzug der Raketen aus unserem Land, weil wir keinen kollektiven Selbstmord wollen.

Ich rufe insbesondere die Frauen auf, denn das ist ein Männerspiel, das hier gespielt wird. Es sind immer die Muskel- und Raketenpakete, die den Lauf der Welt bestimmten. Sie haben ihre blutigen Spuren durch die Geschichte getreten, sie haben immer wieder Menschen zertreten, sie haben die Erde mit Gräbern gefüllt. Ihr menschenmörderisches Handwerk haben sie jetzt zur Perfektion gebracht, so daß sie nun alle und alles vernichten können und werden. Sie werden vernichten um der Vernichtung willen, ohne Sinn und Verstand. Und wenn einer von dieser species überleben würde, und man ihn hinterher fragen könnte, warum er denn die Welt vernichtet habe, er würde es nicht wissen. Schon jetzt können die Raketenanhäufer jeden Menschen auf der Welt 10 bis 20 bis 30 mal töten, sie wollen ihn aber noch öfter töten können. Sie haben keinen Verstand, sie haben nur den Willen zu noch mehr Tod. Sie zählen die Waffen des Gegners, die wirklichen und die eingebildeten, und zählen ihre eigenen und haben immer zu wenig und wollen mehr und mehr und sind unersättlich. Es sind auf beiden Seiten die gleichen männlichen Brüder mit gleichen Kappen. Daß sie nie genug bekommen, das nennt man militärisches Gleichgewicht. Sie haben nur für Waffen einen Blick, den Blick auch nur für ein einziges Kind, das unter ihren Kriegen und Siegen leiden und sterben muß, haben sie nicht.

Sie sind blind und taub. Wenn wir ihnen mit der Forderung nach Verstand kommen, verstehen sie es nicht. Wenn wir ihnen mit dem Gefühl kommen, verspotten sie uns. Wenn wir ihrer Fabrikation des totalen Todes widersprechen, beschimpfen sie uns als Idioten. Verteidigen wollen sie uns Idioten dennoch, ob wir wollen oder nicht, noch um den schrecklichsten aller Preise. Aber ob sie uns beschimpfen oder uns gegebenenfalls mit Einsatz und Verlust unseres Lebens verteidigen wollen, sie zeigen in beidem, daß sie Menschenverächter sind. Wir wehren uns gegen ihre Diktatur des Todes. Ein bundesweiter, nationaler Widerspruch gegen das Raketenspiel, das mit uns gespielt wird, das angeblich zu unserem Besten geschieht, mit dem wir aber in Wahrheit nur zum Besten, nein, zum Schlimmsten, gehalten werden, ein solcher Widerspruch wäre eine notwendige, geistige und moralische Bundeswehr für Männer und für Frauen, eine Bundeswehr, die es zu praktizieren gilt, wenn wir eine Aussicht auf eine Zukunft behalten wollen.

Rede zur Europawahl 1984, gehalten für die Friedensliste am 8.5. 1984 in Köln, am 13.5. 1984 in Hamburg, am 5.6. 1984 in Essen, am 13.6. 1984 in Bremen, am 15.6. 1984 in Offenbach und am 16.6. 1984 in Saarbrücken.

Krieg ist Männersache

Zukunftswerkstatt der Frauen (1984)

Der Krieg ist Männersache, das ist wahr. Und die Rüstung ist auch Männersache. Die Rüstung hat regelmäßig dem Frieden dienen sollen. Wenn das noch nie funktioniert hat, so war das nicht die Schuld der Männer und nicht die Schuld der Rüstung, es war immer die Schuld fremder Männer und fremder Rüstung. Es hätte vielleicht funktioniert, wenn nicht immer ein aufgezwungener Verteidigungskrieg dazwischen gekommen wäre. Und welches männliche Gewissen kann sich über einen Verteidigungskrieg beschwert fühlen. Die Männer rüsten auch heute für den Frieden. Diesmal wird es funktionieren, es sei denn, es kommt wieder ein Verteidigungskrieg dazwischen. Aber das ist dann nicht die Schuld unserer Männer und unserer Rüstung, sondern die Schuld fremder Männer und deren Rüstung. Und uns bleibt wieder mal trotz allen guten Friedenswillens keine andere Möglichkeit, als Krieg zu führen. Der nächste Krieg kann nur, wie wir von unserer Regierung wissen, ein Verteidigungskrieg sein, und das Recht auf einen Verteidigungskrieg lassen wir uns nicht nehmen. Die ganze Geschichte ist voll von dieser gerechten Männer-Verteidigungskriegs-Sache, von großen Strategen, die diese Sache immer wieder in Gang brachten, von Kämpfern und Helden, die sie verwirklichten, von Opfern, die sie erleiden mußten. Die Erde ist voll von dieser Männersache, und das heißt, sie ist voll von Ehrenmalen und Heldengedenkstätten, d.h. sie ist voll von Gräbern und Blut, von Wunden und Schmerzen und Tränen und Tod.

Der Krieg ist Männersache, das ist wahr. Aber das ist nicht die ganze Wahrheit. Auch wenn Frauen nicht direkt daran beteiligt waren, (vielleicht werden sie demnächst als „Frauen in der Bundeswehr" ein bißchen mehr daran beteiligt sein), so heißt das nicht, daß Frauen nichts damit zu tun gehabt hätten. Frauen haben keinen Grund, ihre Hände in Unschuld zu waschen. Dadurch, daß sie nicht widerstanden haben, haben sie mitgewirkt. Wenn sie auch nicht selbst Helden sein konnten, Heldenmütter oder Heldenwitwen waren sie allzuoft und, es klingt makaber, manchmal allzu gern. Plutarch, der berühmte griechische Schriftsteller des Altertums, 45 n.Christus geboren, berichtet in seinen Lebensbeschreibungen großer Griechen und Römer (im Grunde vorwiegend Beschreibungen von Kriegern und Kriegen), von einem Krieg der Griechen gegen andere Griechen. Er schreibt voller Anerkennung über die Frauen: „Noch mehr als bei den Männern und Vätern konnte man bei den Frauen sehen und bemerken, daß diejenigen, die einen Sohn lebend aus der Schlacht zurückerwarteten, niedergeschlagen und still waren, die Mütter der als tot Gemeldeten hingegen sogleich in den Tempeln umhergingen und einander stolz und freudig besuchten." (Agesilaos und Pompejus). Das klingt heute übertrieben. Aber ich erinnere mich aus der Zeit des letzten Krieges, (des, wie Hitler zu sagen pflegte, „uns aufgezwungenen Krieges") nicht nur an verzweifelte Mütter Gefallener, sondern auch an einige stolze Heldenmütter, und das waren durchaus keine Nazimütter.

Krieg ist Männersache, aber immer wieder haben Frauen nach besten Kräften ihn auch zu einer Frauensache gemacht, und sie haben damit der kriegerischen Barbarei ein so langes Leben beschert. Und wenn Frauen nicht aufhören, den Krieg und seine Vorbereitung in ihrer Art eine Frauensache bleiben zu lassen, werden sie ihm auch noch eine Zukunft bescheren, wenn auch in Anbetracht des Fortschritts der Männerwaffen keine lange Zukunft mehr. Wir haben keinen Grund, die Hände in Unschuld zu waschen, wir haben allen Grund, uns als Frauen über die Männerkriege zu schämen. Und das kann keine verbale oder emotionale Scham sein oder bleiben, wenn es denn eine echte Scham sein soll. Die Reue über die schlimme Geschichte der Menschheit, an der wir Frauen unseren Teil haben, muß bedeuten, daß wir, wo wir können, widerstehen, indem wir uns jeder Vernichtungsvorbereitung entgegenstellen. Die Menschen behaupten, schon lange zu wissen, daß man keine ungerechten Kriege führen und demgemäß auch keine Rüstung, die solchen dient, betreiben darf. Die Menschen wissen aber noch nicht genug, daß man, will man einen ungerechten Krieg vermeiden, auch keinen gerechten Krieg mehr planen und auch nicht für einen solchen gerechten Krieg mehr rüsten darf.

Krieg ist Männersache. Er ist eine Sache männlicher Dummheit, weil es eine Dummheit ist, den Gedanken an Krieg überhaupt in einen menschlichen Kopf Eingang finden zu lassen. Der Kriegsgedanke ist eine Dummheit, die sich selbst belügt, weil diese Dummheit nicht erkennt, daß jeder Kriegsgedanke mörderisch und selbstmörderisch ist. Und sollte sie es doch erkennen, dann erschrickt sie nicht, weil es angeblich süß und ehrenvoll ist, für das Vaterland Mord und Selbstmord zu begehen.

Die alte Parole war: Willst du den Frieden, so rüste dich zum Krieg. Die aufklärerische Arbeit, die zu leisten uns Frauen aufgetragen ist, muß lauten: Willst du den Frieden, dann höre endlich auf zu rüsten. Zu solchem Widerstand gegen Rüstung und Raketen sind wir hier zusammengekommen, damit der Friede eine Frauensache und dadurch eine Menschensache wird.

Die Kanonen und Bomben und Raketen hatten in der Geschichte jede Chance, sie hatten viel zu viele Chancen. Der menschliche Verstand und das menschliche Herz hatten noch niemals eine Chance. Dem menschlichen Verstand und menschlichen Herzen einen besseren Platz, ein größteres Gewicht auf unserer Erde zu geben, dazu beizutragen haben wir uns hier versammelt.

Internationale Zukunftswerkstatt der Frauen am 6. 7. 1984 in Dortmund

Ein Witz des Präsidenten

Viertes Forum der Krefelder Initiative (1984)

Wächter, wie spät ist es in der Nacht? fragt der Prophet Jesaja in seinem Spruch über Edom. Heute ergeht die Frage nach der Stunde der Nacht an die ganze Welt, denn die Nacht verfinstert sich gegen uns alle.

Es gibt viele in diesem Land, die nicht wissen, was die Stunde geschlagen hat. Und es gibt andere viele, die es gar nicht wissen wollen. Denn die Frage nach der Zeit in der Nacht ist eine ungeliebte und unbequeme Frage, weil das Wissen um die Stunde Verantwortung und Entscheidung und Tat fordern würde, und schon der bloße Gedanke an Verantwortung und Entscheidung und Tat für viele eine Überforderung bedeutet. Und so überlassen sie das Denken zwar nicht, wie der Volksmund rät, den Pferden, aber den Politikern und merken, wenn überhaupt, erst zu spät, daß sie es damit manchen Eseln überlassen haben.

Es gibt viele, die ahnen, wie spät es ist, und es nicht wahrhaben wollen. „Selig sind die Schläfrigen, denn sie sollen bald einnicken." Dieses Wort Nietzsches ist ein schönes Motto für ein warmes Bett und ein warmes Leben, und das hat lange funktioniert und sich als angenehm erwiesen. Aber manche Verdränger der Zeit schlafen seit längerem oder kürzerem nicht mehr ganz so gut in diesem Land, und manche schrecken hoch aus den bequemen Bildern ihrer Droge Schlaf, insbesondere vielleicht, seit der Herr amerikanische Präsident höchstpersönlich die Zeitansage übernommen hat. Und die Zeit heißt: es ist fünf Minuten vor dem Krieg. Für Gott sind 1000 Jahre wie ein Tag. Wieviel Tage oder Jahre für einen amerikanischen Präsidenten fünf Minuten sind, weiß ich nicht. Aber ich weiß, daß es nicht mehr weit ist bis zum Ende.

Es war ein Scherz, das ist klar, denn der Herr amerikanische Präsident ist ein Witzbold. In diesem Fall legt er auch ausdrücklich Wert darauf, als solcher gesprochen zu haben. Aber wenn bekanntlich Narren die Wahrheit sagen, warum sollen nicht auch amerikanische Präsidenten die Wahrheit sagen? Nämlich die Wahrheit von der nahen Vernichtung der Welt. Es war ein Witz, das ist klar. Aber wer sagt uns denn, daß die Erde davor gefeit ist, an Präsidentenwitzen zugrunde zu gehen?

Nicht nur der tote Fisch fängt am Kopf an zu stinken, auch eine zum nuklearen Tod verurteilte Erde fängt im Kopf eines Präsidenten an zu verstrahlen. Die Barbarei der Verwüstung beginnt immer in der Wortwahl der Führer der Welt. Der letzte Greuel hebt an, wenn die Sprache von Präsidenten aufgehört hat, menschliche Sprache zu sein.

Welche Hoffnung kann uns bleiben? Wenn ein sowjetischer Präsident witzig angekündigt hätte, in fünf Minuten würden die USA bombardiert, wäre die Sache einfacher. Zwar würde der gesamte Westen aufheulen, aber ein solcher Scherz würde in das westliche Weltbild passen, denn wir wissen ja, wo die Guten sind und wo die Bösen, wo die Menschen leben und wo die Untermenschen. Und wir würden wissen, daß hier ein Verrückter gesprochen hat und ein Verbrecher. Und das hätte uns nur bestätigt. Gleichwohl bliebe uns durch dieses verbündete westliche Entsetzen hindurch der Rest einer Hoffnung, daß selbst in der Sowjetunion ein Verrückter als Verrückter erkannt werden könnte und vielleicht einige sowjetische Weißbekittelte sich seiner annehmen und durch eine Einweisung das Problem der Welt aus der Welt schaffen würden. Vor den Verrückten hat sich die Menschheit immer zu schützen getrachtet, aber wer schützt uns vor den Normalen? In Washington werden wir vergeblich auf einen Psychiater warten, denn das ist ja das Verrückte, daß in Washington ein Normaler am Werk ist, daß das, was überall sonst in der Welt jeden Menschen zum Verbrecher stempeln würde, ihn nicht zum Verbrecher macht, weil seine Worte nichts anderes repräsentieren als amerikanische patriotische Politik. Nicht von ungefähr wurde er jetzt auf der Wahlversammlung der Republikaner zu einer Art King, nicht Kong, gekrönt von Politikern, die ebenso gemeingefährlich normal sind wie er selber.

Was kann uns noch helfen? Nicht nur im Osten wird mancher jetzt positiver über eine Abschreckung denken, die den Herrn amerikanischen Präsidenten abschreckt, seinen Tagtraum zu verwirklichen. Und wenn nichts auf der Welt außer den sowjetischen Raketen in der Lage ist, Herrn Reagan vor der Vernichtung der Welt zu bremsen, so ist es gut, daß diese ihn bremsen. Das heißt nicht, daß wir für sowjetische Raketen sind, aber das heißt auch nicht, daß wir für Herrn Reagans Wachträume wären. Gerade weil wir gegen sowjetische Raketen sind, müssen wir gegen Herrn Reagan sein. Wir wollen *beiden* den Rücken kehren. Sowjetische Raketen dürfen weder das einzige noch auf die Dauer überhaupt ein Mittel gegen Herrn Reagan sein, denn wer Raketen mit Raketen bekämpft, hat nur den Teufel mit Beelzebub ausgetrieben. Wenn wir dem immer unentrinnbareren Würgegriff von Tod und Teufel entrinnen wollen, dürfen wir unser Leben weder auf die sowjetischen Raketen noch auf die Killerphantasien amerikanischer Politiker gründen. Wir wollen weder nützliche Idioten Moskaus noch nützliche Idioten Washingtons sein. Wir müssen aussteigen aus dem Fahrstuhl in die Hölle. Wir haben uns, sagt Bundeskanzler Kohl, als verläßliche Partner der Vereinigten Staaten erwiesen. Er hätte sagen sollen: als dumme und hörige Partner. Bei solcher tumben Partnerschaft wird uns selber schließlich kein anderer Freund und Partner bleiben, außer der eine nämlich: der diktierte und devote Tod. Denn unser Partner Reagan reißt seine Bombenwitze auf unsere Kosten. Wir sind es, die am Ende seine Zeche zahlen. Wir wollen aber nicht die Flasche sein, die ein Cowboy-Darsteller seinem Gegner über den Kopf schlagen will. Die Splitter, die dann herunterfallen, würden unsere eigenen sein. Wir wollen auch nicht unseren Kopf für irgendeine fremde Flasche hinhalten.

Die Siege, die der amerikanische Präsident zu Amerikas Größe erträumt, werden auf unserem krummen Marionettenrücken ausgetragen. Darum sollten wir so rasch wie möglich ihm denselben kehren, damit uns wieder ein bißchen Rückgrat wächst und wir anfangen, zu werden, was wir ein Recht haben, zu sein, nämlich nicht ein Gladiatorenstaat in der Hand fremder Possenreißer, sondern ein bißchen freiere Bürger in einem ein bißchen freieren Land.

Ich möchte hier einen Vorschlag machen, denn im nächsten Jahr bietet sich ein vernünftiger Zeitpunkt und Anlaß dafür, ein Stück Freiheit für uns zu verwirklichen. Im nächsten Jahr läuft nämlich der Warschauer Pakt aus und wird nicht automatisch verlängert. In der Nato gibt es eine solche Frist nicht, aber auch wir sind mit dem großen Bruder glücklicherweise nicht unauflöslich verkettet, bis daß der Tod uns scheidet. Es gibt in der Nato Kündigungsfristen von einem Jahr. Mein Vorschlag ist, daß die DDR ihre Warschauer-Pakt-Mitgliedschaft für den Fall nicht erneuert, daß die BRD ihre Mitgliedschaft in der Nato kündigt. (Das könnte übrigens auch für andere europäische Länder im Osten und Westen gelten, z.B. für Polen). Wir Deutsche und Deutsche jedenfalls tun damit Gutes für uns und für andere. Wir sind es nämlich, die verhackstückt werden sollen zwischen den großen Metzgern. Wenn es uns gelingt, uns ihren Händen zu entwinden, können wir vielleicht das ganze blutige Schlachtfest für alle verhindern.

Wächter, wie spät ist es in der Nacht? Heute braucht man kein Prophet mehr zu sein, um zu wissen, wem die Stunde schlägt. In fünf Minuten, sagt der amerikanische Präsident, will er der Totengräber der Menschheit werden. Wir tun gut daran, ihm von der Schippe zu springen.

Rede in der Dortmunder Westfalenhalle am 9. 9. 1984

Ein Mann hatte einen Esel...

Kongreß der Friedensliste (1984)

Liebe Freunde, ich habe einmal einen Witz gelesen. Da hat ein Mann einen Esel gehabt, und der Mann hat den Esel trainiert, mit immer weniger Nahrung auszukommen. Aber als er den Esel so weit hatte, daß ihm ein Strohhalm pro Tag genügte, da starb der Esel, unglücklicherweise. Dieser Witz ist leider kein Witz, er ist eine Geschichte aus dem Leben. Der Held dieser Geschichte ist ein Beispiel für viele helle Köpfe in der Welt, denen mißlingt, was sie an Gutem und Schönem wollen.

Auch in der Politik gibt es diese hellen Köpfe. Da allerdings geht es nicht um das Verhungern von Eseln, sondern um das Verhungern von Menschen. In manchen Ländern der Welt haben die Menschen immer noch nicht gelernt, ohne Nahrung auszukommen, obwohl wir sie schon lange genug haben hungern lassen. Aber fällt den Verhungernden auch kein Stück Brot in ihre Hand, so entfallen doch statistisch drei Tonnen Sprengstoff auf ihren Kopf. Denn militärisch hat man nie gekleckert, da hat man unermüdlich immer von neuem geklotzt. Das gebrannte Kind scheut das Feuer, sagt man. Daß aber gebrannte Politiker das Spiel mit dem Feuer scheuen, das Sprichwort ist noch nicht erfunden. Die Strategen tun das alles einer schönen und guten Sache wegen. Sie tun das um des Friedens willen und sagen, je mehr Raketen der Friede frißt, desto stabiler wird er. Aber es steht zu befürchten, daß ausgerechnet dann, wenn der Friede sich vollgefressen hat mit Raketen, wenn die Sache zur Perfektion gelangt ist, d.h. wenn auch der letzte Quadratmeter dieses immer friedvolleren Landes mit Raketen vollgestellt ist, daß ausgerechnet dann der Friede explodiert, sei es auch nur, daß es einem Computer in den Computersinn kommt, falsch zu schalten.

Weil aber unser Volk weder an Strategenschläue noch an Computerschwachsinn sterben soll, wollen wir, daß die Stationierung der Raketen gestoppt wird und daß die vorhandenen Raketen abgezogen werden. Die Selbsterhaltung ist unser Problem, und die Selbsterhaltung ist unser Programm. Das ist ein berechtigtes und vernünftiges und ein humanes Programm, weil wir damit zugleich etwas für alle Menschen auf dieser Erde tun.

Leider steht die Friedensliste mit ihrem Minimalprogramm, wie es gelegentlich genannt wurde, – man könnte es mit größerem Recht ein Maximalprogramm nennen, weil das Problem der Erhaltung des menschlichen Lebens ein Problem von maximaler Bedeutung ist – leider steht die Friedensliste mit ihrem Lebenserhaltungsprogramm in der Parteienlandschaft verlassen da. Was die CDU betrifft, ist die Sache klar, sie gehört ja zu den Propagandisten der Raketenmastkur. Nicht viel anders ist es bei der SPD – von einigen rühmlichen Ausnahmen abgesehen – sie, die SPD, hat ja die Raketen importiert. Schade, daß auch die Grünen unsere lebenswichtigen Interessen nicht vertreten wollen. Das Programm der Friedensliste, so haben sie erklärt, ist für sie „nicht akzeptabel".

Wenn aber niemand unser Anliegen vertritt, müssen wir es selber vertreten. Wenn niemand an unserer Stelle sprechen will, müssen wir selber reden. Die Frage nach dem Erfolg darf dabei nicht an erster Stelle stehen. An erster Stelle steht die Frage nach der Verantwortung. Und die Verantwortung der Parteien reicht offenbar nicht aus, daß die Parteien über den Schatten ihres Parteienegoismus zu springen vermöchten. Unsere Stimmzettel akzeptieren sie gern, aber unsere Sachen akzeptieren sie nicht. Wir aber wollen kein stummes Stimmvieh sein für Leute, die uns nicht hören wollen, die uns vielmehr, wenn wir sprechen, beschimpfen. „Inhaltsleer" nennen die Grünen unser Programm. Man sieht, sie haben nichts begriffen. Und so verpflichten sie uns geradezu, daß wir selbst unsere Stimme weiter erheben und die Frage nach der Stationierung oder Nichtstationierung der Raketen weiter stellen, weil diese Frage für uns eine Frage nach Leben oder Tod unseres Volkes ist und aller Völker darüber hinaus.

Ansprache auf dem Kongreß der Friedensliste am 6. 10. 1984 in Düsseldorf

Hymnen des Hasses

Ausstellung: Kunst im 1. Weltkrieg (1985)

Die ausgestellten Künstlerflugblätter erschienen unter dem Titel „Kriegszeit“ in der Zeit von August 1914 bis März 1916. Die Kriegszeit, um die es in diesen Bildern geht, ist nur eine von vielen in der Geschichte. Sie war nicht die erste und war nicht die letzte. Und nur der, der an ein kommendes ewiges Reich des Friedens glauben kann, kann glauben, daß sie die vorletzte war. Die menschliche Geschichte ist so voll von Kriegszeiten, mit ihren Vorkriegszeiten und Nachkriegszeiten, die menschliche Geschichte ist so sehr von ihnen bestimmt, daß es vermutlich erst dann keine Kriegszeit mehr geben wird, wenn es keine menschliche Geschichte mehr gibt. Und es deutet vieles darauf hin, daß es eine Kriegszeit sein wird, die die menschliche Geschichte beendet.

Warum die Kriegszeit, die sich in diesen Bildern manifestiert, stattgefunden hat, wissen wir heute nicht mehr so recht. Die Historiker streiten sich über ihre Entstehung, aber einen vernünftigen Grund, warum sie stattgefunden hat, hat uns noch keiner genannt. Und es dürfte auch keinen gegeben haben. Denn es ist kein vernünftiger Grund denkbar, warum in so vielen Ländern so viele Millionen junger Männer sich erhoben, um Millionen junger Männer zu töten, bereit, sich millionenfach töten zu lassen. Gewiß hatten ältere und alte Männer das Töten befohlen, in Deutschland insbesondere der Kaiser und in England ein König und in Rußland ein Zar, und es gab in Österreich noch einen Kaiser und in Italien noch einen König und in Frankreich und anderswo irgendwelche Herren XY, und diese hatten alle den Tod und das Töten befohlen, und kaum jemand erkannte damals und viele erkennen heute immer noch nicht, daß diese Herren ein Panoptikum von Wahnsinnigen waren. Das Töten, das Leiden, hätten trotz des Befehls nicht stattzufinden brauchen. Ich will gar nicht von Widerstand reden. Widerstand gegen die eigenen Machthaber war sicher auch in den damaligen Verfassungen genau wie in der unsrigen heute nicht erlaubt. Aber die jungen Männer hätten lediglich keine Lust zu haben brauchen, auf Befehl zu töten und zu sterben, und das

Schreckliche wäre nicht geschehen. Aber sie hatten Lust. Das ist vielleicht das Schrecklichste und Unbegreiflichste an der Sache, der Wille und die Begeisterung zum Krieg. Das ist das, was menschliche Trauer am wenigsten in der Lage ist, zu verstehen.

Die Künstler damals wollten nicht abseits stehen. Sie waren, fast alle, keine „Künstler für den Frieden". Die Dichter taten das ihre, zum Töten anzuspornen. Einen Hymnus des Hasses, geschrieben von Christian Morgenstern, nenne ich als Beispiel. Er steht unter einem der Bilder von Slevogt: „Heil dir, der du hassen kannst... heil dir... daß Todestaufe deine Feinde von dir empfingen." Auch die bildenden Künstler wollten nicht abseits stehen. Denn es war, wie Barlach sagt, ein „heiliger Krieg". Natürlich wollten alle Künstler den Frieden, aber sie wollten, wie wiederum Barlach es ausdrückte, „erst den Sieg, dann den Frieden", das heißt also, zuerst den Krieg. „Der Krieg beschert uns", sagt Julius Meier-Graefe, Papst unter den Kunstkritikern seiner Zeit, im Heft Nr. 1. Er meint damit, daß der Krieg uns beschenkt, reich und glücklich macht wie die Kinder zu Weihnachten. Er erklärt: „Aus Feuerschlünden, aus Not und Blut... und heiligem Haß wird uns Erlebnis."

Gewiß betrachteten nicht alle Künstler den Krieg als solches Geschenk. Attackiert, stürmt und schießt auch z.B. Liebermann in seinen Bildern aus allen Lebenslagen, so empfand z.B. Max Beckmann den Krieg als das, was er ist, ein Grauen. Beckmanns Bild eines gefallenen Freundes, seines Schwagers Martin Tube, rührt uns an. Beckmann selbst wurde mit einem Nervenzusammenbruch als „dienstuntauglich" aus dem Militär entlassen.

Auch Käthe Kollwitz empfand den Krieg nicht als eine Bescherung des Glücks. Zum mindesten sehr schnell nicht mehr. Und in Käthe Kollwitz' Tagebüchern können wir vielleicht die Quintessenz dessen lesen, was wir aus diesen Bildern lernen können, wenn wir die Bilder gewissermaßen nicht in ihrem ursprünglichen Sinngehalt, sondern sozusagen gegen den Strich von rechts nach links lesen. Käthe Kollwitz hatte zwei Söhne, Hans und Peter. Peter, ein vielversprechender Künstler, meldete sich 18jährig im August 1914 freiwillig an die Front und fiel im Oktober desselben Jahres. Käthe Kollwitz hatte mit Peters Klassenkameraden und Freunden eine Zeitlang noch engen Kontakt, aber schließlich war einer nach dem anderen gefallen. Zwei Jahre nach Peters Tod schreibt sie 1916 in ihr Tagebuch: „Nach wie vor ist mir alles so sehr dunkel. Nicht nur bei uns geht die Jugend freiwillig und freudig in den Krieg, sondern bei allen Nationen. Menschen, die unter anderen Umständen verstehende Freunde wären, gehen als Feinde aufeinander los. Ist wirklich die Jugend ohne Urteil? Geht sie immer los, sobald man sie aufruft? Peter, Erich, Richard, alle stellten ihr Leben unter die Idee der Vaterlandsliebe. Dasselbe taten die englischen, die russischen, die französischen Jünglinge. Die Folge war das Rasen gegeneinander, die Verarmung Europas am Allerschönsten. Ist also die Jugend in allen Ländern betrogen worden? Wo sind die Schuldigen? Gibt es die? Ist es ein Massenwahnsinn gewesen? Nie wird mir das alles klar werden. Als der Geistliche die Freiwilligen einsegnete, sprach er von dem römischen Jüngling, der in den Abgrund sprang und ihn damit schloß. Jeder der Jungen empfand, daß er wie dieser Einzige handeln müsse. Was herauskam, war aber etwas sehr anderes. Der Abgrund hat sich nicht geschlossen. Millionen hat er verschlungen und klafft noch. Und Europa, ganz Europa opfert noch immer wie Rom sein Schönstes und Köstlichstes, aber niemand ist da, der das Opfer lohnt. Ist es treulos gegen dich, Peter, daß ich nur noch den Wahnsinn jetzt sehen kann im Krieg?"

Käthe Kollwitz' Enkel, das Peterchen, Sohn ihres anderen Sohnes Hans, fiel 21jährig 1942 in Rußland. Im Februar 1943 schreibt Käthe Kollwitz in ihr Tagebuch: „Jeder Krieg wird in einen Verteidigungskrieg umgedreht. In jedem Krieg wird die ‚nationale Ehre' heraufbeschworen. Und so entsteht immer dasselbe Bild, daß die leicht entflammbare Jugend sich innerlich aufgerufen fühlt, für die nationale Ehre sich mit dem eigenen Leben einzusetzen. Es ist das für unabsehbare Zeit eine Schraube ohne Ende."

Käthe Kollwitz stirbt 1945, noch im Krieg, in ihrer zweiten Kriegszeit, in Moritzburg bei Dresden. Die Wohnung in der Weißenburgstraße in Berlin, heute Käthe-Kollwitz-Straße, in der sie seit 1891, seit ihrer Hochzeit mit dem Arzt Dr. Karl Kollwitz, lebte und in der ihre beiden Söhne Hans und Peter aufwuchsen, war 1943 durch Bomben zerstört worden, wobei viele Drucke und Platten und das Atelier vernichtet wurden. Käthe Kollwitz' Grafik „Das Bangen" erschien am 28. Oktober 1914, fünf Tage nach dem Tod ihres Sohnes. Als sie das Bild zeichnete, wußte sie noch nicht, daß ihr Sohn beim Erscheinen des Bildes nicht mehr leben würde. Aber das Bild zeigt ihre Angst. Angst, sagen unsere Politiker, ist ein schlechter Ratgeber. In Wahrheit aber gehört Angst, die Angst einer Mutter, die Angst aller, zu der Menschlichkeit des Menschen.

Rede zur Ausstellungseröffnung in der Galerie Johannes Ranke-Heinemann, Essen, am 25.1.1985

Kompetenz für den Frieden

Zur Landtagswahl in NRW (1985)

Es geht um die Beteiligung der Friedensliste an den Landtagswahlen in NRW. Das gehört nicht zusammen, sagen manche Leute, der Friede und das Land nämlich, denn das Land hat keinerlei Kompetenz für den Frieden, es hat mit dem Frieden überhaupt nichts zu tun. Wenn wir vom Frieden reden wollten, wenn wir den Frieden wählen wollten, so hätten wir alle vier Jahre bei den Bundestagswahlen Gelegenheit, uns zu Wort zu melden, aber als Wähler des Landes hätten wir vom Frieden zu schweigen.

Wir aber wollen vom Frieden nicht schweigen. Denn mag auch die Landesregierung sich von ihrer Friedensverantwortung freisprechen, weil Sie für solche Verantwortung nicht kompetent sei, so können wir uns vor unserer eigenen Verantwortung so billig nicht drücken, so sind wir gleichwohl nicht bereit, uns in unserer Verantwortung entmündigen zu lassen. Wer schweigt, marschiert im Gleichschritt mit. Und weil der Mensch nicht für Kompetenzen da ist, sondern weil der Mensch für den Menschen da ist, weil er immer dort, wo es um den Menschen geht, zuständig ist, machen wir auch in der Landtagswahl zuständigkeitshalber unseren Mund auf und sprechen. Wir sprechen gegen die drohende Vernichtung der Menschheit, gegen die potentiellen Vernichter der Menschen, gegen die politischen und militärischen Kollaborateure des großen Todes in Ost und West. Als Deutsche sprechen wir zuständigkeitshalber insbesondere gegen die Rüster in Deutschland, das wie kein anderes Land Todesmaschinen und Tod an sich gezogen hat und zieht. Und als Bürger von NRW erheben wir unsere Stimme gegen den stationierten Tod in NRW.

In diesem Sinn begrüße ich sie.

Kongreß der Friedensliste am 3.2.1985 in Düsseldorf

Raketen von Feinden und Freunden bedrohen uns

Friedensliste zur Landtagswahl (1985)

Die BRD und ihre Bevölkerung befinden sich in der schlimmsten militärischen Lage, die sich für einen Staat und für eine Bevölkerung denken läßt. Noch niemals in der Geschichte hat es eine in gleicher Weise aussichtslose und tödliche strategische Situation für ein Volk gegeben: Raketen von sogenannten Feinden und Raketen von sogenannten Freunden sind gleichermaßen auf unsere Bevölkerung gerichtet, d.h. es zielen nicht nur sowjetische Raketen auf unser Land, sondern auch französische und amerikanische und möglicherweise auch britische. Die einen bedrohen uns, die anderen schützen uns. Wenn sie abgeschossen werden, werden sie uns jedoch gemeinsam vernichten.

Wir sind in dieser Situation nicht zuletzt deshalb, weil wir in den Augen unserer sogenannten Feinde durch die bei uns stationierten Raketen unserer Freunde eine existentielle Bedrohung bedeuten, und weil wir für unsere Freunde, die Amerikaner, im Falle eines Falles die Speerspitze gegen deren Gegner bzw. für unsere Freunde, die Franzosen, das Vorfeld für deren eigene Verteidigung sind. Wir sind auf alle Fälle bei der Vernichtung dabei. Und deswegen müssen wir, falls uns noch Zeit bleibt, unseren Kopf aus der nuklearen Schlinge ziehen, die Freund und Feind um unseren Hals geschlungen haben. Das bedeutet: wir müssen aus der militärischen Konstellation, wie sie jetzt ist, heraus, wir wollen weder die Zielscheibe unserer Feinde noch das Menschenopfer unserer Freunde sein.

Im folgenden möchte ich kurz meine politischen Vorstellungen hinsichtlich Frieden und Abrüstung umreißen. Diese Vorstellungen tragen eine persönliche Note. Die Friedensliste (FL) ist ein Personenbündnis, in dem individuelle Aspekte stärker spürbar werden können als in Parteien, wo einer oder einige vordenken und die anderen nicht so sehr nachdenken als vielmehr nachreden. Es ist also nicht nur möglich, sondern sicher, daß andere Mitglieder der

FL in einigen Punkten, die ich für vernünftig und erstrebenswert halte, von meinen Vorstellungen oder Konsequenzen abweichen. Im grundlegenden Ansatz aber sind wir uns einig.

Meine Vorstellungen über den einzuschlagenden Weg zur Verhinderung eines Weltkrieges sind zunächst globaler Art. Ich trete ein für den Abbau und die Vernichtung sämtlicher ABC-Waffen auf der gesamten Erde. Darüber hinaus fordere ich eine umfassende Abrüstung der konventionellen Waffen. Als ersten Schritt schlage ich für alle Staaten eine sofortige Reduzierung der Truppenstärken und konventionellen Kampfmittel um 50 Prozent vor. Weitere Abrüstungsschritte sollen in der UNO beraten und beschlossen werden. Weltraumwaffen sollten verboten werden.

Ich trete ein für den Abzug sämtlicher nationaler Truppen aus sämtlichen Fremdländern, gleichgültig, ob es sich dabei um besetzte Länder oder um Bündnisländer oder um bloße Stützpunktländer handelt. Die Anwesenheit von UNO-Truppen kann aber in bestimmten Regionen zu bestimmten Zeitpunkten notwendig sein. UNO-Truppen sollten in verstärktem Maße als eine Friedenspolizei ausgebildet werden. Streitigkeiten zwischen Staaten sollten von internationalen Gerichten entschieden werden. Als Beispiel des Abzugs aus Fremdländern möchte ich nennen z.B. China aus Tibet, Vietnam aus Kambodscha (das wäre übrigens ein Beispiel für UNO-Truppen, denn Pol-Pot muß verhindert werden), Sowjetunion aus Afghanistan, Israel aus den von ihm besetzten Gebieten, USA aus Grenada, die Sowjets wiederum aus der DDR und anderen Ostblockländern, die USA wiederum aus der BRD und ihren weltweiten militärischen Stützpunkten. Mit einem Wort: kein fremder Soldat, wenn es nicht ein UNO-Soldat ist, außerhalb der nationalen Grenzen, die reduzierten Flotten nur in einem begrenzten nationalen Umkreis. Das war mein globales Programm.

Ich habe es in Umrissen formuliert, ich kann seine Verwirklichung fordern, ich kann mir aber auch solche Forderungen sparen, da es niemand in Ost und West gibt, der darauf eingeht. Zu unterscheiden von solchen globalen Aspekten sind aber die nationalen Aspekte, und hier ist es durchaus so, daß wir, wenn wir in genügender Anzahl Forderungen, die dem Frieden und der Abrüstung dienen, erheben, in der Lage sind, diese Forderungen durchzusetzen. Meine Forderungen in der BRD beziehen sich zunächst und vor allem auf den Abzug der nuklearen Waffen aus der Bundesrepublik. Die Stationierung z.B. der Pershing 2 mag im militärischen Interesse der Vereinigten Staaten liegen, weil diese damit in der Lage sind, weite Teile der Sowjetunion zu vernichten, ohne befürchten zu müssen, daß sie durch einen Präventiv- oder einen Vergeltungsschlag gegen die bei uns stationierten Vernichtungswaffen betroffen werden. Die Stationierung liegt aber nicht im Interesse der deutschen Bevölkerung, weil die Bevökerung im Ernstfall der Vernichtung preisgegeben ist.

Unsere Regierung hat sich einen Bunker gebaut. Sie will sich darin schützen. Der Schutz der Bevölkerung soll im Falle eines Falles ein nukleares Kamikaze-Unternehmen sein. Wir wollen diese Selbstaufopferung der deutschen Bevölkerung nicht. Daß das einseitige Abrüstung bedeutet, diese Behauptung ist eine Dummheit. Erstens ist das sogenannte militärische Gleichgewicht ohnehin eine Fiktion, zweitens darf man auch nicht um eines sogenannten Gleichgewichts willen bereit sein, die Vernichtung eines Volkes im Regierungsbunker überleben zu wollen. Es sollte der Regierung per Gesetz verboten werden, im Ernstfall den Bunker aufzusuchen und das Volk mit den Früchten ihrer Politik im Stich zu lassen. Wir sind das einzige Volk der Erde, das dumm genug ist, Pershings 2 bei sich hinzustellen. Im übrigen bliebe die von mir geforderte Maßnahme des Abzugs der Raketen aus der BRD nicht einseitig, wir fordern von der Sowjetunion den Abzug ihrer Raketen aus den mit ihr verbündeten Ostblockländern und erwarten, daß sie die bei den früheren Genfer Verhandlungen zugesagten Maßnahmen, nämlich die Reduzierung ihrer Mittelstreckenraketen auf den Stand der französisch-englischen, vollzieht.

Im übrigen bin ich für unseren Austritt aus der NATO. In diesem Jahr bietet sich ein vernünftiger Zeitpunkt und Anlaß dafür. In diesem Jahr 1985 nämlich läuft der Warschauer Pakt aus und wird nicht automatisch verlängert. In der NATO gibt es eine solche Frist nicht, aber es gibt Kündigungsfristen von einem Jahr. Mein Vorschlag ist, daß die DDR ihre Warschauer-Pakt-Mitgliedschaft für den Fall nicht erneuert, daß die BRD ihre Mitgliedschaft in der NATO kündigt. Was für die DDR gilt, könnte z.B. auch für Polen gelten. Eine neutrale, blockfreie Zone in Europa, die die beiden deutschen Staaten und Polen umfaßt, zu der dann auch die jetzt schon neutralen Staaten Österreich und die Schweiz und in Nordeuropa Schweden gehören würden, ist für beide Weltmächte vorteilhaft, weil die unmittelbare Konfrontation damit aufgehoben wäre. Und nicht zuletzt dürfte eine solche neutrale Zone im Interesse der beiden deutschen Staaten liegen, weil sie damit ihres Schlachtfeld- und -frontcharakters enthoben wären.

Statement auf der Pressekonferenz der Friedensliste zur Landtagswahl NRW 1985 am 11. 2. 1985 in Essen

Kirche und Christen

Teurer Vater

Zum Besuch des Papstes im Lande Luthers

Mit seinem Besuch will der Papst „die ganze geliebte deutsche Nation ehren“. Das ist ein hoher Anspruch, denn die deutsche Nation ist im Glauben gespalten, und das nicht ohne Schuld des Papsttums. Die Geschichte der Spaltung ist voll von Schmerzen. Wir nehmen zwar den Leichengeruch der Glaubenskriege nicht mehr wahr, der über den Altären liegt, aber Narben sind geblieben.

Wenn der Papst kommt, sollte er bedenken, daß dies das Land Luthers ist. Luther zu ehren, hieße ihm Gerechtigkeit widerfahren zu lassen, denn Martin Luther ist vom Papsttum Unrecht geschehen. Es soll hier nur ein Satz Luthers genannt werden, der nicht irgendein Satz, sondern ein entscheidender ist und nur scheinbar nicht mehr aktuell. Papst Leo X. hat am 15. Juni 1520 in der Bulle „Exurge domine“ (Erhebe dich, Herr) unter anderem den Satz Luthers als der katholischen Lehre widersprechend verdammt: „Es ist gegen den Willen des Heiligen Geistes, daß Ketzer verbrannt werden.“ Der Papst setzte Luther eine Frist von 60 Tagen zum Widerruf.

Wenn der Papst nach Deutschland kommt, haben die Päpste 460 Jahre und 153 Tage Zeit gehabt, über Luthers Satz nachzudenken und darüber, ob sie ihm nicht eine Ehrenerklärung schulden. Vielleicht folgt der Papst dem Beispiel Luthers und verbrennt die ganze Bulle.
Mit einer solchen Geste könnte der Papstbesuch zum Frieden und zur Gerechtigkeit unter den Konfessionen beitragen und damit zum Frieden und zur Gerechtigkeit unter den Menschen. Denn die Gefahr des Fanatismus lauert in jedem Zeitalter in seiner eigenen Gestalt. Ketzerverbrennungen finden heute nicht mehr mit Scheiterhaufen, sondern mit Napalmbomben statt. Auch der politische Fanatismus hat die Welt gespalten in Rechtgläubige und Feinde der Wahrheit. Und das Wettrüsten ist nur die Vorbereitung für die gegenseitige endgültige Ketzerverbrennung.

Ein solch friedensstiftender päpstlicher Versöhnungsbesuch wäre wichtig. Aber bis jetzt scheint es, daß der Papst die Trennung zwischen den Konfessionen nicht zu überwinden, sondern als verspäteter Gegenreformator zu vertiefen Gefahr läuft. Die gewaltsame Besetzung evangelischer Kirchen durch polnische Katholiken nach dem triumphalen Besuch des Papstes in Polen macht skeptisch. In Deutschland muß er wissen, daß er evangelische Gefühle strapaziert, wenn er seine Reise unter einen marianischen Akzent stellt. Paulus, der an Reisezeit den Papst noch übertraf, wurde den Griechen ein Grieche, den Juden ein Jude. Wenn der Papst kommt, um das ganze deutsche Volk, also auch die Protestanten zu ehren, müßte er den Deutschen ein Deutscher werden, d.h. die Überzeugungen eines großen Teils dieses Volkes respektieren. Es sei denn, er wollte den einen Teil ehren und den anderen bekehren.

Ein friedensstiftender Papstbesuch wäre wichtig und könnte ganz ohne großen Aufwand geschehen: der Besuch eines Menschen bei Menschen. Dazu hätte man in Afrika die Leprakranken nicht vor ihm zu verstecken brauchen. Dazu hätte es in Chicago der weißen 65000-Dollar-Chrysanthemen nicht bedurft. Und dazu bedarf es auch hier nicht der gigantischen Fassade und der 20 Millionen Mark Pilgerreisekosten.

Ein Stellvertreter macht die Abwesenheit des Vertretenen deutlich. Und darum erfüllt ein Stellvertreter immer auch mit Trauer um diese Abwesenheit. Die Bundeswehrhubschrauber, mit denen der Vertreter zu den Gläubigen vom Himmel herabsteigt, tragen zwar auch das Zeichen des Kreuzes, aber es ist nicht mehr das Kreuz des Vertretenen.

Brot und Spiele verlangten die Menschen aller Zeiten. Das Brot haben sie hierzulande schon überreichlich gegessen. Jetzt wird ihnen der Papst als unüberbietbares Schauspiel geboten: im Flutlicht am hellichten Tage für 136000 Mark angestrahlt zur Lichtgestalt, am Riesenaltar für 300000 Mark. Die Herde ist im Begriff, sich das Erhabenste und Teuerste zu leisten, den Hirten selbst zu konsumieren – vor dem Butzweiler Riesenkreuz von 35 Metern Höhe. „Wer mir nachfolgen will, nehme sein Kreuz auf sich." Wenn das Spektakel vorbei ist, bleibt das Kreuz verwaist zurück. Und niemand nimmt es auf sich außer der Steuerzahler.

Erschienen im „Stern" Nr. 45 vom 30. 10. 1980

Das Märchen von den guten Hirten

Die Haltung der Kirchen zum Frieden

Der Friede ist ein Grundbegriff des christlichen Selbstverständnisses. Ihm kommt demgemäß eine Schlüsselstellung im christlichen Weltverständnis zu. Die Kirche und die Christen waren sich dessen in der Geschichte mehr oder weniger bewußt. Man muß sagen: meistens weniger. Und das kirchliche Dilemma zwischen Botschaft des Evangeliums und den politischen Parolen spiegelt sich auch heute in kirchlichen Reaktionen, Stellungnahmen und Verhaltensweisen wider, in denen mehr oder weniger christliche Entschiedenheit oder Unentschiedenheit oder sogar kirchliche Rüstungspropaganda zu Wort kommen.

Die evangelische Kirche hat sich in unseren Tagen an der Friedensfrage gespalten. Die beiden Grundtypen des Protestantismus, der lutherische und der reformierte (auf Calvin zurückgehende) Typus, sind im Begriff, an ihrer unterschiedlichen Stellung zum Staat auseinanderzubrechen. Auf der einen Seite stehen die Heidelberger Thesen von 1959 und die Denkschrift der EKD 1981, die Frieden schaffen wollen mit und ohne Atomwaffen – auf der anderen Seite steht 1.) die Denkschrift der Nederlandse Hervormde Kerk von 1979 „Kirche und Kernbewaffung", 2.) das Moderamen der reformierten Kirche in der BRD 1982 und schließlich 3) die Erklärung des Ökumenischen Rates der Kirchen von Vancouver 1983. Alle drei mit einer schroffen Ablehnung nicht erst der Anwendung, sondern auch der Entwicklung, Herstellung und Stationierung von Massenvernichtungsmitteln. Das Moderamen der reformierten Kirche in Deutschland spricht von dem Staat, der „Massenvernichtungsmittel in seine Machtmittel einbezieht" als „einer widergöttlichen Gewalt, der der Christ Widerstand entgegenzusetzen hat. Die Kirche muß ein bedingungsloses Nein, ein Nein oder jedes Ja zu den Massenvernichtungsmitteln sprechen".

Ist also die evangelische Kirche gespalten, so ist die katholische Kirche in ihren offiziellen Verlautbarungen einmütig, oder besser, einmündig, was bedeutet, daß die nicht Einmütigen unmündig, ohne offiziellen Mund sind. Die evangelische Kirche ist ja eine Kirche der Diskussion, die katholische hingegen eine Kirche des Gehorsams. Und so ergibt es sich, daß wenigstens ein Teil der evangelischen Kirche mit ihrem klaren Nein zu Massenvernichtungswaffen aus dem Evangelium heraus urteilt, während die katholischen offiziellen Verlautbarungen fast allesamt sich mehr an der politischen und militärischen Propaganda, die der West-Ost-Konflikt bei den westlichen Führern gebiert, orientieren als an der christlichen Botschaft. Papst Johannes Paul II. hat am 11. Juni 1982 vor der UNO Abschreckung mit Atomwaffen als moralisch vertretbar bezeichnet, wobei er natürlich nur die westliche Abschrekkung absegnete und nicht die seitens des Ostens –, und auf dieser Papstrede fußen alle folgenden bischöflichen Hirtenbriefe, mit einer Ausnahme, wie wir sehen werden.

Zunächst aber ein Überblick in die Reformationsgeschichte, der zeigen soll, wie von Anfang an der reformierte Protestantismus eine andere Einstellung zum Staat hatte als das Luthertum. Calvin starb in Genf 1564. Der reformierte Protestantismus erlebte dann eine verhältnismäßig geringe Ausbreitung in Deutschland, wirkte am unmittelbarsten auf Frankreich. Nach der Bartholomäusnacht 1572 jedoch, in der die Verfolgung des Calvinismus ihre Spitze erreichte, verlagerte der Calvinismus seinen Schwerpunkt auf Holland. Holland war im 17. Jahrhundert *das* Zentrum reformierter Theologie. Der reformierte Protestantismus ist ferner vorherrschend gegenüber dem lutherischen Protestantismus in der Schweiz, Schottland, England, Nordamerika. Der Schwerpunkt des Luthertums liegt in den baltischen und skandinavischen Ländern und vor allem in Deutschland.

Das Luthertum neigt zu einer Allianz von Thron und Altar, d.h. zu einer gewissen Abhängigkeit vom Staat. Und es hatte von Anfang an manche Bevormundung durch den Staat hinzunehmen. Die Habgier des Adels in bezug auf die freiwerdenden Stifte und Klöster und das Kirchengut bewog Luther, ab 1525 sich immer mehr an seinen Landesherrn zu wenden. Der Kurfürst sollte die Rolle eines „Notbischofs“ übernehmen. Während also Luther den Schutz des sächsischen Kurfürsten fand und in den lutherischen Gebieten bis 1918 der Landesherr zugleich der Landesbischof war, so liegen für den Franzosen Calvin die Dinge ganz anders. Als Flüchtling kommt er nach Genf. Und seitdem treffen in Genf laufend Flüchtlinge ein, die bei ihm Zuflucht suchen. 1549 sind es

81, 1550 schon 264, 1554–56 jährlich über 300, 1557 sogar 587, vor allem französische Emigranten, die den Ketzerprozessen zu entgehen suchen. Sie bringen fast nichts an Habe, aber ein Herz voll Haß gegen das herrschende Regime. Die Distanz und Reserve des Calvinismus gegenüber der Obrigkeit erklären sich auch aus dieser Situation des jungen Calvinismus.

Während die lutherische Kirche in ihren Äußerungen zur Atomwaffenrüstung und -abschreckung – gestützt durch Luthers Lehre von den zwei Reichen – den Standpunkt vertritt, die Kirche solle sich aus diesen Problemen raushalten, der Friede auf Erden in seiner politischen Konkretion falle allein in die Zuständigkeit der Obrigkeit, und die Friedenssicherung sei eine rein politische Ermessensfrage, so z.B. auch die hierin lutherisch beeinflußte Friedensdenkschrift der EKD 1981, spricht das Moderamen des Reformierten Bundes in seiner Gegenschrift von 1982 von „Verbrechen", „Todsünde", und dem Staat, sofern er das duldet, als „Vollstrecker und Diener des widergöttlichen Bösen". Das Moderamen wirft der EKD „Zweideutigkeit und Unentschlossenheit" vor und hält es für „unumgängliche Konsequenz des Christseins", sich nicht „mit den elend Verhungernden und mit der Sünde der maßlosen Aufrüstung" abzufinden.

Bei der reformierten Kirche finden wir also eine klare Position gegenüber dem sonst in der Kirche anzutreffenden nichtssagenden Gerede des sowohl als auch, ja und nein, einerseits-andererseits, aufrüsten um abzurüsten. Ich lese ihnen einige Sätze aus dem Moderamen des Reformierten Bundes 1982 vor:

„Christen können unter keinen Umständen damit einverstanden sein, daß solche Mittel eingesetzt werden. Und sie können ebensowenig ihre Zustimmung dazu geben, daß solche Mittel als angeblich ‚politische Waffen' hergestellt und bereitgehalten werden, um mit ihnen zu drohen, ‚abzuschrecken' und sie ins politische Kalkül einzubeziehen. Glaubwürdig drohen und abschrecken kann nur, wer auch wirklich die Bereitschaft aufbringt, im Ernstfall Ernst zu machen. Ohne die Entschlossenheit zum Einsatz der Massenvernichtungsmittel fehlt es an der Wirkung der Abschreckung. Diese Entschlossenheit, die politisch proklamiert und militärisch glaubwürdig bekundet wird, ist aber faktisch eine Entschlossenheit zur Vernichtung der Schöpfung Gottes. Es gibt jedoch schlechterdings keinen Wert, und sei er noch so hoch, der um den Preis der

Vernichtung der Schöpfung ‚verteidigt' werden dürfte. Und es gibt auch keinen Feind, und sei er noch so gefährlich, der um diesen Preis mit Massenvernichtungsmitteln abgewehrt und geschlagen werden dürfte. Im Licht des biblischen Zeugnisses ist keine noch so große Notwendigkeit zu erkennen, die die Anwendung solcher Mittel rechtfertigen würde. Mithin ist schon die Entwicklung, Herstellung und Bereithaltung dieser ‚Waffen' als die Ermöglichung ihrer Anwendung Sünde und offenkundige Verneinung des seiner Schöpfung treuen und dem Menschen gnädigen Gottes. (...)

Unzweifelhaft ist die Aufrüstung in diesem Ausmaß Aufruhr gegen Gott und ein unbeschreibliches Verbrechen an den Armen... Ein Standpunkt der Rechtfertigung, der Verharmlosung oder der Gleichgültigkeit in dieser als Todsünde – nämlich den Tod vieler Menschen bringenden Sünde – offenkundigen Sache ist mit dem Christsein unvereinbar... Der Versuch, durch das Dasein von Atomwaffen einen Frieden in Freiheit zu sichern, kann nicht länger als eine christlich vertretbare und zu rechtfertigende Handlungsweise anerkannt werden."

Ähnlich der Ökumenische Rat der Kirchen in Vancouver 1983: „Wir glauben, daß die Zeit gekommen ist, daß die Kirchen klar und eindeutig erklären, daß sowohl die Herstellung und Stationierung als auch der Einsatz von Atomwaffen ein Verbrechen gegen die Menschheit darstellen und daß ein solches Vorgehen aus ethischer und theologischer Sicht verurteilt werden muß."

Eine andere Haltung finden wir auf Schritt und Tritt in der Denkschrift der EKD von 1981, in deren Vorwort Bischof Lohse, Vorsitzender des Rates der Evangelischen Kirche in Deutschland (EKD), schreibt: „Die Mitglieder der Kammer haben aus den gegensätzlichen Positionen dieser Kontroverse heraus einen Konsens darüber erzielt, was in der Kontinuität des Zeugnisses unserer Kirche für den Frieden gegenwärtig nach den verschiedenen Seiten zu bedenken ist." Interessant die Worte: gegensätzliche Positionen, verschiedene Seiten, Kontroverse und Konsens. Es ist also die Denkschrift ein Konsens von Gegensätzen, ein Konsens von nicht mehr und nicht weniger als gegebenenfalls sowohl Schießen als auch nicht und auf keinen Fall Schießen. Und es scheint überhaupt ein Steckenpferd von Bischof Lohse zu sein, für die Gesprächsbereitschaft von Rüstungspropagandisten und Rüstungsgegnern sich einzusetzen. Dieser scheinbar universelle Einsatz für das Gespräch oder die beiderseitige Gesprächsbereitschaft ist aber in Wahrheit total einseitig, weil durch Lohses Gesprächsbereitschaft die einerseitige Schieß- und Kriegsbereitschaft nicht aus der Welt geschafft wird, sondern mindesten einen halben Segen bekommt, der ihr aber völlig genügt, während die anderen mit ihrem halben Segen neben den Raketen im Regen stehen.

Und damit kommen wir zu den Katholiken und ihren Hirtenworten zum Frieden von 1983. Es ist nicht mehr lange hin bis zum Ende der menschlichen Zeit. Wir haben, wie Kardinal Höffner sagt, nur noch eine „Galgenfrist". Eine Galgenfrist hat einer, der hingerichtet werden wird. Diese Hinrichtung werden „Freund" und „Feind", wenn sie aufstehen, um einander zum Henker zu werden, zuerst gemeinsam an uns besorgen. Sie hoffen zwar darauf, daß Henker selbst nicht gehenkt werden, aber der kommende Galgen ist so groß wie die Erde. Und alle, ob Mann, ob Frau, ob Kind, sie haben alle an ihm Platz. Die kleine Zeit bis zum Galgen verbringen wir, statt den Scharfrichtern in den Arm zu fallen, damit, noch mehr Stricke zu knüpfen und einen noch effektiveren Galgen zu bauen. Im übrigen füllen wir die Zeit mit Wörtern, um das alles zu rechtfertigen oder um uns schwach zu wehren. Und wir wissen doch insgheim, daß das letzte Wort uns nicht bleibt. Nun wird die Zeit auch noch mit Hirtenwörtern gefüllt. Es brauchte eigentlich nicht vieler Wörter. Es hat einmal des Wort Jesu von Nazareth gegeben. Die Hirten wissen, daß es genügte, zu ihm zu gehen und bei ihm zu bleiben. Aber statt dessen reden sie oft mit ihren vielen Wörtern um das entscheidende Wort herum.

„Die Kirche hat... aus Jesu Zeugnis der Gewaltlosigkeit nie eine unterschiedslos für alle verbindliche Regel gemacht", sagen die *westdeutschen Bischöfe* in ihrem Hirtenwort zum Frieden 1983. Das ist wahr. Und das ist schade, sage ich. Abgesehen davon, daß es nicht Aufgabe der Kirche sein kann, aus Jesu Zeugnis etwas zu „machen", sondern sich daran zu halten, zeigt das, daß sie mit Jesu Gewaltlosigkeit nicht viel anzufangen wußte, daß sie gegenüber den Gewalttätern in Geschichte und Gegenwart diesen Jesus mit seinem Zeugnis verleugnet und die Opfer der Gewalt verraten hat: wer nämlich die Gewaltlosigkeit als Regel für alle ablehnt, macht die Gewalt zur Norm.

Die Herren in der Kirche sind ihrem Lehrer in der Forderung nach Gewaltlosigkeit niemals gefolgt. Und so haben sie aus sich Gewalt und Gewalttat gezeugt. Sie haben immer auf das Rezept „Gewalt gegen Gewalt" gesetzt, und jetzt, da es um die letzte und alles vernichtende Gewalt geht, setzen sie auf die mögliche umfassende Vernichtung aller. Wenn die Bischöfe dennoch behaupten, „deshalb hat die Kirche immer an der Notwendigkeit festgehalten, Unschuldige gegen Gewalt und Unterdrückung zu schützen, dem Unrecht zu wehren, Recht und Gerechtigkeit zu verteidigen", so kann eine so kühne Behauptung nur einer aufstellen, der nie eine Kirchengeschichte aus der Nähe gesehen hat. Die Bischöfe folgern aus solcher Geschichtsklitterung, daß es für den Staat, dessen Aufgabe es „zuvörderst" sei, das zu tun, was die Kirche immer getan haben will, nämlich Unschuldige zu schützen, „das Recht auf sittlich erlaubte Verteidigung" geben muß. Damit sind wir von dem menschenfreundlichen Verhalten der Kirche in der Vergangenheit flugs zu den Bomben und Raketen der Gegenwart gelangt, ungeachtet der Tatsache, daß heutzutage in einem Nuklearkrieg eine „sittlich erlaubte Verteidigung" eine sittlich erlaubte Vernichtung aller bedeutet.

Um auf Jesus von Nazareth zurückzukommen: er scheint der Klügste nicht gewesen zu sein. „Vernunft und Klugheit, die vom Träger der politischen Verantwortung zu fordern sind, werden durch die Befolgung der Weisungen Jesu nicht ersetzt." Die unersetzliche Klugheit der Politiker verlangt unersetzliche Raketen. Ob man denn mit der Bergpredigt die sowjetischen SS 20 wegbringen könne, hatte schon der ehemalige Bundeskanzler Schmidt gefragt. Wäre die Bergpredigt eine Rakete, würden viele an sie glauben. Wäre sie eine Waffe, würde man sie hierzulande stationieren. Ließe sich die Bergpredigt zu einer Natogipfeldoktrin erheben, würde man sie anbeten als das gepanzerte Kalb. Denn man hat immer Drohungen mit Drohungen zu beseitigen und Tod mit Tod zu überwinden gesucht und hat doch immer nur die Summe von Drohung und Tod gesteigert. Daß das Nichtdrohen und das Nichttöten die einzige Möglichkeit zum Leben ist, daß man also das Leben gegen den Tod setzten sollte, hat man immer geleugnet. Da die Bergpredigt niemanden bedroht, ist sie unbrauchbar. Und da Christus niemanden abschreckt, fällt er für die „sittlich erlaubte Verteidigung" aus. Was unser politisches Gegeneinander betrifft, bringt er nichts, und dafür hätte er sich sein Leben und Sterben spraren können. Er ist nicht nur keine Hilfe, sondern eine militärische Gefahr, weil das, was er von uns will, das Gleichgewicht des Schreckens aufhebt. Wir erschrecken ja nicht mehr vor dem

Schrecklichen, sondern vor dem Mangel an Schrecklichem. Darum predigen die Bischöfe das Schreckliche, sie predigen die Abschrekkung. Und ihr Hirtenbrief mündet – auch wenn das Wort nicht fällt – ein in die Rechtfertigung der Raketenstationierung.

Das wurde ihm auch von Staatsminister Alois Mertes bescheinigt. Die Befürworter der Natostrategie, lobt Mertes, fänden im Hirtenbrief „viel Hilfe und Bestätigung", die Gegner aber keinesfalls „Einverständnis". Ein solches Urteil qualifiziert die westdeutschen Bischöfe als Nato-Hilfsbischöfe. Und der Generalsekretär der CDU hat nicht weniger recht, wenn er erklärt, der Hirtenbrief sei eine „theologische und ethische Begründung" der CDU-Politik.

Die bischöfliche „Hilfe und Bestätigung" für die Natostrategie schmückt sich mit einem kostbaren Gewand. Bemüht wird in Zitaten die schöne christliche Sprache des evangelischen Anfangs. Manchmal meint man, in ihr die Flügelschläge des Geistes ihres Gründers zu spüren, bis man erkennt, daß die evangelische Sprache pseudostrategisch zu einer Propagierung der Raketen mißbraucht wird. „Gottes Hilfe ist kein Ersatz für eine notwendige sicherheitspolitische Vorsorge." Nicht so sehr Gott, sondern die Sicherheitspolitik ist „notwendig". Sie wendet die Not von uns und erlöst uns von dem bösen Feind. Sogar der Tod Christi wird beschworen, wenn es um die Notwendigkeit der Raketen geht: „Er, der Gewaltlosigkeit lebte, wurde Opfer der Gewalt und offenbart damit den Abgrund menschlicher Gewalttätigkeit." Das, was Jesus passiert ist, soll uns nicht passieren. Da sei, wenn nicht Gott, so doch die Bombe davor. Und für ihn selbst leider zu spät tragen wir Jesus in unserer Nachfolge die Raketen hinterher.

Alles ist, wie gesagt, eingerahmt in einen Rahmen von Worten, die das menschliche Herz bewegen, weil das menschliche Herz von Anfang an darauf angewiesen ist, Gott zu suchen. Aber aus dem Rahmen dieser sanften Worte springen dem Leser plötzlich Kröten ins Gesicht.

Es wird von Feindesliebe gesprochen, aber „das Gebot der Feindesliebe ist letztlich in Gottes gnädigem Handeln begründet, das auch die Bösen und Ungerechten nicht ausschließt". Der Feind ist hier also als böser und ungerechter definiert. Das ist wahrlich ein frohes Hirtenwort, daß wir demnach die Guten und Gerechten sind.

So nimmt es denn bei solcher Art Feindesliebe nicht wunder, daß ein Blick auf unsere Geschichte und Schuld gerade auch der Sowjetunion gegenüber fehlt. Den deutschen Vernichtungskrieg gegen sie scheint es nie gegeben zu haben. Dabei müßte, wenn nicht schon unsere Vernunft oder unser Glaube, so doch eine elementare menschliche Scham uns hindern, der Stationierung von Vernichtungswaffen gegen unsere Opfer von gestern heute in unserem Lande zuzustimmen.

Wer sich dem Kriegsdienst verweigert, wird als Gefahr diffamiert: „Wenn alle seinem Beispiel folgten, würde ein Machtvakuum entstehen." Die Gefahr, daß keine Kriege mehr geführt werden könnten, weil „alle" den Kriegsdienst verweigerten, hätten wir fast nicht erkannt. Uns die Augen vor solcher Katastrophe geöffnet zu haben, ist ein Verdienst der westdeutschen Bischöfe. Im 2. Vatikanischen Konzil waren in einem Entwurf, der dann allerdings von den Bischöfen verworfen wurde, die Kriegsdienstverweigerer gelobt worden wegen ihrer „Ehrfucht vor dem Leben". Jetzt wird der Begriff „Ehrfurcht vor dem Leben" von den Bischöfen gewöhnlich gegen die Empfängnisverhütung gewendet, so als ob die eigentlichen Verbrechen der Menschheit sich in den ehelichen Schlafzimmern vollzögen und nicht auf den Kriegsschauplätzen. Gegen die Verhütung der Empfängnis ist die Ehrfurcht vor dem Leben also gefordert. Daß aber diese Ehrfurcht so weit geht, daß es zur Verhütung der Kriege kommt, das verhüte Gott!

Der *amerikanische Hirtenbrief* hat eine wechselvolle Geschichte. In den verschiedenen Entwürfen sind seine Verfasser mal aufgestanden und mal umgefallen. Der Hirtenbrief selbst ist schließlich in einer Art Schräglage geschrieben. Zwischen der Skylla päpstlicher und westdeutscher Bischofsschelte und der Charybdis des Reaganschen Dankes und Lobes haben sie in einem wilden Wasser einen Zwitter aus Mannhaftigkeit und Gehirnwäsche geboren. Dieser Zwitter bedeutet aber immer noch eine „Herausforderung an unser christliches Gewissen", wie die deutschen Spitzenkatholiken Mertes und Leber es formulieren, was bei ihnen als Tadel gemeint ist. Während bei uns die maßgebenden Katholiken die irre Vorstellung vom Ersteinsatz nuklearer Waffen zur Erhaltung des Friedens vertreten (man wundert sich manchmal, daß die Sprache nicht streikt, wenn jemand die Begriffe Friedenserhaltung und Nuklearwaffeneinsatz zusammenpfercht), lehnen die amerikanischen Bischöfe einen solchen Ersteinsatz ab: „Dennoch drängen wir die Nato im Licht der möglichen Wirkungen, die mit der Einleitung eines Atomkrieges zusammenhängen, rasch zur Anerkennung einer Politik des Erstschlagverzichts vorzustoßen". Damit verfallen die US-Bischöfe dem Bannstrahl der deutschen Erstschlagsapostel Mertes und Leber, die von sich mit dem Pathos der Erleuchteten erklären, sie schrieben „im Licht des christlichen Glaubens". Sie fällen über die amerikanischen Bischöfe das vernichtende Urteil, sie machten sich mit ihrer Stellungnahme gegen den nuklearen Ersteinsatz „sowjetische Forderungen" zu eigen. Daß die amerikanischen Bischöfe so sowjethörig sind, ist indes kein Wunder, denn sie schreiben im Gegensatz zu Mertes/Leber die von sich behaupten, im Licht des Glaubens zu schreiben, lediglich „im Licht der möglichen Wirkungen" des (Mertes/Leberschen) Atomschlags (in light of the probable effects). Auch sonst weichen die Amerikaner von den westdeutschen militärischen Glaubenssätzen ab. Sie fordern den Abzug aller Kurzstreckenraketen sowie aller Kernwaffen aus grenznahen Gebieten und müssen sich von Mertes/Leber den Vorwurf anhören, daß „mit der Verwirklichung solcher Vorschäge... der Krieg wahrscheinlicher wird".

In anderen Punkten sind die Amerikaner Fernsteuerungen erlegen. Z.B. in der Frage der Raketenstationierung, die sie speziell für Europa als notwendig zur Abschreckung ansehen (especially in the European theater). Es liegt die Vermutung nahe, daß es sich bei diesem Punkt des amerikanischen Hirtenbriefs um ein westdeutsches Kuckucksei handelt, das die Amerikaner um des lieben innerkirchlichen Friedens willen schon deshalb mit einiger Gefaßtheit ertragen konnten, weil sie es mit ihrer Forderung nach Verzicht auf Ersteinsatz – bei den Pershing II handelt es sich um lediglich zum Ersteinsatz geeignete Waffen – zugleich unterlaufen.

Auch in einem anderen Punkt waren sie folgsam. Nachdem Mertes/Leber ihnen vorgeworfen hatten, der Entwurf zum Hirtenbrief enthalte „keinerlei angemessene Beurteilung und Einschätzung der politischen Ideologie der Sowjetunion", und Vatikan und westdeutsche Bischöfe nachgeholfen hatten, haben sie gehorsam funktioniert: sie gehen mit schweren Attacken gegen die Sowjetunion vor und tun dabei des Guten so viel, daß man sich fragen muß, ob das noch eine spezifisch christliche Ausdrucksweise ist. Wenn schon von Menschenrechten die Rede ist, dann gehört das Recht auf faire Sprache auch dazu. Man muß zwar nicht gleich, wie es die westdeutschen Bischöfe tun, allen Menschen eine „göttliche Würde" andichten, man braucht ihnen allen nur eine menschliche Würde zuzuerkennen, um eine Sprache zu finden, die sich nicht der Reagandoktrin von der Sowjetunion als dem Reich des Bösen anpaßt. In einer weniger selbstgerechten Sprache über die anderen hätten die amerikanischen Bischöfe der Sache des Friedens und der Sache der christlichen Verkündigung besser gedient.

Daß die *westdeutschen Bischöfe* auf den amerikanischen Hirtenbrief Einfluß genommen haben, ja, daß sie ihren eigenen Friedenshirtenbrief zur Stärkung der Stationierungspolitik geschrieben haben, geht aus einem Brief hervor, den Kardinal Höffner am 27. April 1983 an Alois Mertes, CDU-Staatsminister im Auswärtigen Amt, schrieb. Höffner bedankt sich bei Mertes dafür, daß dieser gemeinsam mit Verteidigungsminister a.D. Georg Leber Einfluß auf die katholische Bischofskonferenz der USA genommen hat, damit diese die letzte Fassung ihres Friedenshirtenbriefs entscheidend entschärft. Höffners Schlußbemerkung: „In der Anlage füge ich Ihnen das Wort unserer Bischofskonferenz zum Frieden, ‚Gerechtigkeit schafft Frieden' bei, mit dem die Bischöfe Politiker Ihrer Überzeugung ermutigen wollen. Es liegt mir daran, dies hiermit unmißverständlich zum Ausdruck zu bringen". (Über die Auffindung dieses Briefes vgl. „Publik Forum" Nr. 6, 22. März 1985.)

Die *Schweizer Bischöfe* reden in ihrer hirtenwörtlichen Pflichtübung vornehmlich als Schweizer. Während die Verteidigung der Bundesrepublik, wie sie sagen, „gegen Angriffe aus dem Osten" gerichtet ist, heben sie hervor, daß die Verteidigung der Schweiz sich „gegen jede Macht" richtet. Während wir nämlich unser Bündnis, also unsere Nichtneutralität, verteidigen, verteidigen die Schweizer statt dessen ihre Neutralität. Auf diese Weise hat jeder etwas zu verteidigen. Manches verteidigt die Schweiz allerdings nicht, z.B. das Recht auf Kriegsdienstverweigerung, denn ein solches hat sie nicht. Und ein volles Frauenstimmrecht würde sie auch nicht verteidigen, denn das hat sie auch nicht. Aber die Menschen (= Männer-)Rechte, die würde sie verteidigen.

Die Schweiz ist neutral. Und so reden die Schweizer Bischöfe ganz neutral davon, daß „die Bürger der Bundesrepublik ... unmittelbar von den Fragen ... des Einsatzes nuklearer Waffen betroffen" sind. Denn es klingt weniger emotional und einfach besser, wenn jemand unmittelbar von Fragen betroffen, als wenn er unmittelbar von Nuklearwaffen getroffen wird. Weiter mischen sich die Schweizer Bischöfe in unsere Betroffenheit oder Getroffenheit, eben in die westdeutschen Verhältnisse nicht ein.

Die *österreichischen Bischöfe* sind auch neutral, aber doch nicht ganz. Sie fühlen mit dem Westen, und darum stationieren sie – wenn auch indirekt – ein bißchen mit, denn sie tendieren, wie es scheint, zum Natodoppelbeschluß. Was sie allgemein gegen das Wettrüsten sagen, ist schön, aber es bleibt in einer verbindlichen Unverbindlichkeit. Konkret werden sie jedoch bei der Gefahr, die durch „einseitige Aktionen von Friedensbewegungen" entstehen könnte. Daß ein moralisches Handeln nicht einseitig sein darf, scheint sich allmählich als Maxime christlichen Verhaltens herauszubilden. Das bedeutet z. B., wenn die Welt voller Lügner ist, darf man nicht einseitig aufhören zu lügen. Wenn die Welt voller Totschläger ist, darf man nicht einseitig es ablehnen, gegebenenfalls auch ein solcher zu werden. Und wenn die Welt voller Raketen ist, darf man nicht einseitig abrüsten, wobei die Natostrategen in einem demagogischen Schluß dem gläubigen Publikum versichern, nicht stationieren sei einseitige Abrüstung. Da aller Anfang einseitig ist, ist für uns aller Anfang so schwer. Und statt anzufangen, sind wir zu moralischem Handeln nur unter Bedingungen bereit. So sitzen wir zwischen unseren wachsenden Raketenbergen und warten, daß uns wie in einem Schlaraffenland die erfüllten Bedingungen gebraten in den Mund fliegen.

Zu einem Rüstungsstopp rufen die *ungarischen Bischöfe* auf. Der Umstand, daß sie die amerikanischen Bischöfe als nachahmenswert bezeichnen, nicht aber die westdeutschen, ist beachtenswert. Während nämlich unsere Bischöfe die nukleare Rüstung (unter dem besser klingenden Etikett „Abschreckung" versteht sich) mit den schönen und unentwegt wiederholten Worten „Kriegsverhütung" und „Friedenssicherung" versehen, erkennen die ungarischen Bischöfe den Terror solcher Rüstung, alias Abschreckung und bezeichnen sie als das, was sie ist: eine wachsende Kriegsgefahr. Dient bei uns die immer größere Rüstung angeblich der Sicherheit, so wächst dort das Gefühl der Bedrohtheit. Aber die Angst der Menschen in Osteuropa ist für Natostrategie und Natomoral kein Thema.

Von allen vorliegenden Hirtenbriefen verdient der der *DDR-Bischöfe* die größte Anerkennung. Er atmet etwas von dem Geist der christlichen Freiheit, die sich offenbar nicht nach der Ost-West-Elle messen läßt. Die DDR-Bischöfe kritisieren Mißstände in ihrem eigenen Land. Nun wird es hierzulande viele Leute geben, die meinen, daß in der DDR vieles, wenn nicht alles, im argen liegt und daß es darum für Bischöfe dort auf der Hand liegt, an den Willen Gottes appellieren zu müssen, während bei uns alles – wenn man etwa von der Sexualmoral und vom Abtreibungsparagraphen absieht – so viel besser ist, daß unsere Bischöfe kaum noch die Möglichkeit haben, einen Willen Gottes in unserer Gesellschaft zu artikulieren, der sich wesentlich von dem unserer maßgebenden Politiker unterschiede. Aber es braucht wohl schon eine recht unkritische Angepaßtheit, um nicht die Nöte und Zwänge vieler in unserem Land zu sehen. Doch da bleiben die vielen Hirtenwörter stumm.

Während die westdeutschen Bischöfe einen ABC-Krieg unter Umständen tolerieren, lehnen die DDB-Bischöfe ihn bedingungslos ab: „Ein Krieg mit modernen Massenvernichtungswaffen ist in jedem Fall in sich unmoralisch und daher auch zu verwerfen. In keinem Krieg, aus welchem Grund er auch geführt werden mag, ist der Einsatz von ABC-Waffen zu rechtfertigen."

Und es steht ein Satz im DDR-Hirtenbrief, der es besonders verdient, aus der Verborgenheit hervorgeholt und in die Mitte aller Dinge gestellt zu werden: „Gewinnt hier nicht das häufig belächelte Ideal der Gewaltlosigkeit, wie es uns Jesus Christus in der Bergpredigt verkündigt, eine bisher ungeahnte rationale Aussagekraft?" Sollte das denn wahr sein? Sollten sich die Weisungen Jesu gegen die Klugheit unserer Politiker behaupten und deren Prioritätsanspruch erschüttern können? Könnte es denn sein, daß sein Wort nicht nur den Himmel, sondern auch die Erde erschließt? Dann wären seine Weisung und sein Beispiel, was diese Welt und ihre Zeit betrifft, nicht eine bloße Träumerei und leere Utopie. Das würde bedeuten: die auf ihn hören, wären nicht Moskauhörige. Wir brauchten nicht mehr dem Siegwahn des Herrn Reagan zu verfallen und nicht mehr dem Angstwahn der Sowjets. Wir könnten aus dem Lärm der vielen Wörter heraustreten und, um Frieden zu schaffen, einer Verheißung folgen, die nicht die der Raketen ist.

Vortrag im Pädagogisch-theologischen Institut Nordelbien in Kiel am 4.4. 1984, teilweise abgedruckt in „Konkret" Nr. 8, August 1983.

Beklemmende Bilanz

Der Gott des Friedens, die Christen und der Krieg

Für den Gedanken des Friedens in einem Staat, konkret in diesem Staat, der BRD, ist naturgemäß die Kirche und ihre Lehre von wesentlich mitbestimmender Bedeutung. Sie ist nicht nur und vielleicht nicht so sehr wegen der großen Zahl der sich amtlich und rechtlich zu ihr zählenden, wenn auch nicht in gleicher Weise zu ihr bekennenden Glieder bedeutsam, sie besitzt als allgemein anerkannte moralische Institution ein solches Eigen- und Schwergewicht, daß ihre Äußerungen zum Thema Krieg und Frieden, Rüstung und Abrüstung nicht ungehört bleiben. Man kann auch sagen: auch die Kirche macht, selbst wenn sie sich nur moralisch äußert, Politik. Auf der anderen Seite ist sie ihrem Wesen und Auftrag nach eine religiöse Institution. Und daß sie beides ist, eine religiöse Institution und eine politische Macht, das macht ihr Dilemma aus, das darin besteht, daß sie sich nicht in der Lage sieht, ihre religiösen Motivationen und Forderungen unbefangen in die Politik einzubringen. Sie redet auf verschiedenen Ebenen verschiedene Sprachen. Sie verlangt Nächsten- und Feindesliebe und rechtfertigt Krieg und Vernichtung. Es geht ein Riß durch das christliche Denken und Handeln. Und so kommt es, daß man, wenn man konkret über die Christen und den Frieden reden will, leider fast noch mehr über die Christen und den Krieg reden muß.

Wenn man die Geschichte der Kirche und des Christentums hinsichtlich der Frage von Krieg und Frieden betrachtet, kommt man zu einer beklemmenden Bilanz, wie sie z.B. der bekannte katholische Theologe Vorgrimler im „Lexikon der Pastoraltheologie" 1972 zum Ausdruck bringt, daß nämlich „die Kirche bis zur Gegenwart ein erheblicher gesellschaftlicher Faktor des Unfriedens war". Vorgrimler spricht sogar von einer Uninteressiertheit bis Feindseligkeit des katholischen Episkopats gegenüber einer katholischen Friedensbewegung, die es neben der offiziellen Haltung in Ansätzen schon Anfang und Mitte unseres Jahrhunderts gab. Nicht selten werden die konkreten politischen Bemühungen um einen Weltfrieden als säkularisiert abqualifiziert, z.B. im „Lexikon für

Theologie und Kirche“ (1960), oder (wegen der uneinheitlichen Begründungsreflexion) als das Friedensethos gefährdend abgetan (Herders theologisches Taschenlexikon, 1972).

Auch gefühlsmäßige Einwände gegen den Krieg gelten als fehl am Platz. Der Abscheu vor dem Krieg, der sich lediglich auf seine Schrecken gründet, wird verworfen. So sagte Pius XII. in seiner Weihnachtsansprache 1948: Der christliche Friedenswille „ist von einer ganz anderen Prägung als das gewöhnliche Gefühl für Menschlichkeit, das zu oft nur reine Sentimentalität ist und den Krieg lediglich verabscheut wegen seiner Schrecken und Grausamkeiten“. Der Papst nennt das „ein Gefühl eudämonistischer und utilitaristischer Art und materialistischer Herkunft“ (AAS 1949, 13).

Der negativen Haltung zur Friedensbewegung entspricht die positive Haltung zur Technik der modernen Waffen und die Rechtfertigung ihres möglichen Einsatzes. Kardinal Höffner sagt 1958 über die atomaren Kampfmittel: „Ihre Verwendung widerspricht nicht notwendig der sittlichen Ordnung und ist nicht in jedem Fall Sünde“ (veröffentlicht im Bulletin des Presse- und Informationsdienstes der Bundesregierung, 7.5. 1958). Und der Jesuit Pater Gundlach, einer der wichtigsten Berater Pius XII., legitimiert sogar eine mögliche Weltvernichtung durch Atomwaffen: „Ja, wenn die Welt untergehen sollte dabei, dann wäre das auch kein Argument gegen unsere Argumentation. Denn wir haben erstens sichere Gewißheit, daß die Welt nicht ewig dauert, und zweitens haben wir nicht die Verantwortung für das Ende der Welt. Wir können dann sagen, daß Gott der Herr, der uns durch seine Vorsehung in eine solche Situation hineingeführt hat oder hineinkommen ließ, wo wir dieses Treuebekenntnis seiner Ordnung ablegen müssen, dann auch die Verantwortung übernimmt“ („Stimmen der Zeit“ 1959). All diese Stimmen stehen in der langen Tradition der Rechtfertigung des sog. gerechten Krieges. „Die Kirche hat immer dort zum Krieg ermuntert“, schreibt der katholische Moraltheologe Pruner, „wo er zur Verteidigung der höchsten und heiligsten Güter notwendig war“ („Katholische Moraltheologie“, 1902). Und er meint weiter: „Das Blut, das im gerechten Krieg vergossen wird, dient, weil zum Schutz des Rechtes und zum Bekenntnis der ewigen Prinzipien der Gerechtigkeit, auch zur Befestigung des Reiches Gottes gegenüber dem Reich der Sünde sowie zur Genugtuung für die Sünden der Völker“. Die Religion hat also noch mehr

Motive zum Krieg als der um Motive nicht verlegene Staat, da z. B. das „Blutvergießen zur Genugtuung für die Sünden der Völker" außerhalb des staatlichen Gesichtskreises liegt. Er wird dergleichen als archaischen Rest eines monströsen Menschenopferglaubens ansehen.

Im Zweiten Vatikanischen Konzil gibt es Ansätze zu einer neuen Theologie des Friedens, obwohl manches traditionelle Gut noch weiterlebt. So ist die alte theologische Idee vom „gerechten Krieg" nicht beerdigt. Der Angriffskrieg wird nicht verurteilt, das Recht auf Kriegsdienstverweigerung nicht ausdrücklich anerkannt. In der vorletzten Fassung der pastoralen Konstitution über die Kirche in der Welt von heute (gaudium et spes) wurde den Kriegsdienstverweigerern zunächst Anerkennung gezollt „entweder wegen ihres Zeugnisses für die christliche Sanftmut oder wegen ihrer Ehrfurcht vor dem menschlichen Leben oder wegen aufrichtigen Abscheus vor Gewalttätigkeit" (Rahner, Vorgrimler, „Kleines Konzilkompendium"). Aber: „Im Gedränge der letzten Konzilswochen erreichten einige Bischöfe die Streichung dieser Sätze".

Positiv zu vermerken an den Bestimmungen des zweiten Vatikanischen Konzils ist, daß die Christen aufgerufen werden, mit allen Menschen zusammenzuarbeiten, um den Frieden zu sichern. Positiv ist weiter zu werten die Verurteilung des totalen Krieges, die Ablehnung des Krieges als eines adäquaten Mittels zur Wiederherstellung verletzter staatlicher Rechte und ferner die Verurteilung des Rüstungswettlaufs. Bemerkenswert ist insbesondere die feierliche Hervorhebung und Anerkennung der Gewaltlosigkeit: Wir können „denen unsere Anerkennung nicht versagen", heißt es in „gaudium et spes", Artikel 79, „die bei der Wahrung ihrer Rechte darauf verzichten, Gewalt anzuwenden, sich vielmehr auf Verteidigungsmittel beschränken, so wie sie auch den Schwächeren zur Verfügung stehen, vorausgesetzt, daß dies ohne Verletzung der Rechte und Pflichten anderer oder der Gemeinschaft möglich ist". Das Konzil hat also der Gewaltlosigkeit, die bis dahin vielen verdächtig gewesen war, offiziell Heimatrecht in der Kirche verschafft. Der Kommentator René Coste sagt dazu: „Kann man daran zweifeln, daß für Christen die Gewaltlosigkeit (sowohl im kollektiven wie im individuellen Bereich) die Norm ist? ... man muß die Leichtfertigkeit, mit der die Christen diese Lehre Christi allzu oft jahrhundertelang und auch in unseren Tagen verkannt haben, als einen Skandal anklagen" („Lexikon für Theologie und Kirche", Das II. Vatikanische Konzil, Band III).

Was die evangelische Kirche betrifft, so kann die Tatsache, daß heute die evangelische Kirche in der Friedensbewegung führend ist, während der deutsche katholische Episkopat auch nach dem zweiten Vatikanischen Konzil immer noch weitgehend schweigt, nicht darüber hinwegtäuschen, daß der Protestantismus in seiner Geschichte genau so militant war wie der Katholizismus. Luther verteidigt in seinem Büchlein „Ob Kriegsleute auch in seligem Stand sein können“ 1526 in klassischer Weise den gerechten Krieg, nennt ihn sogar „köstlich und göttlich“, bezeichnet ihn als „ein Werk der Liebe“ und folgert daraus: »Also muß man auch dem Kriegs- und Schwertamt zusehen mit männlichen Augen warum es so würgt und greulich tut. So wird sich's selbst beweisen, daß es ein Amt ist, an ihm selbst göttlich und der Welt so nötig und nützlich wie Essen und Trinken oder sonst ein anderes Werk“. Auch der Lutheraner Althaus meint im Lexikon „Religion in Geschichte und Gegenwart“ von 1929, Artikel „Krieg“: „Die Geschichte ist gerade da auch herrlich, wo sie schrecklich ist... die Furchtbarkeit des Tötenmüssens hat zur Kehrseite das dulce et decorum des Sterbendürfens für das Vaterland“. Angesichts von Friedensbewegungen meint er: „Es hat dann aber keinen Sinn, die kriegerischen Zeitalter als moralisch tieferstehend zu ächten und dem jungen Geschlecht die Kampfes- und Heldenzeiten seines Volkes als barbarisch zu verleiden. Solcher ethischen Begriffsverwirrung und Heuchelei muß gerade die Kirche scharf entgegentreten. Sie hat den Mißbrauch, der jetzt mit Worten wie ‚Versöhnung‘, ‚Abrüstung‘... getrieben wird, aufzudecken.“ Althaus bezeichnet den Ruf nach „Abrüstung“ als „durch die gemeinsamen egoistischen-eudämonistischen Interessen der Völker gefordert.“

Die andere Tradition des Christentums, nämlich die pazifistische, ist in den Großkirchen nicht vorherrschend gewesen. Vorherrschend war sie vielmehr nur in einzelnen Sekten (bei Waldensern, Täufern, Mennoniten, Quäkern und Jehovas Zeugen). Diese wurden nicht zuletzt wegen ihrer Tendenzen zur Gewaltlosigkeit von den Großkirchen verfolgt. In den Großkirchen selbst ist die pazifistische Idee nur von einzelnen Theologen (Erasmus, Kardinal Ottaviani 1947 mit seinem Satz: „Der Krieg ist zu untersagen“) vertreten worden.

Und man kann auch nicht sagen, daß das frühe Christentum, bevor es zur Staatsreligion wurde, hier grundsätzlich anders dachte. „Die Vorstellung vom frühen Christentum als einer klassischen Zeit der Kirche, in der diese jede Beteiligung an Töten, Krieg und Militär geschlossen abgelehnt habe und die durch die konstantinische Wendung abgeschlossen worden sei, ist eine Legende“ (H. Gollwitzer in: Die Religion in Geschichte und Gegenwart).

Diese Wendung war vielmehr dadurch ermöglicht, daß schon bisher kein consensus bestanden hatte und die theologische Besinnung ungenügend gewesen war. Von Anfang an hat es Christen im Heer gegeben. Seit dem 3. Jahrhundert nehmen sie so stark zu, daß die letzte Christenverfolgung, nämlich unter Diokletian, mit einer Säuberung des Heeres begann (299 und 301) und daß schließlich der Umschwung vom Heidentum zum Christentum unter Konstantin sich im Heer vollzog, als Konstantin im Kampf gegen seinen Gegner Maxentius unter dem Kreuzzeichen kämpfte und siegte, nachdem er vorher mit seinem Heer am Himmel ein Kreuzzeichen gesehen hatte. Konstantin läßt die unter Diokletian aus dem Heer ausgestoßenen Christen mit Rangerhöhungen ins Heer zurückkehren, und auf dem Konzil zu Arles 314, der ersten großen abendländischen Synode, wird jeder Kriegsdienstverweigerer exkommuniziert. Der Kaiser ist auf dieser Synode anwesend. Auch die Bekehrung des Frankenkönigs Chlodwig, entscheidend für die Ausbreitung des katholischen Christentums unter den Germanen, erfolgte während einer Schlacht. Chlodwig ließ sich taufen (Weihnachten 498), weil der Christengott (der christliche Kriegsgott) ihm in der Schlacht gegen die Alemannen zum Sieg verholfen hatte.

Die Antikriegsstimmen des frühen Christentums aus der Zeit, bevor es Staatsreligion wurde, die man zum Beweis einer ursprünglichen Friedlichkeit des Christentums heranzuziehen pflegt, bezogen sich nicht so sehr auf die Probleme Töten und Gewalt, also auf den Krieg als solchen, sondern auf den Fahneneid für Christus als unvereinbar mit Fahneneid für einen *heidnischen* Herrscher.

Sehr viel mehr Antikriegsstimmen finden wir dagegen im säkularen Bereich, auf den im 18. und 19. Jahrhundert das Schwergewicht der Friedensidee überging, z. B. bei Philosophen (Kant 1795 mit seiner Schrift „Vom ewigen Frieden“, in der er den Gedanken des gerechten Krieges aus den Angeln hebt) und Schriftstellern wie Tolstoi und Bertha von Suttner.

Die pazifistische Tradition nimmt, soweit sie christlich motiviert ist, ihren Ausgangspunkt bei den Propheten Jesaja 2,4 und Micha 4,3: „Dann schmieden sie Pflugscharen aus ihren Schwertern und

Winzermesser aus ihren Lanzen. Man zieht nicht mehr das Schwert Volk gegen Volk und übt nicht mehr den Krieg. Jeder sitzt unter seinem Weinstock und unter seinem Feigenbaum, und niemand schreckt ihn auf." Ernst Bloch sagt über diese Stelle: „Hier ist das Urmodell der pazifizierten Internationale... mit realem Einfluß lag diese Stelle sämtlichen christlichen Utopien zugrunde" („Das Prinzip Hoffnung").

Für die Christen sind die Propheten Israels mit ihren Weissagungen diejenigen, die auf Jesus hinweisen. Für die Christen kam mit Jesus der Erwartete, und damals hat sich für die Christen alles erfüllt. Alles, was zu tun ist, ist im Grunde getan, Wesentliches ist jetzt nicht mehr zu tun. Im Hier und Heute leben die Christen in der Phase des Gekommenen.

Die Frage ist nur, haben die Christen damit die Propheten richtig verstanden? Diese sprachen von einer neuen Welt, von einer Welt, in der die Waffen umgeschmiedet werden in Pflugscharen und Winzermesser, in der die jungen Leute nicht mehr für den Krieg ausgebildet zu werden brauchen. Das waren damals Utopien, die auch heute noch Utopien sind, die in keiner Weise erfüllt wurden. Der Erlöser, der uns erlösen sollte, ist entweder noch nicht gekommen, oder der Erlöser, der uns erlösen sollte, hat uns nicht so erlöst, wie es prophezeit war. Wir beten „Dein Reich komme", und meinen, daß es später, im Jenseits kommt. Wir glauben, daß die Juden sich irrten, wenn und weil sie einen irdischen Messias für diese Erde erwarteten, aber irrten wir uns nicht vielleicht selbst? Denn darüber muß man sich doch wohl klar sein, daß die Propheten das Jetzt und nicht das Jenseits meinten.

Zur Zeit, als die großen Propheten Israels lebten (Jesaja und Micha im 8. Jahrhundert), war Israels Glaube völlig auf Gottes Handeln im Diesseits gerichtet. Lehren über das Jenseits wehrte man ab, weil sie zu sehr mit dem Totenkult der Ägypter und anderer Völker verknüpft schienen, mit dem Israel nichts zu tun haben wollte. Erst gegen Ende der Makkabäerzeit, also gegen 170 vor Christus, lange nach den alten Propheten, erst im Buch Daniel 12,2 haben wir einen deutlichen Hinweis auf die Auferstehung der Toten. Erst jetzt dringt, von der jüdischen Gruppe der Chassidim, der Ahnherren der Pharisäer, ausgehend, die hierin ihrerseits persischen und griechischen Einflüssen offen gewesen waren, ins Bewußtsein weiter Kreise des jüdischen Volkes der Gedanke der Auferstehung.

Vorher hatte man, ähnlich wie bei Homer, im Alten Testament nur die Vorstellung von der Unterwelt, der Scheol, in der die Toten ein Schattendasein führen. Während der Makkabäerkriege hat das Töten und Getötetwerden die Frage nach dem Leben gestellt, die Schlachtfelder haben die Hoffnung auf das Jenseits dringend gemacht. Die Militärseelsorge ist für die Verbreitung des Auferstehungsglaubens tätig gewesen. Ein Glaube, der in der persischen und griechischen Welt schon längst herrschte, nicht aber im Judentum, und der in diesem Judentum auch noch zur Zeit Jesu von der bedeutenden Gruppe der Sadduzäer als mit der Heiligen Schrift nicht in Übereinstimmung stehend abgelehnt wird.

Auch die Apokalyptik, die Literaturgattung in der Zeit nach den Makkabäerkämpfen bis etwa 100 nach Christus, die viel vom kommenden Äon nach dem Tod spricht, legt doch Wert darauf, die prophetischen Verheißungen vor der Grenzlinie des Todes, also in unserer hiesigen Zeit und Geschichte zu belassen. Eines der Mittel, dies zum Ausdruck zu bringen, ist die Vorstellung vom 1000jährigen Reich des Messias, wobei 1000 eine symbolische Zahl ist. Entscheidend ist vielmehr, daß in diesem irdischen Reich die alten Hoffnungen der Propheten sich erfüllen werden.

Auch das Neue Testament hat den Gedanken beibehalten, daß die Erfüllung der Verheißungen der Propheten im Diesseits stattfinden wird. Das gilt für Jesus von Nazareth und die frühe christliche Gemeinde. Und wenn man nach Jesu Tod ihn als den Erfüller der Prophetenverheißungen sah, so hielt man daran fest, daß mit ihm die Prophetenworte sich hier und jetzt zu erfüllen begonnen hatten. Und so ist auch die Bergpredigt Jesu zu verstehen. Sie kennt dieses Alibi nicht, mit dem man heute gemeinhin mit ihr umgeht, nämlich so, als ob sie in einem Jenseits sich realisieren würde, hier und jetzt jedoch eine bloße Utopie bleiben müsse. Jesus will diese Welt nicht lassen wie sie ist, sondern verändern.

Aber allmählich wurde die Bergpredigt zum heißen Brei, um den die Christen herumschleichen, und diese erhabenste Utopie des Christentums zu seiner größten Verlegenheit. Und allmählich erfand man auch Theorien für die Prophetentexte, sie zu entschärfen. Die Christen, für die vor 2000 Jahren die Erfüllung geschah, so daß sie weithin, was die Verwirklichung der Idee einer neuen Erde betraf, die Hände in den Schoß legen zu können meinten, wußten sich zu helfen, diese Texte umzudeuten. Der katholische Alttestamentler Norbert Lohfink nennt drei Theorien: 1. die Jenseitstheorie, 2. die Innerlichkeitstheorie und 3. die bürgerlich-private Religionstheorie (Orientierung 15, 31. 12. 1981).

1. Die Jenseitstheorie. Sie bedeutet, die Verheißungen der Propheten beziehen sich auf das Jenseits. Gemeint ist unter Jenseits das, was nach dem Tod kommt. So hätten also die Propheten, wenn sie vom Ende der Kriege und vom kommenden Friedensreich reden, nicht von einer Möglichkeit dieser Geschichte gesprochen, sondern vom „ewigen Frieden". Der christliche Friede wird zum Friedhofsfrieden. Lohfink berichtet: „Ich erinnere mich noch genau, daß ich in einer ekstatisch-religiösen Phase meiner eigenen Pubertät ein Buch eines damals bekannten Theologen über das Jenseits verschlungen habe. Es beschrieb die kommende Welt und benutzte dazu eine lange Kette von Zitaten aus den alttestamentlichen Prophetenschriften, vor allem auch dem Buch Jesaja. Ich habe diese ungeheuren Hoffnungstexte damals völlig fraglos so verstanden, wie sie mir in dem Buch angeboten wurden: als visionäre Bilder des Jenseits. So blieben sie in meiner Seele haften. Erst Jahrzehnte später, als ich durch meinen Beruf als Alttestamentler mich immer wieder wissenschaftlich mit diesen Texten zu befassen hatte, ist mir für einen Text nach dem anderen dieses Verständnis zerbrochen. Es hat mich einen mühsamen Kampf und viel Arbeit gekostet, die Jenseitstheorie für die Bedeutung prophetischer Verheißungen innerlich abzuschütteln."

2. Die Innerlichkeitstheorie (Seelenfriede). Auch sie entstand als Flucht vor den Verheißungen der Propheten, Flucht, weil unser Hier und Jetzt dem, was sie verheißen, so wenig entspricht. Sie trat früh im Christentum auf und stammt aus der Gnosis. Die Gnosis war eine religiöse Bewegung vorchristlichen Ursprungs, die, in verschiedenen Formen aus dem Orient kommend, als Konkurrentin des Christentums etwa gleichzeitig mit dem Christentum in den Westen eindrang und vielfach auf das Christentum abgefärbt hat. Sie, die Gnosis, ist der leidenschaftliche Protest gegen das Gute im Dasein, ein Protest, der dem Alten Testament fremd ist und auch dem spätantiken Daseinsverständnis diametral entgegengesetzt. Zwar werteten die Griechen die Materie ab, aber der Kosmos (auf deutsch: Ordnung und Schönheit) war doch für sie ein harmonischer Stufenbau von unten nach oben. Der Einbruch des gnostischen Pessimismus jedoch war von solcher Kraft, daß er das spätantike Lebensgefühl bei Juden und Griechen umzuformen im

Stande war. Das heitere Bild der Antike, wie es die deutsche Klassik entwarf, ist durch die Erforschung der Gnosis und ihres Einflusses auf Juden- und Griechentum der damaligen Zeit weithin korrigiert. Gnostischer Pessimismus ist übrigens bis heute in der katholischen Sexualmoral spürbar und hat, wie gesagt, Einfluß gehabt auf die christliche Ausbildung einer Innerlichkeitstheorie in bezug auf die Prophetenverheißungen.

Heute sind es nicht so sehr gnostische Einflüsse auf das Christentum, als vielmehr Meditationsbewegungen – wiederum aus dem Osten kommend – die die Innerlichkeitstheorie in bezug auf die prophetischen Texte bestärken. Nicht, daß die Propheten den seelischen Bereich übergangen hätten, aber etwas anderes ist es, ihn einzubeziehen oder ihn allein zu meinen. Um das Beispiel der Friedensverheißung aufzugreifen: Die Propheten meinen den wirklichen Frieden zwischen den Völkern, und wenn sie davon reden, daß in zukünftigen Zeiten die Waffen in friedliche Werkzeuge umgeschmiedet werden, dann ist das wörtlich gemeint.

Das ist auch durch Jesus und die frühe Gemeinde nicht etwa umgedeutet worden. Selbstverständlich strahlt der Friede in die Seele des Einzelnen und erfüllt diesen mit innerem Frieden. Aber wir täuschen uns, wenn wir meinen, es sei nur vom inneren Frieden des Einzelnen die Rede.

Die dritte Entlastungstheorie, die Lohfink nennt, ist die bürgerlich-private Religionstheorie. Sie geht kaum über die Innerlichkeitstheorie hinaus. Die Botschaft der Propheten bezieht sich auch nach dieser Theorie nicht auf die ganze menschliche gesellschaftliche Wirklichkeit, sondern sieht als den eigentlichen Ort des Religiösen das Privatleben und dessen nähere Beziehungen. Man sieht die prophetischen Verheißungen des Friedens schon erfüllt, wenn es innerhalb der Familie und im engeren persönlichen Kreis friedlich zugeht. Die Tatsache, daß zugleich die Großgesellschaften von Unfrieden zerrissen sind und die Völker gegeneinander von Waffen starren, muß einen dann nicht beunruhigen.

Aber die Propheten hätten nie daran gedacht, Gottes Zukunftsverheißungen auf einen jenseitigen, auf einen innerlichen, auf einen privat-religiösen Bezirk zu begrenzen. Sie meinten wirklich die Waffen der Völker, die umgearbeitet werden sollten, sie sprachen wirklich vom Ende der Kriege. Wenn unser früherer Bundeskanzler Schmidt auf einem Kirchentag sagte, die Bergpredigt könnten die Christen in ihrem Privatleben befolgen, doch sie gelte nicht in der Politik, so gibt er die Auffassung und den Irrtum vieler Christen wieder.

Was die Propheten meinten, in Jesus hat es angefangen, aber wir haben schon früh damit begonnen, es abzudrängen ins Jenseits, in die Innerlichkeit, in den privaten Bezirk. Wir Christen sind es, die die Welt hier und jetzt ständig um ihre christliche Hoffnung betrügen.

Die Frage erhebt sich, ob es nicht an der Zeit ist, daß die Friedenslinie nicht mehr nur von Randgruppen des Christentums, sondern von den Großkirchen vertreten wird. Was die evangelische Kirche Deutschlands betrifft, so scheint hier einiges in Bewegung zu sein und auf eine Neubesinnung hinauszulaufen. Ansätze sind auch in der katholischen Kirche gegeben. Hier muß allerdings noch ein beträchtliches Umdenken erfolgen. Die bisher vorherrschende Tendenz war die, den Krieg aus den mannigfachsten Gründen zu rechtfertigen, ihn vorauszusetzen, nie aber, ihn auszuschließen.

Krieg war ja in kirchlicher Betrachtung nie etwas nur Staatlich-Militärisches. Krieg war immer auch religiös motiviert. Als Beispiel sei angeführt, was zu Beginn des Ersten Weltkrieges der Jesuitenpater Lippert in den „Stimmen aus Maria Laach" 1914 schrieb: Es „soll jeder Nationalismus, auch wenn er Krieg führt, in den Dienst Gottes treten. Und die Erhebung des deutschen Volkes ist wahrhaftig zum Gottesdienst geworden... Ehe das deutsche Volk aufbrach, hat es die Knie gebeugt und das Haupt geneigt, so wie die Engel des Herrn es wohl tun mögen, wenn sie zu einem Gottesgericht ausziehn... Wir haben gebetet um den Sieg... und den Tod für unsere Feinde... und wir haben es aufrichtig getan... mit Berufung auf das Christentum und das Heilige Evangelium." Solche Darlegungen fand man damals haufenweise.

Und solche kriegerische Theologie hatte Auswirkungen bis in die Vorstellungen und Lehren der katholischen Sexualmoral. Das Ergebnis ist gelegentlich eine Art verkehrte Welt. Ich möchte das an einem Beispiel klarmachen. In der katholischen Kirche hat man viel über gerechte Kriege, aber noch nie über gerechte Empfängnisverhütung gesprochen. Aber was hier unsinnig erscheint, ist vielleicht logisch und konsequent, denn vielleicht wollte und will man gerade im Hinblick auf die Schlachtfelder die Empfängnis schützen? Vielleicht ist Empfängnisverhütung nicht zuletzt deswegen ungerecht, weil sie die gerechten Kriege erschwert, weil geburtenschwache Jahrgänge ein militärisches Handicap sind.

In der Tat, dieses strenge Verbot der Empfängnisverhütung steht in einem Zusammenhang mit den Massengräbern. Man kann auch sagen: Empfängnisverhütung und Aufrüstung stehen in einem Zusammenhang: Kinder waren notwendig zum Kriegführen. Kriegführen verträgt sich nicht mit Empfängnisverhütung, und Empfängnisverhütung verträgt sich nicht mit Kriegsführung. Der Mensch fällt als Waffe aus, wenn er verhindert wird. Die Kriegsrüstung muß also schon in die Schlafzimmer verlegt werden.

In einem Leitfaden für die katholische Mutter aus der Nazizeit: „Frauenhand gib Segen", versehen mit kirchlicher Druckerlaubnis, heißt es vom Spiel des Kindes: „Das kleine Mädchen greift mit förmlicher Leidenschaft zur Puppe, nun ist es Mutter. Der kleine Bube greift mit ebensolcher Leidenschaft nach der Knallbüchse oder dem Kindergewehr, dem Säbel und dem Helm – nun ist er Krieger. So offenbart sich schon im Spiel des Kindes der Sinn des Lebens." Wer Kinder verhütet, verhindert das männliche Greifen nach dem Gewehr oder verhindert die Mütter, die Krieger gebären. Verhinderung von Empfängnis ist einseitige Abrüsung. Es ist darum kein Zufall, daß die Ablehnung der Empfängnisverhütung in unserem Jahrhundert der Rüstung und Weltkriege ihren Höhepunkt erlebt. Zwar hat das Verbot der Empfängnisverhütung eine alte jüdische und christliche und teilweise auch heidnische Tradition (im Christentum vor allem lustfeindlich, gnostisch geprägt), aber es ist ein Unterschied, ob man kirchlicherseits, wie es jahrhundertelang der Fall war, den Beichtvätern offiziell die Anweisung gibt, nur auf ausdrückliche Frage auf dieses Verbot aufmerksam zu machen, oder ob man, wie es seit Ende vorigen Jahrhunderts begann, die ganze Welt – ob gelegen oder ungelegen – damit übertönt. Und so ist es auch kein Zufall, daß, während Reagan ständig für Raketen spricht, der Papst ständig gegen Empfängnisverhütung redet. Ich will dem Papst zugute halten, daß er sich der Tatsache nicht bewußt ist, daß dieser besondere Akzent, den er der christlichen Moral auferlegt, im Zusammenhang steht mit einer Politik der Stärke und Kriegsüberlegenheit. Aber ein kurzer Überblick macht deutlich, daß diese penetrante Betonung des Empfängnisverhütungsverbots mit der Kriegsrüstung der neueren Geschichte im Gleichmarsch eskalierte und daß dieser Zusammenhang und Gleichschritt von Rüstung und Verhütungsverbot von Kardinälen und Bischöfen des 19. und 20. Jahrhunderts auch ausdrücklich betont wurde.

1842 erging vom französischen Bischof Bouvier eine Anfrage nach Rom, wie diejenigen („fast alle jüngeren Ehepaare der Diözese") im Beichtstuhl zu behandeln seien, die, weil sie keine allzureiche Nachkommenschaft wünschten, den coitus interruptus übten. Antwort aus Rom: Der Beichtvater solle über diese Dinge schweigen, es sei denn, daß man ihn ausdrücklich fragt.

Und das war die Linie, der die offizielle katholische Kirche bis dahin gefolgt war, wenn man von der kurzen Regierungszeit des eifernden Papstes Sixtus V. absieht, der 1588 alle exkommunizierte, die Empfängnisverhütung propagierten, dessen Gesetze aber schon zwei Jahre später durch Papst Gregor XIV. widerrufen wurden. Erst Ende des vorigen Jahrhunderts verstärkt die Kirche ihr Engagement gegen die Empfängnisverhütung.

1872, nach dem Krieg, sagte der Schweizer Kardinal Kaspar Mermillod am französischen Nationalfeiertag zum französischen Volk: „Du hast dich von Gott abgewandt, und Gott hat dich geschlagen, du hast in abscheulicher Berechnung Gräber geschaufelt, anstatt Wiegen mit Kindern zu füllen, deshalb hat es dir an Soldaten gefehlt." Und 1886 kam aus Rom die Weisung: Es sei Pflicht der Beichtväter, die Beichtenden über ihre Praxis der Empfängnisverhütung zu befragen. 1919, nach dem 1. Weltkrieg, schritten auch die französischen Bischöfe zur Tat: „Es ist eine schwere Sünde gegen die Natur und gegen den Willen Gottes", wandten sie sich an das französische Volk, „die Ehe durch eine egoistische und lüsterne Berechnung ihres Endzweckes zu berauben. Die Theorien und Praktiken, welche die Beschränkung der Geburten lehren oder fördern, sind ebenso unheilvoll wie verbrecherisch. Der Krieg hat uns die Gefahr, der sie unser Land aussetzen, tief in die Seele eingeprägt. Möge diese Lehre nicht umsonst gewesen sein. Die Lücken, die der Tod gerissen hat, müssen wieder geschlossen werden, wenn uns daran gelegen ist, daß Frankreich den Franzosen gehört und stark genug ist, sich selber zu verteidigen und sich seines Glückes zu erfreuen."

In Deutschland vertritt der Jesuit Hermann Muckermann ebenfalls diesen Gedanken 1917 in den „Stimmen der Zeit“ „Ströme neuen Lebens rieseln durch die Adern unseres Volkes... nur die pflichttreue Mutter kann dieses Werk vollbringen, sie, die uns ja auch in diesem Weltkrieg vor dem Untergang rettete, indem sie uns die todesmutigen Helden schenkte, die nicht mehr sind.“

1915 schrieb in der Zeitschrift „Theologie und Glaube“ Prof. A.J. Rosenberg von der bischöflichen philosophisch-theologischen Fakultät in Paderborn: „Moderne Kriege aber sind Kriege, in denen die Massen sehr viel mehr bedeuten. Die gewollte Einschränkung der Kinderzahl (in Frankreich) bedeutete also den Verzicht auf gleiche nationale Stärke mit Deutschland... Tausende von Eltern beklagen den Verlust des einzigen Sohnes... Strafe muß sein... Der Krieg hat das Problem der gewollten Kinderscheu in ein neues Licht gerückt.“

Auf dem Höhepunkt der weltweiten Debatte zu diesem Thema erscheint 1930 die Enzyklika „Casti connubii“ über die Verhütung. „Casti connubii“ ist die Vorgängerin der Enzyklika „Humanae vitae“ (Pillenenzyklika) von 1968 und des apostolischen Schreibens „Familiaris consortio“ von 1981. Seit „Casti connubii“ 1930 sahen es die Päpste dieses Jahrhunderts als eine ihrer Hauptpflichten, ständig gegen die Empfängnisverhütung zu reden. „Casti connubii“ spricht wie die militanten französischen Bischöfe von 1919 von „verbrecherischer Freiheit“, die solche Leute für sich in Anspruch nehmen. Weiter heißt es: Es gibt „keinen auch noch so schwerwiegenden Grund“, der die Empfängnisverhütung rechtfertigen könnte. Verwiesen wird, zur Abschreckung, auf Onan, der das getan habe und darum von Gott getötet wurde (Genesis 38). Die stillen Tage von 1842, als nur antwortete, wer gefragt wurde, sind damit vorbei, die Antwort des Papstes ist ungefragt allen Leuten klar. Klar ist: Man darf die Menschen auf keinen Fall verhindern. Klar ist leider auch: Man darf sie gegebenenfalls (nämlich im Krieg) umbringen. Und damit schließlich auch klar ist, wen solche Tötung gegebenenfalls betrifft, höre man das Wort der indischen Bischöfe 1957 in Bangalore, wo sie das Volk feierlich warnen vor drei Dingen: dem Kommunismus, sittenlosen Filmen und der Empfängnisverhütung.

Zwar ist in den Enzykliken der Zusammenhang, daß Empfängnisverhinderung die Kriegsrüstung behindert, nicht dargelegt oder auch nur intendiert, (der Sexualpessimismus reicht hier völlig aus) aber die Frage erhebt sich dafür um so dringender: Warum läßt die katholische Kirche den lebenden Menschen nicht den gleichen Schutz zuteil werden, den sie den potentiellen und fiktiven zuteil werden läßt. Warum verbietet sie nicht den Krieg mit dem gleichen Nachdruck wie die Verhütung? Warum erhält in der katholischen Moral der Krieg gegebenenfalls das schmückende Beiwort „gerecht“ und die Verhütung niemals? Scheint hier nicht dem Christentum etwas verrutscht zu sein? Kriege gegebenenfalls ja, Verhütung auch bei schwerwiegenden Gründen nie. Wenn man sich für die Kinder entscheidet, muß man sich auch gegen die Kriege entscheiden. Sonst entscheidet man sich nämlich für Kinder für den Krieg.

Und wer die Sorge für fiktive Kinder derart weit treibt, daß er unter keinen Umständen bei keinem „noch so schwerwiegenden Grund“ die Verhütung gestattet, der sollte seine Sorge für die lebenden Kinder noch weiter treiben und für das Verbot aller Kriege eintreten, damit aus dem Motto jener Bischöfe und Kardinäle: weil Krieg, darum Kinder, endlich das wahrhaft christliche Motto wird: Weil Kinder, darum niemals mehr Krieg.

Vortrag am 11. 5. 1982 bei den Ruhrfestspielen Recklinghausen, Woche der Wissenschaft.

Christen und Kommunisten

Antwort auf eine oft gestellte Frage

Frage: Die zentrale Frage, die wir an Sie richten wollen: Befindet sich eigentlich der Christ noch in guter Gesellschaft, wenn er sich gemeinsam mit Kommunisten um den Frieden bemüht?

Antwort: Ja, das ist meines Erachtens eine grundsätzliche und wichtige Frage, ob die Christen die Meinung vertreten können, daß man nur von ihnen lernen kann, was wahrer Friede ist, oder ob solche zentralen Dinge menschlichen Zusammenlebens auch von Andersdenkenden genau so gut realisiert werden können. Man hat ja manchmal den Eindruck, als ob die Christen einen gewissen Hochmut entwickelten und sich allein für die großen Pädagogen der Menschheit hielten, sozusagen für das Licht derer, die ohne sie im Finstern sitzen. Ich bin der Meinung, daß die Christen sich da überschätzen, daß z.B. der Friede, den Andersdenkende erstreben, wahrer Friede sein kann, oder, um ein anderes zentrales christliches Wort menschlichen Zusammenlebens zu nennen, daß die Liebe zum Nächsten auch von Nichtchristen, von Atheisten, von Kommunisten vorbildlich erfüllt werden kann.

Frage: Ist das Ihre persönliche Auslegung, oder können sie sich da auf Autoritäten berufen?

Antwort: Oh ja kann ich das. Im Neuen Testament gibt es eine Geschichte, die diese Frage betrifft. Jemand fragt Jesus: Was soll ich tun, um das ewige Leben zu erlangen? Jesus antwortet: Du sollst deinen Nächsten lieben wie dich selbst. Der Fragesteller fragt weiter: Wer ist denn mein Nächster? Da erzählt Jesus eine Geschichte, die damals die Hörer schockierte, die uns heute nicht mehr schockiert, denn inzwischen hat der Mann, von dem sie handelt, sozusagen das christliche Parteiabzeichen bekommen.

Frage: Können Sie die Geschichte mal ganz kurz schildern?

Antwort: Ja, also, Jesus erzählt: ein Mann ging von Jerusalem nach Jericho und fiel unter die Räuber. Die schlugen ihn zusammen und ließen ihn halbtot liegen. Zufällig kommt ein Priester vorbei, aber er geht vorbei und hilft nicht. Ebenso ein Levit (das ist auch ein Kleriker). Schließlich kam ein Samariter, der half ihm. Und bezahlte sogar noch die Pflegekosten in der Herberge, wo er ihn hinbrachte. Und Jesus sagt zum Schluß zu dem Fragesteller: Geh hin und handle wie er! Das heißt mit anderen Worten: Handle also wie dieser Samariter. Das Schockierende dieser Geschichte empfinden wir ja längst nicht mehr, denn inzwischen hat man den Samariter eingemeindet, ist er einer von uns geworden, und sogar christliche Wohltätigkeitsvereine tragen häufig seinen Namen. Aber damals war das äußerst anstößig für die Hörer, das Beispiel ausgerechnet eines Samariters befolgen zu sollen. Denn es bestanden jahrhundertelang ständige Feindseligkeiten zwischen Juden und dem benachbarten jüdisch-heidnischen Mischvolk der Samariter. „Samariter", das war ein ganz starkes jüdisches Schimpfwort. Der Haß der Juden gegen diese Samariter war stärker als der Haß der Juden gegen alle anderen Feinde zusammen.

Wissen Sie, wenn Jesus die Geschichte andersherum erzählt hätte, also so: Ein Samariter ging von Jerusalem nach Jericho und fiel unter die Räuber, und ein jüdischer Priester oder ein jüdischer Levit kam vorbei und half ihm, dann hätten alle Hörer diese Geschichte dankbar aufgenommen, denn von der eigenen Wohltätigkeit selbst gegenüber dem miesesten, minderwertigsten Typ hört man ja immer gern und voll Rührung reden. Also ein erbärmlicher Samariter auf der einen Seite und ein sich erbarmender Jude auf der anderen, das wäre passend gewesen. Als Wohltätigkeitsempfänger wäre der Samariter tolerierbar, aber als vorbildlicher Täter des Erbarmens zerbricht er die Vorstellungen, die ein Frommer von sich selbst hat. Also: Handle *an* dem Samariter, hätte Jesus sagen können, aber doch nicht: handle *wie* der Samariter. Oder auch so: Handle *an* dem Kommunisten, das läßt sich ein Christ gern sagen. Aber: Handle *wie* die Kommunisten? Das geht gegen ein weitverbreitetes christliches Selbstverständnis.

Frage: In der Geschichte gehen der Priester und der Levit vorüber. Das läßt sich wahrscheinlich ebenfalls interpretieren?

Antwort: Ja, das hat auch was zu bedeuten. Für alle Zeiten wird ja in dieser Geschichte das Vorbild eines Mannes, den man wegen seiner Weltanschauung und seines falsches Gottesglaubens haßte, hervorgehoben. Und nicht nur das. Es kann also durchaus sein, meint Jesus, daß die Vertreter der Kirche – der Priester, der Levit, der Bischof usw. – sich nicht als der Nächste erweisen und nicht helfen, vorübergehen, daß aber die, die der Kirche fernstehen, sich der Probleme der Menschen annehmen. Das bedeutet, daß ein Kommunist, der sich in Gesellschaft von Christen befindet, sich in schlechter Gesellschaft befinden kann, während umgekehrt ein Christ, der sich in Gesellschaft von Kommunisten befindet, sich in vorbildlicher Gesellschaft befinden kann. Lassen Sie mich noch was sagen: Sich für den Frieden immer und überall einzusetzen und mit jedem Friedenswilligen, und sei er ein Samariter oder ein Kommunist, zusammenzuarbeiten, ist meines Erachtens ein wesentlicher Teil christlicher Verantwortung. Und das 2. Vatikanische Konzil ruft ausdrücklich alle Christen dazu auf, sich mit allen wahrhaft friedliebenden Menschen zu vereinen, um den Frieden aufzubauen. Und ich glaube nicht, daß eine Regierung oder eine Partei berechtigt ist, diese christliche Verantwortung, in welcher Form auch immer sie geschieht, zu unterdrücken. Das verstößt meines Erachtens gegen die im Grundgesetz garantierte Religionsfreiheit.

Rundfunkinterview im „Morgenmagazin" des WDR Köln am 21. Mai 1977.

Frauen in der Männerkirche

Vortrag an der theologischen Fakultät der Universität Madrid

Der Papstbesuch am 15. November 1980 in Deutschland fand aus Anlaß des 700jährigen Jubiläums des am 15. November 1280 in Köln verstorbenen Albertus Magnus statt. Dieser Anlaß ist treffend gewählt, da ein Blick auf die Kirchengeschichte zeigt, daß die Kirche eine Männerkirche ist. Und hier begegnen sich zwei Kirchenmänner, von denen der eine wesentlich dazu beigetragen hat, daß sie es wurde, und der andere alles daran setzt, daß sie es gegen alle weibliche Aufweichung wieder wird. Albert hat in die Theologie eingeführt, was bis dahin nur eine verschrobene Biologie war, nämlich die Biologie des Aristoteles, und hat damit die Theologie, ich meine die christliche Theologie über die Frau, seinerseits verschroben gemacht. Durch seinen großen Schüler Thomas von Aquin († 1274) wurde seinen erstaunlichen Erkenntnissen über Jahrhunderte eine große Wirkung in Kirche und Gesellschaft zuteil. Diese naturwissenschaftlichen Erkenntnisse, die Albert, dem 1941 von Papst Pius XII. der Titel „Patron aller Naturwissenschaftler" zuteil wurde, von Aristoteles übernahm, sind folgende: die Frau ist ein defektes Wesen. Eigentlich will die Natur nur vollkommene Menschen, d.h. nur Männer hervorbringen, aber durch ungünstige Umstände wird sie daran gehindert, und es entstehen Frauen. Die Frauen sind eine Ersatzbildung der Natur infolge widriger Zufälle, wie z.B. feuchter Südwinde mit vielen Niederschlägen, durch die Menschen mit höherem Wassergehalt, eben Frauen entstehen. Die Frau ist also ein „mißglückter Mann" (mas occasionatus). Albert und Thomas lehren ferner, die Männer seien intelligenter, tugendhafter und edler als die Frauen, darum ist nach Thomas der Vater mehr zu lieben als die Mutter, und Albert meint, nur Männer könnten Wallfahrten „würdig" vollziehen.

Zur Entschuldigung von Albert kann man sagen, daß auch ohne ihn die Kirche eine Männerkirche geworden wäre, wenngleich die Sache durch Albert und Thomas zur vollkommenen Blüte gelangte, denn es gab in der Kirche noch mehr Kirchenmänner, z.B. Augustinus († 430), der abgesehen von dem, was er über die Frau, über die Ehe (er ist der geistige Vater der Pillenenzyklika) und über ungetaufte Kinder sagte, ein wirklich großer Theologe war. Augustinus fragte: In welchem Sinn war Eva für Adam hilfreich? Und antwortete: „Wenn die Frau nicht zur Hilfe des Kindergebärens dem Mann gegeben ist, zu welcher Hilfe dann? Etwa, damit sie zusammen die Erde bearbeiten? Wenn dazu eine Hilfe notwendig gewesen wäre, so wäre der Mann dem Mann eine bessere Hilfe. Das gleiche gilt vom Trost in der Einsamkeit. Wieviel angenehmer für das Leben und Gespräch ist es doch, wenn zwei Freunde zusammen wohnen, als wenn Mann und Frau beieinander wohnen!" Der Sinn der Frau ist also ausschließlich dieser: Hilfe zur Fortpflanzung zu sein. Mit den Kindern ist die Küche gegeben, und Kirche versteht sich von selbst. Augustinus ist der geniale Erfinder der drei K. Daß die Frau an den Kochtopf gehört, ist bis heute die primäre theologische Reflexion über die Frau seitens der kirchlichen Hierarchie.

Uralte Ängste vor Blut ließen die Menschheit, wahrscheinlich die Männer, auf die Idee der Unreinheit der Frau kommen. Die Unreinheit der Frau ist für das christliche Mittelalter primär im Alten Testament begründet. 40 Tage nach der Geburt eines Sohnes, 80 Tage nach der Geburt einer Tochter ist die Frau unrein (3. Mose 12). So konnte auch Maria erst 40 Tage nach der Geburt Jesu wieder am Tempelgottesdienst teilnehmen, nachdem sie die für die Reinigung der Wöchnerin vorgeschriebenen Opfer darbringen ließ, in ihrem Fall (arme Wöchnerin) zwei Turteltauben oder zwei junge Tauben (Lukas 2, 22ff.). Nicht nur das Wöchnerinnenblut, sondern auch das Menstruationsblut macht unrein. 3. Mose 20, 18 heißt es: „Der Herr sprach zu Moses: Schläft ein Mann bei einer menstruierenden Frau, so sollen beide aus ihrem Volk ausgerottet werden".

Nur ganz nebenbei sei hier der Verdacht geäußert, daß dieses nicht Gott selbst, sondern Gott, wie der Mann ihn schuf, diktiert hat. Eine menstruierende Frau ist nach „Gottes" Bestimmung sieben Tage unrein. Und alles, was sie berührt, wird unrein, und jeder, der sie berührt, oder etwas von ihr Berührtes berührt oder etwas von dem Berührten Berührtes berührt, wird unrein (3. Mose 15, 19ff.). Huggucio († 1210), bedeutender Theologe seiner Zeit, bezeichnet den Verkehr mit der Menstrua als Todsünde, und Berthold von Regensburg († 1272), gefeiertster Prediger des 13. Jahrhunderts, macht die Strafe Gottes deutlich: „Alle Kinder, die in diesen Zeiten empfangen werden, an denen wirst du keine Freude haben. Denn es wird entweder behaftet mit dem Teufel, oder es wird aussätzig, ober es bekommt die fallende Sucht, oder es wird höckerig oder blind oder krumm oder stumm oder blödsinnig, oder es bekommt einen Kopf wie einen Schlegel." Ein uralter biologischer Irrtum, den nicht nur viele Juden und Christen, sondern auch Heiden vertraten, wie z.B. der Grzimek der Antike, Plinius, umgekommen 79 n.Chr. beim Ausbruch des Vesuvs, wird in die christliche Moraltheologie aufgenommen. Die Frage der Behinderten bekommt einen bedrückenden Aspekt.

Die regelmäßige oder weniger regelmäßige Unreinheit der Frau stand dem Heiligen und Reinen entgegen. Während der Unreinheit durfte sie den Tempel nicht betreten. Und im christlichen Mittelalter war die Vorstellung verbreitet, daß das Blut der Menstrua den Teufel anziehe. Eine Menstrua galt im Mittelalter als den reinen Geistern fern, den unreinen nahe. Ein Weg zu den Hexenverbrennungen war damit geebnet.

Die Dämonisierung des Geschlechtlichen, die dem Hexenwahn zugrunde liegt, ist im Grunde auch eine der Wurzeln des Pflichtzölibats. Nicht nur die Frau in ihrer Nähe zum Geschlechtlichen ist ein Gegensatz zum Heiligen, sondern auch der Geschlechtsverkehr mit ihr. Vor der Erscheinung Gottes am Sinai erhalten die Israeliten von Moses den Befehl: „Seid bereit für den dritten Tag, nähert euch keinem Weibe." (2. Mose 19,15). Gott nahe und einer Frau fern zu sein ist ansatzweise im Judentum, vollendet aber im christlichen Zölibat verwirklicht. Der Pflichtzölibat ist eines der Hauptanliegen von Papst Johannes Paul II. Er nennt den Pflichtzölibat apostolische Lehre. Offenbar ist hier ein Mißverständnis passiert. Die Apostel waren alle verheiratet. Es ist interessant, einmal zu verfolgen, wie in der Übersetzung und Interpretation des Neuen Testaments aus den Ehefrauen der Apostel im Laufe der Jahrhunderte eine Art Haushälterinnen wurden, weil man bemüht war, die Apostel immer mehr als ehelose Zölibatäre erscheinen zu lassen, bis schließlich Papst Johannes Paul II. Gründonnerstag 1979 sie auch zu Predigern und Lehrern des Pflichtzölibats erhob.

Apostolische Lehre ist nicht die Lehre vom Pflichtzölibat der Priester. Apostolische Lehre ist im Gegenteil die Lehre vom Recht aller kirchlichen Amtsträger auf Ehe. Paulus erklärt (1. Korintherbrief 9,5), daß sämtliche Apostel und Petrus, der immerhin als der erste Papst gilt, verheiratet seien und ihre Frauen auf den Missionsreisen mitnähmen. Er erklärt, daß er dieses Recht auch habe. Da die Frage der Priesterehe wesentlich beigetragen hat zur Abspaltung der Ostkirche (1054), in der zwar nicht die Bischöfe, aber doch die einfachen Priester verheiratet sind, und später der evangelischen Kirche (16. Jahrhundert), in der Pfarrer und Bischöfe verheiratet sind, ist es der Mühe wert, die Stelle 1. Korinther 9,5 eingehender zu betrachten, deren falsche Übersetzung seit 400 Jahren bewirkt, daß nicht jeder römisch-katholische Priesteranwärter sofort auf sein apostolisch verbrieftes Recht, verheiratet zu sein, stößt – vor allem dann nicht, wenn er zu wenig Griechisch kann. Die Stelle sagt: die Apostel haben das Recht, auf ihren Dienstreisen ihre Ehefrauen mitzunehmen. Petrus und die übrigen Apostel haben das auch getan. Wörtlich: „Haben wir etwa nicht das Recht, eine Schwester (gemeint ist eine Mitchristin) als Frau (= Ehefrau) auf den Reisen mitzunehmen ... wie die übrigen Apostel und Petrus?" Aus dem Recht der Apostel, eine Schwester als Ehefrau mitzunehmen, wird langsam das Recht, eine Frau als helfende Schwester mitzuführen. Indem man nämlich 1.) zunächst nicht mehr Ehefrau, sondern nur noch Frau übersetzt und indem man 2.) ab 1592 schließlich die beiden Wörter eine „Schwester als Frau" umstellt und „eine Frau als Schwester" daraus macht und damit jede Spur von Ehefrauen verwischt. Hieronymus, († 420), der Vater der lateinischen Bibelübersetzung (Vulgata) und hervorragende Philologe, übersetzt 383 noch richtig mit uxor (eindeutig = „Ehefrau"). Nach 385 aber zieht er das Wort mulier vor, das sowohl Ehefrau als auch irgendeine Frau bedeutet und übersetzt: die Apostel hatten das Recht, sich von einer „Schwester als Frau" (mulier) begleiten zu lassen. Hieronymus war nämlich inzwischen der Meinung, es handele sich um dienende Frauen und nicht um Ehefrauen. Sein Meinungsumschwung erfolgte durch einen Brief des Papstes Siricius, der 385 an den spanischen Bischof von Tarragona schrieb, er fände es „Unzucht", ja „Verbrechen", wenn die Priester nach ihrer Weihe noch mit ihren Frauen verkehrten und Kinder zeugten. (Im Anfangsstadium der Zölibatsentwicklung nämlich waren die meisten Priester noch verheiratet, aber durften nicht mehr mit ihren Frauen verkehren, erst seit 1139 konnten die Priester nicht mehr heiraten.) Völlig ihres Sinnes beraubt durch Umstellung der Worte wird dann die Stelle 1. Korinther 9,5, die gegen den Pflichtzölibat spricht, seit 1592. Jetzt haben die Apostel nur noch das Recht, sich von „einer Frau (mulier) als Schwester" (gemeint ist als dienender Schwester) begleiten zu lassen. Es handelt sich um die offizielle Ausgabe der lateinischen Bibel, der Vulgata Clementina, wie sie in der katholischen Kirche im allgemeinen Gebrauch ist. 1592 wurde nämlich, entgegen dem griechischen Urtext, entgegen der richtigen Reihenfolge bei Hieronymus (Schwester als Frau), entgegen auch 28 Vulgatahandschriften, in denen die richtige Reihenfolge stand, aufgrund von zwei weniger wertvollen Vulgatahandschriften, in denen der griechische Urtext so sinnentstellend in falscher Reihenfolge übersetzt war (Frau als Schwester), die Stelle 1. Korinther 9,5 über das Recht der Apostel, ihre Ehefrauen mitzunehmen, total entstellt und unschädlich gemacht (siehe H. J. Vogels: Pflichtzölibat, München 1978).

Es gibt noch andere Stellen, die beweisen, daß der Pflichtzölibat nicht apostolische Lehre ist, z. B. 1. Timotheus 3,2 und Titus 1,6 heißt es, der Bischof solle „Mann einer Frau sein" (gemeint ist, er soll nicht zum zweiten Mal verheiratet sein). Aber diese Stellen sind bei den Verteidigern des Zölibats nicht besonders beliebt, wie sie auch die Schwiegermutter des Petrus nicht besonders schätzen (Markus 1,30). Sie konzentrieren sich vielmehr auf zwei andere Stellen, die ihnen günstiger scheinen. Erstens: Paulus spricht 1. Korinther 7 von der größeren Ungeteiltheit des Unverheirateten für den Herrn. Aber das kann man nicht zur Stütze des Pflichtzölibats machen. Von seinem *Recht,* seine Frau auf den Missionsreisen mitzunehmen, spricht er ja ausdrücklich 1. Korinther 9,5 der Stelle, die man unschädlich gemacht hat durch Vertauschung der Worte Frau und Schwester.

Die zweite Stelle ist ein Wort Jesu. Jesus spricht hier zwar nicht vom Zölibat, aber man hat diese Stelle auf Zölibat umfrisiert, sie ist zum Lieblingswort aller Verteidiger des Zölibats geworden. Sie steht Matthäus 19. Man braucht aber nur das Thema zu beachten, das Jesus gestellt wird, um zu wissen, wovon er in seiner Antwort redet. Er wurde nicht nach dem Zölibat gefragt und redet demgemäß auch nicht davon. Er wurde von den Pharisäern über die Ehescheidung befragt, und er stellt eine für die damalige Zeit, wo ein Mann seine Frau schon wegen eines angebrannten Essens entlassen konnte (so der Rabbi Hillel), unerhörte These auf. Er sagt: Wer seine Frau entläßt und eine andere heiratet, der ist ein Ehebrecher. Auch die Jünger protestieren gegen diese neue Lehre. Und Jesus sagt: Nicht alle fassen dieses Wort. Er fügt hinzu: Es gibt eine Selbst-Kastration um des Himmelreiches willen. Gemeint ist, da dieser (selbstverständlich bildlich zu verstehende) Satz durch grammatische Verknüpfung (das Wörtchen „denn") mit der vorausgehenden Ehescheidungsdebatte in unmittelbarem Zusammenhang steht: der freiwillige Verzicht auf die zweite Ehe, auf den Ehebruch. Die Worte „Ehelose" oder „Eheunfähige" sind ebenso falsch wie häufige Übersetzungen des griechischen Wortes eunuchoi. Letztere Übersetzung war vor allem die Folge einer päpstlichen Fehlentscheidung bezüglich der Eheunfähigkeit von Eunuchen aus dem Jahre 1587 durch Sixtus V., die erst 1977 korrigiert wurde. Zugegeben, als Wort von der psychischen Selbst-Kastration in bezug auf Ehebruch und Wiederheirat ist ein Wort, das viele, nicht nur die Jünger, fassungslos macht und von dem Jesus selbst sagt: „Wer es fassen kann, der fasse es". Aber wie immer man sich dazu stellen mag, ob man nun zu denen gehört, die es fassen oder nicht, es handelt nicht von der Ehelosigkeit oder Eheunfähigkeit, sondern vom Verzicht auf den Ehebruch und hat darum mit Zölibatspflicht nicht das geringste zu tun.

Ein kurzer historischer Überblick über die Verdrängung der Ehefrauen der kirchlichen Amtsträger zeigt folgendes: Anfang des 4. Jahrhunderts bestimmt die spanische Synode von Elvira, „daß den Bischöfen, Priestern und Diakonen sowie allen Klerikern, die den Altardienst versehen, zu befehlen sei, sich des ehelichen Verkehrs mit ihren Ehefrauen zu enthalten." Als kurz darauf das erste allgemeine Konzil in Nicäa 325 ein entsprechendes Gesetz, wie es für den Westen die Synode von Elvira getan hatte, auch für den Osten erlassen wollte, erhob sich der ägyptische Bischof Paphnutios, selber ehelos, ein Mann von hohem Ansehen, der während der Christenverfolgung unter dem Kaiser Diokletian ein Auge und eine Kniesehne verloren hatte, und sagte, man solle den Geistlichen kein zu hohes Joch auferlegen, denn die Ehe sei etwas Ehrwürdiges. Es genüge, wenn der, welcher unverheiratet in den Klerus eintritt, keine Ehe schließe, aber man solle keinen Geistlichen von der Frau trennen, die er früher, als er noch Laie war, geheiratet hat. So ist bis heute die Praxis der Ostkirche. Und die Frage der Priesterehe spielte eine Rolle bei der großen Spaltung 1054 zwischen Ostkirche und Westkirche. Kardinal Humbert, der 1054 als päpstlicher Legat die päpstliche Delegation nach Byzanz leitete und am 16. Juli 1054 den Bannfluch über die Ostkirche aussprach, bezeichnet den Unterschied in diesem Punkt zwischen Rom und Byzanz so: „Junge Ehemänner, soeben von fleischlicher Lust erschöpft, dienen am Altar. Und unmittelbar danach umarmen sie mit ihren vom unbefleckten Leib Christi geheiligten Händen wieder ihre Frauen. Das ist nicht das Kennzeichen eines wahren Glaubens, sondern eine Erfindung Satans.“ In der lateinischen Kirche werde nur der zum Priester geweiht, der vorher Enthaltsamkeit versprach, sagte der Kardinal.

Im Westen verlief die Entwicklung nämlich härter. Bonifatius, der sogenannte Apostel der Deutschen, betrachtet den Kampf gegen den verheirateten Klerus seiner Zeit als seine Hauptaufgabe, und seitdem bleibt die Einschärfung des Priesterzölibats das Kernstück jeder kirchlichen Reformbewegung. Den Kindern der Kleriker wurde von Papst Benedikt VIII. († 1024) jedes Erbrecht abgesprochen, und sie wurden zu „Hörigen der Kirche“ erklärt. Ersteres als Maßnahme zur Erhaltung des Kirchenguts nicht ohne jede Berechtigung. Eine Synode 1280 von Köln untersagte den Priestern, an Hochzeit oder Beerdigung ihrer Kinder teilzunehmen. Papst Leo IX. († 1054) ging noch weiter: er ließ die Frauen der Priester für den Lateran-Palast versklaven. Papst Urban II. erteilte auf der Synode von Melfi 1089 den weltlichen Fürsten das Recht, die Frauen der Kleriker in Leibeigenschaft zu nehmen. Übertretungen des Zölibats wurden häufig mit Geldstrafen belegt. Der Bischof von Konstanz, Hugo von Landenberg, bezog 1521 für sein Bistum für die jährlich etwa 1500 zur Welt kommenden Pfaffenkinder an die 6000 Gulden Strafgelder. Und so spielte die Frage der Priesterehe für die Ausbreitung der Reformation Luthers eine nicht geringe Rolle: viele wurden Protestanten aus Sparsamkeit, wie z.B. der katholische Pfarrer Samuel Frick von Maienfeld, der von 1515–1521 für seine sieben Kinder immer pünktlich seine Gebühren an den Bischof zahlte, bis er evangelisch wurde. Das war für ihn wie für viele ein ökonomischer Gewinn. Ob einer evangelisch oder katholisch war, konnten die Visitatoren (kirchliche Kontrolleure) daraus schließen, ob ein Pfarrer das in seinem Haus befindliche weibliche Wesen als uxor (= Ehefrau) oder als famula (= Dienstmädchen) bezeichnete. Uxor oder famula, Ehefrau oder Putzfrau, wurden zu Stichworten konfessioneller Unterscheidung. Und in diesem Konfessionsbildungs- und Rollenfindungsprozeß bestand der ganze Unterschied zunächst manchmal nur darin, daß der eine seine Ehefrau als Putzfrau (katholischer Pfarrer) und der andere seine Putzfrau als Ehefrau (evangelischer Pfarrer) deklarierte.

Aber es gab viele katholische Priester, die sich auch nach der Reformation noch als verheiratet betrachteten. Man ging jedoch schließlich mit brutaler Gewalt vor. Im 17. Jahrhundert ließ z. B. Erzbischof Ferdinand von Bayern die armen Priesterfrauen ins Gefängnis werfen oder außer Landes verweisen.

Daß die Frage der Priesterehe bei der Abspaltung der Ostkirche 1054 eine entscheidende Rolle gespielt hat und daß sie auch für Luther eine entscheidende Rolle zu spielen beginnt, betont Luther in seiner Schrift: „An den christlichen Adel deutscher Nation" 1520: „Da ist nun der römische Stuhl aus eigenem Frevel darauf verfallen, dem Priesterstand zu verbieten, ehelich zu sein. Das hat ihnen der Teufel befohlen, wie St. Paulus 1. Tim. 4. verkündet. ‚Es werden kommen Lehrer, die Teufelslehren bringen und verbieten, zu heiraten.' Dadurch ist viel Jammer geschehen und das ist Ursache gewesen dafür, daß die griechische Kirche sich absonderte. Ich rate, man lasse einem jeden seine Freiheit, ehelich oder nicht ehelich zu sein." Und in seiner Schrift „Von der babylonischen Gefangenschaft der Kirche" 1520 schreibt er: „Ich weiß, daß Paulus gebietet: ‚ein Bischof soll eines Weibes Mann sein'. Darum lassen wir all diese verfluchten Menschensatzungen fallen, die allein zu Vermehrung großer Gefahr, zur Sünde und Bosheit in die Kirche eingeschlichen sind... Warum sollte mir meine Freiheit genommen werden durch einen fremden Aberglauben und Unwissenheit?" Und schließlich in den Schmalkaldischen Artikeln von 1537 meint er: „Daß sie die Ehe verboten und den göttlichen Stand der Priester mit der Forderung dauernder Ehelosigkeit belastet haben, dazu haben sie weder Fug noch Recht gehabt, sondern sie haben damit als antichristliche, tyrannische, heillose Schufte gehandelt und Anlaß gegeben zu allen Arten von erschreckenden und grauenvollen und unzähligen Keuschheitssünden, in welchen sie denn auch heute noch stecken. So wenig nun uns oder ihnen die Macht gegeben ist, aus einem männlichen ein weibliches Wesen, oder aus einem weiblichen ein männliches zu machen, so wenig haben sie auch die Macht gehabt, diese Geschöpfe Gottes zu scheiden oder zu verbieten, ehrlich und ehelich beieinander zu wohnen. Darum wollen wir in ihren leidigen Zölibat nicht einwilligen, ihn auch nicht dulden, sondern wollen die Ehe freigegeben wissen, wie Gott sie angeordnet und gestiftet hat. Denn St. Paulus sagt 1. Tim 4, es sei eine teuflische Lehre."

Über seine eigene Ehe mit der Nonne Katharina von Bora sagt Luther in den Tischreden: „Durch Gottes Gnade ist mir eine über die Maßen glückliche Ehe zuteil geworden. Ich habe ein treues Weib nach dem Spruch Salomos: Ihres Mannes Herz darf sich auf sie verlassen. (Sprüche 31) Ach lieber Gott, die Ehe ist nicht etwas Natürliches oder Leibliches, sondern sie ist ein Gottesgeschenk, das süßeste, ja das keuscheste Leben, über allem Zölibat."

Ähnlich wie gegen den Zölibat wendet sich Luther gegen die Mönchsgelübde der Ehelosigkeit. Zu welchen Wirren diese reformatorische Auffassung führte, sei an dem Beispiel der Augustinernonnen des Klosters Lacock in England gezeigt. Das Kloster wurde im 13. Jahrhundert gegründet und 1539 wurde Lacock als eines der letzten Klöster von Heinrich VIII. aufgelöst. Das Kloster wurde an William Sherrington, Gentleman in der Hofhaltung Heinrich VIII., verkauft und ist bis heute im Besitz dieser Familie. Die Augustinerchorfrauen wurden von Heinrich zunächst nach Hause geschickt. Doch Heinrich – hierin noch ganz in der katholischen Tradition verhaftet – bestand darauf, daß keine englische Nonne heiraten durfte. Von den neumodischen lutheranischen Ideen aus Deutschland wollte er nichts wissen. Dann aber, unter seinem Sohn Eduard VI., wurde England entschiedener protestantisch. Die Nonnen durften heiraten und viele taten das auch. Aber kurz darauf saß Mary, die Tochter Heinrichs aus seiner ersten Ehe mit Katharina von Aragon, auf dem Thron. Und Mary war katholisch. Die Nonnen, die inzwischen geheiratet hatten, mußten nun hören, daß sie in Todsünde lebten. Man befahl ihnen, schnellstens ihre Nonnengewänder wieder anzulegen. Tatsächlich war das alles, was sie tun konnten. Denn selbst Königin Mary wollte es nicht gelingen, William Sherington aus dem schönen Bau, für den er viel Geld bezahlt hatte, wieder herauszuholen. Dann kam schließlich als drittes Kind Heinrichs Elisabeth auf den Thron. Sie entschied, die Nonnen seien legal verheiratete Frauen. Wir wissen nur von einer Nonne, der es gelang, ihren Ehemann wiederzufinden und das Eheleben wieder aufzunehmen, das durch die Gegenreformation unterbrochen worden war.

Ist in der katholischen Tradition die Ehe mit einer Frau für einen Priester unvereinbar mit seinem heiligen Dienst, so ist erst recht die Frau selbst für einen solchen Dienst ungeeignet. Die Priesterin wäre vergleichsweise ein noch größerer Greuel als die Priesterfrau. Für Luther ist die Priesterfrau, auf deutsch Pfarrfrau, eine anerkannte und hochgepriesene Persönlichkeit. Aber auch für ihn ist das Problem der Priesterin, der Pfarrerin, noch vollkommen außer

Reichweite. Erst in unserem Jahrhundert gibt es Pfarrerinnen und weibliche Universitätsprofessorinnen der evangelischen Theologie. Auch in der evangelischen Kirche haben die Frauen in ihrer Emanzipation es nicht leicht gehabt und immer noch schwer. Viel schwerer jedoch, ja am allerschwersten haben es die Frauen in der katholischen Kirche. Die Frau gehört nicht an den Altar, sondern in eine angemessene Entfernung vom Altar. Nachdem in den letzten Jahren die kirchlichen Sitten so weit heruntergekommen waren, daß es sogar schon Meßdienerinnen gab, stehen wir jetzt in einer Phase kirchlicher Erneuerung, d.h. Frauenfeindlichkeit, wie solche Phasen immer wieder in der westlichen Kirchengeschichte schubweise zu beobachten waren. Die Meßdienerinnen haben zu verschwinden und waren spätestens beim Papstbesuch 1980 alle verschwunden.

Papst Johannes Paul II. hat 1980 die Einhaltung einer Instruktion mit dem Namen „Das unschätzbare Geschenk" angeordnet, in der es heißt: „Frauen sind nicht die Funktionen eines Meßdieners gestattet". Begründet wird das nicht. Für Männer mag das ja genügen, aber als Frau wird man ja mal fragen dürfen: Wieso? Der Grund für diese römische Bescherung liegt jedenfalls nicht im Neuen Testament. Und wenn das Verbot der Meßdienerinnen auch wieder eine apostolische Forderung sein soll, so würde auch hier ein Mißverständnis vorliegen, denn zur Zeit des Neuen Testaments hatten die Frauen noch Ämter in der Kirche. Allerdings hatte Jesus, der ein Freund der Frauen war – manchmal sollte man denken, der erste und zugleich letzte Freund der Frauen in der Kirche – schon zu kämpfen gegen frauenfeindliche Tendenzen der damaligen jüdischen und heidnischen Umwelt. Und in den folgenden Jahrhunderten haben diese Tendenzen immer mehr auf das Christentum abgefärbt. Jesus selbst erregte Aufsehen dadurch, daß in seiner Umgebung „viele Frauen" waren (Lukas 8,3), was für einen jüdischen Gesetzeslehrer, einen Rabbi, absolut unpassend und ohne Beispiel in der Zeitgeschichte war. Er hatte durchaus nicht nur zwölf Jünger, sondern viele Jüngerinnen, darunter Damen der Gesellschaft, wie Johanna, die Frau eines hohen Beamten des Herodes. Man würde diese Frauen heute Emanzen nennen, weil sie die herkömmliche Rolle der Frau nicht akzeptierten. Zu Jesu Zeiten war es ja so: Schon wenn eine Frau mit einem Mann auf der Straße sprach, konnte sie von ihrem Mann ohne Auszahlung der Hochzeitsverschreibung (das entspricht etwa unserem Versorgungsausgleich) verstoßen werden. Und umgekehrt: es galt als

Schimpf für einen Gelehrtenschüler (= Jünger), erst recht für einen Rabbi, mit einer Frau auf der Straße zu sprechen. Diese Frauen um Jesus, seine Jüngerinnen, waren nicht passive Hörerinnen. Frauen zuerst gab Jesus nach seinem Tod den Auftrag, seine Auferstehung den anderen Jüngern zu verkünden. Lukas 24,9 heißt es: „Sie, die Frauen, verkündeten dies alles den elfen und allen übrigen." Das ist keine bloße private Information, das für „verkündeten" verwendete griechische Wort apaggellein hat einen offiziellen Charakter.

Frauen waren aktiv bei der Ausbreitung der jungen Kirche beteiligt. Paulus berichtet 1. Kor. 11,5, daß Frauen genau wie Männer im Gottesdienst predigten. Es wird dort vom Prophezeien der Frauen im Gottesdienst geredet. Prophezeien meint bei Paulus einen Akt der offiziellen Verkündigung, den man am besten mit Predigen übersetzt. Frauen, z.B. Phöbe, waren Diakone (Römer 16,1 f.). Diakon einer Gemeinde nennt Paulus sich auch selbst (Kol. 1, 25). Zu einem Dienst des Diakons gehört nach Kol. 1,28 das Lehren. Röm. 16,3 wird Prisca „Mitarbeiterin in Christus" genannt, diese Bezeichnung hat bei Paulus immer die Qualität einer besonderen amtlichen Autorität. Der amtliche Dienst in der Gemeinde wird 1. Kor. 16,16 mit „sich mühen" bezeichnet. Röm. 16,12 werden drei Frauen genannt, „die sich mühten im Herrn". 1. Thessal. 5,12 werden die, die sich mühen, mit den Vorstehern gleichgesetzt.

Eine Frau, Junia, wird von Paulus als „hervorragend unter den Aposteln" bezeichnet (Röm. 16,7). Inzwischen wurde Junia durch transsexuelle Manipulation zum Mann Junias umfunktioniert. Aber die alte Kirche wußte es noch besser. Chrysostomus († 407), der große Kirchenlehrer der morgen- und abendländischen Kirche, schreibt: „Was muß das für eine erleuchtete Tüchtigkeit dieser Frau gewesen sein, daß sie des Titels eines Apostels würdig erachtet wurde, ja sogar unter den Aposteln hervorragend war". Aber all das hat man in der von Männern beherrschten Kirche längst vergessen.

Der weiteren Zukunft kann man nur mit Pessimismus entgegensehen. Die kleinen Meßdienerinnen, die allein durch ihr Dasein die Männerkirche menschlicher machten, stehen auf verlorenem Posten. Sie können nicht kämpfen, sie können sich nicht wehren, sie werden vom männlichen Stiefel zertreten. Abschließend läßt sich sagen, daß manche Frauen unter den Kirchenmännern viel zu leiden hatten. Aber die Kirchenmänner sind ein Teil dieser Welt. Und was es in der Welt an Männlichkeitswahn und männlicher Dummheit gibt, gibt es vermehrt in der Kirche und wird hier noch religiös überhöht als angeblich gottgewollte Ordnung. Allen Frauen, die leiden, und allen Frauen, die lachen, sei aber gesagt, daß durch den trüben Glanz klerikaler Glorie hindurch die Nähe des eigentlichen Herrn dieser Kirche eben in dieser Kirche deutlich werden kann, wenn man sie sehen will. Und dieser Herr ist hinter allen Herren der Kirche der Trost aller Frauen für immer.

Vortrag in der Universität Madrid am 14.11.1983, erschienen auf Spanisch in der „Revista Agustiniana", 75, Madrid 1983

Fromme Menschenjäger

Vor 500 Jahren rief Papst Innozenz VIII. zur Hexenverfolgung

„Nicht ohne große Kümmernis kam uns neulich zu Ohren, daß in einigen Teilen Oberdeutschlands und ebenso in den Provinzen, Städten, Ländern, Ortschaften und Diözesen von Mainz, Köln, Trier und Salzburg eine große Anzahl von Personen beiderlei Geschlechts, des eigenen Heils uneingedenk und vom katholischen Glauben abfallend, mit den Teufeln in Männer- oder Frauengestalt Unzucht treiben und mit ihren Zaubersprüchen und Beschwörungen und anderen abscheulichen Hexenkünsten, Verbrechen und Lastern die Geburten der Frauen sowie die Leibesfrucht der Tiere töten, die Saaten der Felder, die Trauben der Weinberge und die Früchte der Bäume zugrunde richten, Männer, Frauen und Tiere mit entsetzlichen inneren und äußeren Plagen peinigen, bei den Männern verhindern, daß sie zeugen, und bei den Frauen, daß sie empfangen, ferner bewirken, daß die Männer den Frauen und die Frauen den Männern den ehelichen Verkehr nicht leisten können" (HH S. XXXVII).

So beginnt nach den einleitenden Formeln der Text der Hexenbulle, die heute vor 500 Jahren, am 5. Dezember 1484, von Papst Innozenz VIII. zur „Bekämpfung des ketzerischen Unwesens in Deutschland" erlassen wurde (HH S. XXXVIII).

Innozenz VIII. war im selben Jahr 52jährig Papst geworden. Das verdankte er seinem Gönner, Kardinal Giuliano della Rovere, der mit Bestechung bei der Papstwahl nachgeholfen hatte. Über den Charakter Innozenz VIII. schreibt der florentinische Gesandte im August 1484: „Er macht mehr den Eindruck eines Mannes, der von anderen sich beraten läßt als selber leitet". Gegenüber seinen Vorgängern fiel dieser Papst dadurch aus der Reihe, daß er sich öffentlich zu seinen unehelichen Kindern bekannte. Die Hochzeit seines Sohnes Franceschetto mit der Tochter des Lorenzo de Medici und die Hochzeit seiner Enkelin Battistina, der Tochter seiner unehelichen Tochter Teodorina, ließ er im Vatikan mit großer Prachtentfaltung begehen.

Was die Hexenbulle betrifft, so war der Anstoß dazu nicht in seinem eigenen Kopf entstanden. Motiviert hatten den Papst vielmehr zwei fromme Menschenjäger, zwei Dominikanermönche aus Deutschland: Heinrich Institoris (geboren 1430) und Jacob Sprenger (geboren 1436), letzterer Theologieprofessor in Köln. Diese beiden im Hexenwahn Befangenen hatten ihr tödliches Geschäft als Inquisitoren bisher nicht mit dem gewünschten Erfolg betreiben können. Der allgemeine Widerstand in Deutschland war zu groß. Sie wandten sich deswegen an den neuen Papst, und hier stießen sie auf einen Mann, der demselben Wahn verfallen war und sich sofort bereit fand, sie mit seiner ganzen Autorität zu unterstützen. Der Papst nennt die beiden in seiner Hexenbulle „meine geliebten Söhne“ und tritt dafür ein, daß nicht nur die Hexen bestraft werden, sondern daß die Strafe gegen alle (so wörtlich) „verschärft“ werden soll, gleichgültig welche „Würde, Ämter, Ehren, Vorzüge, Adelstitel, Hoheitsrechte oder Privilegien sie besitzen mögen“, die in irgendeiner Weise die Hexenprozesse der beiden „behindern, ihnen Widerstand leisten, oder gegen sie rebellieren“. Der Papst betont, daß der Protest gegen die Rechtmäßigkeit der Hexeninquisition der beiden von ihm geliebten Inquisitoren Institoris und Sprenger seinen Grund lediglich darin habe, daß, (wie er sagt) „einige Leute, Geistliche sowie Laien, mehr zu wissen beanspruchen, als ihnen zusteht“. (HH S. XL). Am Schluß der Bulle führt der Papst, um jeden Widerstand zu brechen, außer seiner eigenen päpstlichen Autorität die höchsten Autoritäten ins Feld, über die der Papst verfügt: „Es soll also gar keinem Menschen erlaubt sein, dieses Blatt unserer Verordnung, Bewilligung und unseres Befehls zu übertreten. Wenn aber jemand dieses sich zu erkühnen unternehmen würde, so soll er wissen, daß er den Zorn des allmächtigen Gottes und seiner heiligen Apostel Petrus und Paulus auf sich laden wird. Gegeben in Rom zu St. Peter im Jahr der Menschwerdung des Herrn eintausend vierhundert und vier und achtzig am 5. Dezember, im ersten Jahr unserer päpstlichen Regierung“ (HH S. XLI).

Papst Innozenz VIII. hat den Hexenwahn nicht erfunden – seine Bulle ist nur eine von 47 päpstlichen Erlassen gegen die Hexen innerhalb der Jahre 1258 bis 1526 gewesen. Aber er hat den Widerstand der Deutschen gegen die Prozesse gebrochen. Vor seiner Bulle fanden in Deutschland nur vereinzelte Hexenprozesse statt. Nach der Bulle hingegen nahm die Zahl der Hexenprozesse so ungeheuer zu, daß ca. 150 Jahre später der Jesuit Friedrich von

Spee, der trotz Gefahr, selbst verbrannt zu werden, gegen die Hexenprozesse eintritt, in seiner cautio criminalis 1630 berichtet, „daß es besonders in Deutschland allerorts von Scheiterhaufen raucht“ (CC S. 2). Friedrich von Spee sieht den Grund dafür, daß die Hexenprozesse besonders in Deutschland wüten, mehr als in allen anderen Ländern der Welt, bei „Jacob Sprenger und Heinrich Institoris, die seinerzeit vom Apostolischen Stuhl als Ketzerinquisitoren nach Deutschland geschickt worden sind“. Er fährt fort:

„Ich fange an zu fürchten, nein, es ist mir schon früher oft der angstvolle Gedanke gekommen, daß jene erwähnten Inquisitoren die ganze Unzahl von Hexen erst mit ihren sehr ausgeklügelten und weislich verteilten Foltern nach Deutschland hereingebracht haben“ (CC S. 108). Von dieser Methode der verteilten Folter wird noch die Rede sein.

Der Widerstand gegen die Hexenprozesse war allerdings trotz päpstlicher Hexenbulle nicht sofort und mit einem Schlag beendet. Das erfuhr Institoris, als er im Juli 1485 seine Vollmachten mit Hilfe der Hexenbulle in der Diözese Brixen geltend machen wollte. Er wurde zunächst von Bischof Georg Golser freundlich aufgenommen, die Hexenbulle wurde von den Kanzeln verkündet, und gegen sieben denunzierte Frauen begann im Oktober 1485 der Prozeß. Aber als Institoris Zwischenfragen über den Geschlechtsverkehr der Angeklagten mit dem Teufel stellte – ganz im Sinn des Papstes, der die Unzucht der Hexen mit dem Teufel an der Spitze ihrer Schandtaten aufzählt – da wurden diese Fragen vom bischöflichen Generalkommissar als nicht zur Sache gehörig zurückgewiesen, und Bischof Golser schrieb am Aschermittwoch 1486 an Institoris, er möge doch baldmöglichst die Diözese verlassen und in sein Kloster zurückkehren. Nachdem er ihn so aus der Stadt abgeschoben hatte, äußerte er sich über Institoris: „Mich verdrießt der Mönch. Er kam mir ganz senil und kindisch vor, als ich ihn hier in Brixen gehört habe“ (HH S. XVI). Institoris war damals 55 Jahre alt und hatte noch Jahrzehnte seiner Hexenjagd vor sich.

Ein Jahr nach der Hexenbulle, also 1485, begannen Institoris und Sprenger ihren berüchtigten „Hexenhammer“ zu schreiben, der 1487 veröffentlicht wurde. Sie verstanden dieses umfangreiche und chaotische Machwerk als Kommentar und Auslegung der Hexenbulle, als Gebrauchsanweisung und praktisches Handbuch für Hexeninquisitoren. Dieser Hexenhammer der vom Papst geliebten beiden Söhne ist die Ausgeburt geisteskranker Sexualneurose und Frauenverachtung. Die Kränkung und der Mißerfolg von Brixen, wo die sieben Hexen freigesprochen statt verbrannt wurden, veranlaßte die beiden, beträchtliche kriminelle Energie zur Propagierung ihres Hexenhammers zu entwickeln. Sie stellten ihm ein gefälschtes Gutachten der Kölner Fakultät als Vorwort voran, ein Vorwort, das sie allerdings in dem für Köln und Umgebung bestimmten Teil der Auflage wegfallen ließen. Die Hexenbulle des Papstes und dies gefälschte Gutachten der Kölner Fakultät bewirkten schließlich, daß der Hexenhammer, dieses traurigste Buch der Weltgeschichte, den Tod von Millionen Frauen vor allem in Deutschland zur Folge haben sollte.

Die grauenhafteste Bestimmung des Hexenhammers war die Einführung der erwähnten verteilten, d.h. der endlos wiederholten Folter. Nur dürfe man das nicht „Wiederholung der Folter“ nennen (die ungesetzlich war, solange nicht neue Beweise vorlagen), sondern müsse das als „Fortsetzung der Folter“ deklarieren. Und unter dieser Bezeichnung „Fortsetzung der Folter“ sei man dann in der Lage, die Folter endlos anzuwenden und auszudehnen, bis die Hexe schließlich gestanden habe. Diese Einführung der endlos wiederholten Folter, mit der sie über kurz oder lang alle Geständnisse erhalten konnten, fanden Institoris und Sprenger so überzeugend, daß sie erklärten, sie könnten, so wörtlich, „ohne Gefährdung des eigenen Heils nicht mehr mit der Inquisition aufhören“, da zwei Dinge sie ganz sicher gemacht hätten: erstens die Bulle des Papstes und zweitens die Geständnisse der Hexen.

Wegen dieser infamen Methode der Wiederholung der Folter weiß Friedrich von Spee 150 Jahre später nur noch einen einzigen bitteren Rat für die Hexen:

„Unglückliche, was hast du gehofft? Warum hast du dich nicht gleich beim ersten Betreten des Kerkers für schuldig erklärt... warum willst du den Tod so viele Male erleiden, wo du es nur einmal zu tun brauchst. Nimm meinen Rat an, erkläre dich noch vor aller Marter für schuldig und stirb. Entrinnen wirst du nicht. Das ist letztenendes die unselige Folge des frommen Eifers Deutschlands“ (CC 286).

Zu Beginn seiner Hexenbulle beklagt der Papst, die Hexen beiderlei Geschlechts trieben Unzucht mit den aufliegenden und den untenliegenden Teufeln. Gemeint sind Teufel in Männergestalt und Teufel in Frauengestalt. Hier liegt die theologische Standardvorstellung von der richtigen Lage beim Geschlechtsakt zugrunde, an die auch die Teufel sich halten: Männerteufel liegen oben, Weibteufel liegen unten, darum nennt auch der Papst die Teufel, mit denen die Hexen Unzucht treiben, kurz: „aufliegende" und „untenliegende".

Über die Unzucht einer Hexe mit einem aufliegenden Teufel beschreiben uns Institoris und Sprenger in ihrem Hexenhammer folgenden Fall, einen von vielen:

„Ähnliches ereignete sich in der Diözese Basel, auf dem Gute Buchel, nahe bei der Stadt Gewyll. Ein Weib, das endlich gefangen und eingeäschert worden, hatte sechs Jahre einen Teufel in Männergestalt im Bett gehabt, sogar an der Seite ihres schlafenden Ehemannes, und zwar dreimal in der Woche, am Sonntag, Dienstag und Freitag oder anderen noch heiligeren Zeiten. Sie hatte aber dem Teufel ihre Huldigung so dargebracht, daß sie ihm nach sieben Jahren mit Leib und Seele anheimgefallen wäre. In seiner Liebe rettete Gott sie jedoch: denn im sechsten Jahre eingefangen und dem Feuer übergeben, hat sie ein wahres und ganzes Geständnis abgelegt und wird wohl von Gott Verzeihung erlangt haben, denn sie ging gar willig in den Tod" (HH II, 41).

Daß der Papst in seiner Hexenbulle zwei wahnsinnige Sexualneurotiker zu Inquisitoren einsetzte, ist vor allem den Frauen schlecht bekommen. Die beiden halten sich in ihrem Hexenhammer immer wieder bei zwei Fragen auf: „Wieso es gerade in und bei dem Liebesakt dem Teufel erlaubt sei, Zauberei zu üben, mehr als bei anderen Handlungen des Menschen?" Die Antwort: „Wegen der Scheußlichkeit des Zeugungsaktes und weil durch ihn die Erbsünde auf alle Menschen übertragen wird." (HH I, S. 50, 108, 128, 136, 211; II, S. 12, 76) Und zweitens warum mehr Frauen Hexen sind als Männer. Antwort:

„Der Grund liegt in der Natur, weil das Weib fleischlicher gesinnt ist als der Mann, wie aus vielen fleischlichen Unflätigkeiten ersichtlich ist... Alles geschieht aus fleischlicher Begierde, die bei den Weibern unersättlich ist. Darum haben sie auch mit den Dämonen zu schaffen, um ihre Begierde zu stillen. Darum ist es kein Wunder, wenn es mehr Hexen als Hexer gibt. Gepriesen sei Gott, daß er das männliche Geschlecht bewahrte, da Gott im männlichen Geschlecht geboren werden wollte“ (HH 1. Teil S. 99 + 106).

Daß der Papst diese beiden Wahnsinnigen und Verbrecher zu Inquisitoren in Deutschland einsetzte, ist vor allem einer Frauengruppe schlecht bekommen, nämlich den Hebammen. Immer wieder berichten Institoris und Sprenger in ihrem Hexenhammer über – so wörtlich – „die Hexenhebammen, die alle anderen Hexen an Schandtaten übertreffen ... von denen es auch eine so große Zahl gibt, wie man aus ihren Geständnissen erfahren, daß kein Dörfchen existiert, wo derartige sich nicht finden ... Reuige Hexen haben uns und anderen oft gestanden: niemand schadet dem katholischen Glauben mehr als die Hebammen“ (HH I, S. 159; III S. 211 f.; vgl. II S. 30).

Den Hebammen wird besonders ihr Wissen um Empfängnisverhütung zum Verhängnis. Die Inquisitoren beschreiben ausführlich, „wie die Hexenhebammen die Empfängnis im Mutterleib auf verschiedene Weise verhindern“ (HH II 69 ff.). Das Thema Empfängnisverhütung war schon damals ein päpstliches Herzens- und Geistesanliegen und wird in der Hexenbulle als Hexenwerk ausdrücklich gebrandmarkt. In Köln wurden 1627 bis 1630 die Hebammen der Stadt nahezu ausgerottet. Jede dritte Frau der Hingerichteten war eine Hebamme. Unter dem Eindruck dieser Kölner Prozesse hat der Jesuit Friedrich von Spee, der viele Hexen zum Scheiterhaufen begleitete, einige Kapitel seiner berühmten „cautio criminalis“, seiner Warnung vor den Hexenprozessen, geschrieben.

Der Papst hat mit seiner Bulle nicht nur den Aberglauben der Deutschen befestigt, sondern ihnen auch eine Einnahmequelle für fromme Habgier erschlossen. Die Inquisitoren wurden nach der Kopfzahl der Verbrannten bezahlt. So war es möglich, dem Wahnsinn ein jahrhundertelanges Gedeihen zu sichern. Friedrich von Spee schreibt 1630, daß es überall im Volke heiße, „das schnellste und bequemste Mittel, reich zu werden, seien die Hexenverbrennungen“ (CC S. 54).

Ein Augenzeuge der Verbrennungen, Johannes Linden, Kanonikus der St. Simeonskirche in Trier, berichtet um 1580: „Notare und Schreiber wurden reich, der Scharfrichter ritt ein Vollblutpferd wie ein Edelmann vom Hof und trug Gold- und Silberborten, sein

Weib wetteiferte in prunkvoller Kleidung mit den vornehmen Damen". Zur gleichen Zeit berichtete die Trierer Stadtchronik, daß in einigen Orten der Diözese lediglich zwei Frauen nicht als Hexen verbrannt worden seien.

Die päpstliche Verkündigung des Aberglaubens wirkte sich auch auf den Protestantismus aus. Als die Hexenbulle Innozenz VIII. erschien, war Luther ein Jahr alt. Jahre später verkündete er, leider päpstlicher noch als der Papst: „Mit Hexen und Zauberinnen soll man keine Barmherzigkeit haben. Ich wollte sie selber verbrennen" (Tischreden). Und so wurden in Wittenberg genau wie allerorts in Deutschland die Hexen eingeäschert.

Gesendet in der Hörfunk-Reihe „Zeitzeichen" des Westdeutschen Rundfunks am 5. 12. 1984.

Literatur: Jacob Sprenger und Heinrich Institoris, Der Hexenhammer, dtv 1982, abgekürzt HH; Friedrich von Spee, Cautio Criminalis oder rechtliche Bedenken wegen der Hexenprozesse, dtv 1982, abgekürzt CC.

Die Frau als Blumentopf

Ehe und Eros im christlichen Abendland

Der verhängnisvolle Prozeß der Enterotisierung ehelicher Liebe wird im Abendland, in Europa durch Augustinus († 430) entscheidend vorwärtsgetrieben. Jedoch bereits in vorchristlicher Zeit finden sich im Heidentum und im Judentum Strömungen, die aus philosophischen Erwägungen und aszetischen Bestrebungen die Ehe beargwöhnten und den ehelichen Akt nur zur Zeugung gestatteten. Das stoische Ideal der apatheia (Leidenschaftslosigkeit) beschreibt z.B. Seneca († 65) in seiner Schrift „de matrimonio": „Der Weise läßt bei der Liebe zu seiner Gattin die Vernunft walten, nicht den Affekt. Er widerstrebt dem Ansturm der Leidenschaften ... nichts ist häßlicher, als die Gattin wie eine Dirne zu lieben". Oder: „Eine fremde Gattin zu lieben, ist immer schändlich. Schändlich ist es aber auch, die eigene über das Maß zu lieben". Das Maß ist die Kinderzeugung. So Seneca an seine Mutter Helvia: „Wenn du bedenkst, daß die Geschlechtslust dem Menschen nicht zum Vergnügen, sondern zur Fortpflanzung seines Geschlechts gegeben ist, so wird, wenn dich die Wollust nicht mit ihrem Gifthauch berührt hat, auch jede andere Begierde, ohne dich zu berühren, an dir vorübergehen." Vorbild solchen Verhaltens sind für die Stoiker die Tiere, die ihr geschlechtliches Verhalten nur vom Ziel der Nachkommenschaft leiten lassen.

Aber die Stoiker sind nur eine von mehreren Quellen des Sexualpessimismus, den Augustinus in das theologische Lehrgebäude einbaute. Männliche Homosexualität und Frauenmißachtung der alten Griechen, der Einbruch des Pessimismus durch die Gnosis kurz vor dem Erscheinen des Christentums in das spätantike Lebensgefühl wären als andere Quellen zu nennen. Gnostisch beeinflußt z.B. ist die Qumransekte am Toten Meer zur Zeit Jesu: „Deshalb nahmen sie nur solche Frauen, deren Fruchtbarkeit sie in dreijähriger Beobachtung festgestellt hatten, und den Gebrauch der Ehe schränkten sie auf die Zeugung ein. Mit Schwangeren verkehrten sie nicht mehr, um zu bekunden, daß sie nicht der Lust, sondern der Nachkommenschaft wegen geheiratet hatten" (Josephus, Der jüdische Krieg).

Obwohl in der Hl. Schrift nirgends ausgesagt wird, daß die Eheleute nur zum Zweck der Kindererzeugung verkehren sollten, (die drei Hauptstellen über die Ehe: Genesis 2, Epheser 5, 23ff. und 1 Kor. 7 erwähnen die Kindererzeugung nicht einmal) wird von Augustinus das Kind in den allesbeherrschenden Zielpunkt christlicher Ehe gestellt. Die Bedeutsamkeit der sexualethischen Ausführungen des Augustinus für die gesamte christliche Tradition liegt nicht darin, daß er die strengen Anweisungen vieler Kirchenväter vor ihm mit dem Gewicht seiner Autorität versieht, sondern darin, daß bei ihm diese Normen eingebaut werden in eine theologische Anthropologie. Er vollzieht damit die eigentliche Grundlegung des Sexualpessimismus, und seine Darlegungen wurden richtunggebend bis heute. Er ist gleichsam der Urheber der drei Verhütungsenzykliken unseres Jahrhunderts.

Vor seiner Bekehrung zum Christentum hatte Augustinus neun Jahre einer gnostisch gefärbten Sekte, dem Manichäismus, angehört. Der Pessimismus dieser Sekte äußerte sich z.B. in der Verweigerung, Kinder zu erzeugen. Die Manichäer ermahnten ihre Anhänger, für den Geschlechtsverkehr möglichst die empfängnisfreien Tage zu benutzen. Die empfängnisverhütende Methode, die von den Manichäern angewandt wurde, war der Gebrauch der sterilen Periode, wie sie von der griechischen Medizin bestimmt worden war und in unserem Jahrhundert durch Knaus-Ogino verfeinert werden sollte. Falsche Berechnung machte übrigens Augustinus im Alter von 18 Jahren zum Vater eines Sohnes Adeodatus (= von Gott gegeben), den er mit seiner Freundin erzeugte. Nach seiner Bekehrung und nachdem er nach zwölfjährigem Zusammenleben das Kind behielt und die Mutter (die ihm ewige Treue schwor) nach Afrika zurückgeschickt hatte, sah nun Augustinus den Sinn der Ehe ausschließlich in dem, was er als Manichäer sorgfältig zu vermeiden gesucht hatte: in der Kindererzeugung. Die später als Knaus-Ogino bekannte Methode verwirft er: Dadurch „sind Ehemänner schändliche Liebhaber, sind Ehefrauen Huren, Hochzeitsbetten sind Bordelle und Schwiegerväter Zuhälter". „Die Manichäer sind die Erzväter der Verhütung", meint er (gegen Faustus 15,7).

Interessant ist übrigens, wenn man mit diesen Zornausbrüchen die hymnisch begeisterten Ausführungen von Papst Johannes Paul II. in „familiaris consortio" von 1981 vergleicht (dem dritten Papstschreiben gegen Empfängnisverhütung in unserem Jahrhundert), in dem die von Augustinus als Zuhälter-Methode bezeichnete Zeitwahlmethode, die „Frauen zu Huren" macht, als „eine Annahme der Zeiten der Person, der Frau und damit der Annahme des Dialogs, der gegenseitigen Achtung, der gemeinsamen Verantwortung" als ein „die personale Liebe in ihrem Treueanspruch leben" aufgebläht wird und darum auch gar nicht mehr unter die Bezeichnung „empfängnisverhütende Methoden" fällt, von denen der Papst behauptet, daß sie „den Plan Gottes der Willkür ausliefern und die menschliche Sexualität manipulieren und erniedrigen" und „eine Verfälschung der inneren Wahrheit ehelicher Liebe" bedeuten. Während für Augustinus Verhütung Verhütung war, meint der Papst „es handelt sich um einen Unterschied, der größer und tiefer ist, als man gewöhnlich meint, und der letzten Endes mit zwei sich gegenseitig ausschließenden Vorstellungen von Person und menschlicher Sexualität verknüpft ist".

Der Fortschritt der gegenwärtigen Kirchenverlautbarungen gegenüber Augustinus sollte jedoch nicht der sein, daß mit komplizierten Spitzfindigkeiten eine der manipulativen Methoden gestattet und deswegen auf „natürlich" frisiert wird und „die Theologie den anthropologischen und gleichzeitig moralischen Unterschied erarbeiten und vertiefen" muß, „der zwischen der Empfängnisverhütung und dem Rückgriff auf die Zeitwahl besteht" (Johannes Paul II. in „familiaris consortio"), sondern, daß endlich die Methode der Verhütung dem Ermessen der Eheleute anheimgestellt wird.

Das Verbot der Empfängnisverhütung ist jedoch nur ein Symptom für eine erosfeindliche kirchliche Eheauffassung, für Lustfeindlichkeit und inhumane Betrachtungsweise ehelicher Beziehungen. Deutlich wird das z.B., wenn Augustinus die alttestamentlichen Patriarchen lobt, die mit ihren vielen Frauen „lediglich zur Zeugung verkehrten" gegenüber denjenigen Christen, die ihre einzige Frau „mit sinnlicher Lust" gebrauchen. Thomas von Aquin, die zweite große Säule katholischer Sexualmoral († 1274) schreibt später im Anschluß an Augustinus, daß die Frau lediglich Hilfe zum Kindergebären und nützlich im Haushalt sei, für das Geistesleben des Mannes jedoch keine Bedeutung besitze.

Nach Albert (dem Lehrer von Thomas) und Thomas folgt auch die Unauflöslichkeit der Ehe aus der geistigen Minderwertigkeit der Frau: Insofern die Natur nicht nur die Zeugung, sondern auch die

Aufzucht intendiert, ergibt sich für den Menschen die Forderung des dauernden Zusammenlebens der Gatten, denn die Erziehung kann von der Mutter nicht allein getätigt werden. Die geistige Erziehung kann nur vom Mann her geschehen, da er der geistig Führende ist. (Also auch die Unauflöslichkeit der Ehe wird dem Zweck der Kinderaufzucht zugeordnet.) Warum aber der Mann „ratione perfectior und virtute fortior" (vollkommener im Verstand und tugendhafter) ist, übernehmen Albert und Thomas von Aristoteles: Weil das Aktive wertvoller als das Passive ist. Erst 1827 wurde das weibliche Ei entdeckt, vorher sah man die Frau als eine Art Blumentopf (passiv) an, in den der Mann seinen Samen steckt (aktiv). Daß Orest seine Mutter ermordet hat, findet deswegen schon Aischylos († 456 v. Chr.) nicht so schlimm wie einen Vatermord: „Die Mutter ist dem Kinde, das sie Mutter nennt, *nicht* Quell des Lebens, sondern hegt den jungen Keim. Der Vater zeugt ihn..." Thomas meint, man müsse deswegen den Vater mehr lieben als die Mutter. Nur der Vater ist aktiv, er zeugt, die Mutter empfängt.

Folgen wir weiter Aristoteles, Albert und Thomas: Nach dem Grundsatz „jedes Aktive bewirkt etwas ihm Ähnliches" müßten eigentlich immer Männer geboren werden. Denn an sich will die aktive Kraft im männlichen Samen etwas gleich Vollkommenes hervorbringen, nämlich einen Mann. Frauen entsprechen nicht der ersten Absicht der Natur, die auf Vollkommenheit zielt, sondern der sekundären Absicht der Natur, wie Alter und Mißbildung. Das männliche Geschlecht ist „edler". Die Frau ist deficiens, ein Mängelwesen. Bei solchem Männlichkeitswahn, von den Griechen in die Theologie eingeschleppt, kann sich Eros, kann sich personale Beziehung der Ehegatten nur spärlich, nur trotz solcher Philosophen und Kirchenmänner entwickeln. Die Beziehung der Gatten wird total dem Zeugungszweck untergeordnet. Thomas vertritt die Meinung, daß der Inzest (Verkehr mit Mutter oder Schwester) keine so schwere Sünde sei wie die Empfängnisverhütung. Das Wort „Liebe" kommt in der Sprache der Theologen als Motiv für den ehelichen Akt nicht vor. Ehelicher Verkehr wird in vier Gruppen eingeteilt: erstens zur Zeugung, zweitens zur Vermeidung der Unzucht des Ehegatten, drittens zur Vermeidung der eigenen Unzucht, viertens aus Lust. (Letzteres wurde lange als Sünde gewertet, vorletztes war umstritten, einwandfrei gemäß Augustinus und Thomas nur Möglichkeiten eins und zwei).

Gegen die „laxe Jesuitenmoral", die entgegen dem strengen Augustinismus, der auch von Thomas vertreten wird, ein wenig mehr Lockerung bringen will (winzige Lockerungen: z. B. Eheverkehr zu heiligen Zeiten nicht sündhaft; Verkehr mit Schwangeren nicht sündhaft; das Wollen beim ehelichen Akt darf auch auf das Luststreben gerichtet sein, muß nicht allein auf die Zeugung ausgerichtet werden; Verkehr mit der unfruchtbaren und älteren Frau ist nicht zu beanstanden usw.) wendet sich später der Jansenismus, eine Übertragung des Augustinismus vom 5. ins 17. Jahrhundert. Der Jansenismus ist ein Aufleben der Prüderie im Frankreich des 17. und 18. Jahrhunderts. Eine Auswirkung des Jansenismus zeigt sich z. B. bei jenen Ehefrauen, die noch vor nicht allzu langer Zeit beichteten, wenn sie Verkehr gehabt hatten. Denn wer verkehrt schon immer und ausschließlich nur zur Zeugung? „Wahrhaftig, das ist das Ideal christlicher Eheführung, die dem geschlechtlichen Verlangen wehrt, sich mit der menstruierenden, der schwangeren, der gänzlich unfruchtbaren Frau oder durch Alter gebärunfähigen Frau zu verbinden. Und weiter sage ich: Nicht das geringste darf geschehen um der geschlechtlichen Lust willen", schreibt Jansenius. Der berühmteste Anhänger der Jansenisten und Gegner der Jesuiten war übrigens Pascal.

Die Auswirkungen des Augustinismus zeigen sich nicht nur im 17. und 18. Jahrhundert (Jansenismus), sondern setzten sich fort in unserem Jahrhundert, das uns bis 1981 schon die dritte Verhütungsenzyklika bescherte (1930, 1968, 1981). Wo aber die Zeugung derartig in den Vordergrund der Reflexion tritt, ist der Eros zwischen den Ehegatten, was die Erwägungen der Theologen betrifft, zur Zweitrangigkeit, zum Kümmerdasein verurteilt.

In der Tradition ihrer Zeit stehen auch die Reformatoren Luther und Calvin. Die personale Sicht der Ehe wird auch von ihnen zu wenig erkannt. Für Calvin ist die Ehe ausschließlich zur Kindererzeugung und -erziehung eingesetzt, eine Ansicht, die vom englischen Puritanismus übernommen wird. Es ist konsequent, wenn der Methodist Whitefield († 1770), großer Erweckungsprediger seiner Zeit, sich dessen rühmt, daß keinerlei sündhafter Trieb, keine Liebe bei seiner Eheschließung mitsprachen: „Gott sei gelobt, wenn ich mein Herz irgend kenne, so bin ich frei von jener törichten Leidenschaft, welche die Welt Liebe nennt." Luther betont einen Aspekt der Ehe, wie er in der Frühscholastik (11.–13. Jahrh.) vorherrschend war (bis dann in der Hochscholastik Thomas von Aquin das Kind wieder in den allesbeherrschenden Vordergrund schob). Für Luther ist die Ehe ein „Spital der Siechen“, Arznei gegen die Unkeuschheit. „Um der Hurerei willen, sollen die Christen heiraten.“ Die Ehe ist also Präservativ gegen sexuelle Entgleisungen.

Beide Aspekte, die Ehe vorwiegend zum Zweck der Kindererzeugung und die Ehe vorwiegend zum Zweck der Vermeidung von Unzucht, haben auch der protestantischen Eheauffassung eine unerotische Komponente gegeben. Die Tatsache, daß heute die evangelische Kirche anders als die katholische Kirche die Empfängnisverhütung nicht zum Moralthema Nr. 1 erhebt, vielmehr den Eheleuten hier Freiheit zugesteht, zeigt, daß die evangelische Kirche inzwischen eine erosfreundlichere Richtung als die katholische Kirche eingeschlagen hat.

Erstdruck, bisher unveröffentlicht.

Vorbild: Der keusche Elefant

Homosexualität zählt immer noch zu den schwersten Sünden

Frage: Homosexuelle Christen, gleich ob Männer oder Frauen, haben bekanntlich ihr Kreuz mit der Kirche. Um das zu erfahren, muß man nicht erst auf Kirchentage und zur „Kirche von unten" gehen. Daher die Frage: Lebt ein homosexueller Katholik, ein katholischer Homosexueller, permanent in Sünde?

Antwort: Für die Kirche ist die Homosexualität eine der allerschwersten Sünden. Aber man kann nicht generell behaupten, sie sage von allen Homosexuellen, sie lebten in schwerer Sünde. Denn dazu muß subjektiv der freie Wille vorhanden sein. Das ist ähnlich wie mit der nächtlichen Pollution (Samenerguß). Die ist nämlich – bei Thomas von Aquin kann man das seitenlang nachlesen – nur dann Sünde, wenn man sie selbst herbeigeführt hat durch Lebenswandel oder entsprechende Fantasien.

Frage: Was sagen Sie aber dann zur scharfen Ablehnung der Homosexualität seitens der katholischen Kirche?

Antwort: Grundsätzlich meine ich, daß die Konzentration kirchlicher Moraltheologie auf angebliche oder tatsächliche sexuelle Normverstöße im Vergleich zu allen anderen Bereichen menschlichen Fehlverhaltens einem jahrtausendealten Sexualpessimismus entspricht. Davon sollte sich die Kirche lösen angesichts der Tatsache, daß die Sünden der Menschheit nicht so sehr in den Schlafzimmern als vielmehr auf den Schlachtfeldern und an den Massengräbern geschehen.

Frage: Sie sprechen von „Normverstoß". Wie stuft die katholische Kirche denn die Homosexualität ein?

Antwort: Wie gesagt, die Homosexualität gehört nach Thomas von Aquin († 1274), dem bis heute die offizielle Moraltheologie weitgehend folgt, zu den schlimmsten und schwersten Sünden der Unkeuschheit. Wie schlimm sie ist, zeigt sich daran, daß sie in einem Atemzug genannt wird mit der Empfängnisverhütung. Weniger schlimm sind Blutschande mit der eigenen Mutter oder Vergewaltigung. Also: Es ist eine nicht so schwere Sünde, seine Mutter zu vergewaltigen, als Empfängnis zu verhüten oder sich homosexuell zu verhalten.

Frage: Das ist ja nur schwer einsehbar, um es mal vorsichtig zu sagen. Gilt die eigene Mutter so wenig?

Antwort: Thomas von Aquin und mit ihm die heutige Moraltheologie teilen die Sünden der Unkeuschheit ein in solche „intra naturam" und „contra naturam", also innerhalb der Natur und gegen die Natur. Es liegt innerhalb der Natur, die eigene Mutter zu vergewaltigen, aber es ist gegen die Natur, die Pille zu nehmen oder homosexuell zu sein. Und die Sünden gegen die Natur sind die schlimmsten.

Frage: Da muß man doch aber fragen: Was heißt hier „Natur", was natürlich, was widernatürlich?

Antwort: Natürlich und innerhalb der Natur im Sexualbereich ist nach katholischer Auffassung alles, was die Zeugung ermöglicht bzw. nicht ausschließt. Daher gilt: Da man mit seiner Mutter Kinder erzeugen kann, ist das weniger schlimm, als wenn man mit seiner Frau Verkehr hat, der keine Empfängnis ermöglicht. Der berühmte Franziskaner und Bußprediger Bernhardin von Siena († 1444) drückte das für jedermann verständlich so aus: „Es ist lasterhaft, wenn ein Mann mit seiner eigenen Mutter Verkehr hat, viel schlimmer aber ist es, wenn er mit seiner Ehefrau Verkehr hat wider die Natur." Und als ebenso schlimm und in die gleiche Gruppe gehörend gilt die Homosexualität.

Frage: Gibt es weitere Beispiele aus der Kirchengeschichte für eine so widernatürliche, leibfeindliche Einstellung?

Antwort: Ja. Der Prinzenerzieher des Sohnes des Kaisers Konstantin, Laktanz, bezeichnete die Homosexuellen als „Verwandtenmörder". Empfängnisverhinderung und Empfängnisverhütung – auch durch Homosexualität – ist nach dieser Logik vorverlegter Mord. Heute nimmt man das Wort „Mord" in diesem Zusammenhang nicht mehr in den Mund, aber die Ablehnung dieser allerschlimmsten Sünden ist unverändert.

Frage: Nun wurde aber in der Geschichte der Menschheit die „Natur“ der Sexualität nicht immer so gesehen.

Antwort: Richtig. Grob gesagt ist es so: Die jüdische, christliche und mohammedanische Auffassung sieht Homosexualität als „contra naturam“ an. Hingegen legt der griechische Philosoph Platon in seinem „Symposion“ den Mythos von der ursprünglichen „Naturbeschaffenheit“ des Menschen dar. Demnach entspricht die Homosexualität der Natur der „vorzüglichsten Männer“. Und deswegen bin ich immer skeptisch, wenn mir einer klarmachen will, dies oder jenes sei gegen die Natur, denn die Anschauungen der Menschen darüber, was Natur ist, scheinen nicht immer und nicht überall die gleichen zu sein.

Frage: Daraus erklärt sich also Ihr Zögern, etwas als natürlich und etwas anderes als widernatürlich zu bezeichnen.

Antwort: Eben. Aber selbst wenn man sich darüber geeinigt hätte, was natürlich und was unnatürlich sei, so sähe ich immer noch nicht ein, warum ich die Natur als ethische Richtschnur anerkennen sollte. Man hat immer die Tiere als Lehrmeister des Natürlichen – sprich: des zur Zeugung führenden Verkehrs – den Menschen vorgehalten. So geistert seit Plinius dem Jüngeren († 79 n. Chr.), dem Grzimek der Antike, durch die katholischen Moraltheologien und Erbauungsbücher der keusche Elefant, der nur alle drei Jahre Verkehr hat. Dieser Elefant ist mir egal. Nicht die Natur, gemessen am Verhalten der Tiere, kann für mich verbindlich sein, sondern der Mensch. Und der Mensch ist berechtigt, die Natur im Sinne der Menschlichkeit zu gestalten. Im übrigen ist es ja auch wider die Natur, wenn ein Mann sich morgens rasiert.

Frage: Das sieht man in Rom ja wohl nach wie vor etwas anders – Elefant hin, Rasieren her.

Antwort: Ja. Mich verstimmt die Tatsache, daß wir Katholiken in diesem Jahrhundert der Weltkriege schon die dritte Enzyklika gegen die Empfängnisverhütung bekommen haben. Und die Homosexualität wird dabei ja immer in die gleiche Schublade getan. Ich finde, hier müßte mal aufgeräumt werden. Um noch einmal auf den großen Bußprediger Bernhardin von Siena zu kommen. Er sagt: „Es ist besser, wenn eine Frau mit ihrem eigenen Vater auf natürliche Weise Verkehr hat, als mit ihrem eigenen

Ehemann wider die Natur." Heute würde man das sicher nicht mehr so kraß sagen. Aber die Einteilungskriterien innerhalb der schweren Sünden auf dem Sexualgebiet sind absurd geblieben. Andererseits wäre es auch nicht damit getan, jetzt die Schubladen einfach zu vertauschen. Ich meine, der ganze Bereich des Sexualverhaltens der Menschen wird überbetont gegenüber den eigentlichen Sünden der Menschheit.

Frage: Aber gibt es denn nicht etwas modernere Auffassungen auch im Rahmen kirchlicher Lehrmeinungen?

Antwort: Doch. So sagt der Moraltheologe Fritz Tillmann: „Doch kann heute nicht mehr geleugnet werden, daß es naturgegebene perverse Veranlagungen gibt, die für den einzelnen ein Unglück, aber keine Schuld bedeuten. Aber auch aus einer solchen Anlage kann kein Recht auf eine gleichgeschlechtliche Betätigung abgeleitet werden, ebensowenig, wie der Kleptomane ein Recht auf Diebstahl hat." Also, Tillmann vergleicht die Homosexuellen mit Kleptomanen, und beide sind – je nachdem, wie schwer die Macke ist, die sie haben – nicht zurechnungsfähig. In diesem Fall spricht weder ein irdisches Gericht noch die Kirche von persönlicher Schuld.

Frage: Aber es erhebt sich hier doch die Frage, wie die katholische Kirche mit denen umgeht, die ihre Homosexualität bejahen, und zwar durchaus mit Lust und klarem Verstand.

Antwort: Da ist das Urteil einhellig bis in die neuesten päpstlichen Verlautbarungen: Vernichtend.

Frage: Als Theologieprofessorin sind Sie natürlich kein Beichtvater. Was aber könnten Sie denen raten, die als Homosexuelle im Dauerkonflikt mit ihrer Kirche und ihrem Gewissen nicht klar kommen?

Antwort: Ich meine: Wer viel fragt, kriegt viele Antworten. So fand ich es im Fall der Empfängnisverhütung einfach unmündig, zu warten, bis der Papst den Eheleuten sagte, sollen Sie mit Omo oder Dash waschen, erlaubt er die Pille oder nicht? Das war eine medizinische Frage, aber doch keine Frage an den Papst. Auf dem Gebiet der Sexualethik werden Männer und Frauen – und das können sich auch die Homosexuellen hinter die Ohren schreiben –

in Unmündigkeit gehalten, d.h. sie halten sich selbst in dieser Unmündigkeit. Wenn also ein Homosexueller Trost oder Rat bei mir suchte, würde ich ihm sagen: Warum wollen Sie denn unbedingt meinen Segen haben? Sie sollen sich nicht von mir oder von der Kirche einen Freiheitsraum erwarten, sie sollen ihn sich selbstverantwortlich nehmen. Das wäre im übrigen doch eine Überforderung der Kirche, das wäre glatter Klerikalismus, wenn man auf alle Lebensfragen Rat bei alten, zölibatären Herren suchte. Dabei kommt doch nichts rum, das kann man sich sparen.

Erschienen in der Zeitschrift „Torso" Nr. 12/1983 unter dem Titel „Hier müßte mal aufgeräumt werden".

Der Sprung aus dem Fenster

Selbst- und Fremdtötung im Urteil der katholischen Moraltheologie

Am 6. Juli 1535 wurde Thomas Morus enthauptet und sein Kopf auf der London Bridge aufgesteckt. Thomas Morus war gegen Heinrich VIII. aufgetreten. 1935 wurde er heiliggesprochen. Und kein Christ wird ihm wahrhaft christliche, kein Katholik wahrhaft katholische Gesinnung absprechen. In seinem Werk „Utopia" vertritt Thomas Morus nicht nur die Erlaubtheit, sondern sogar die Geratenheit der – wie man es heute nennt – aktiven Euthanasie, der aktiven Sterbehilfe bei unheilbar Kranken, die unter dauernden Schmerzen leiden, bei denen „der Tod keinen Freuden, sondern nur Martern ein Ende" macht. Auf der Insel Utopia rät man einem unheilbar Kranken und Gequälten, „nicht zu zögern zu sterben, zumal das Leben doch nur eine Qual für ihn sei; er solle sich also getrost und hoffnungsvoll aus diesem bitteren Leben wie aus einem Kerker oder aus der Folterkammer befreien oder sich willig von anderen herausreißen lassen ... zudem werde er fromm und gottesfürchtig handeln, da er damit dem Rat der Priester, das heißt der Deuter des göttlichen Willens gehorche. Wen sie – die Priester – damit überzeugt haben, der endigt sein Leben entweder freiwillig durch Enthaltung von Nahrung oder wird eingeschläfert und findet Erlösung, ohne vom Tode etwas zu merken. Gegen seinen Willen aber töten sie (die Utopier) niemanden, und sie pflegen ihn deshalb auch nicht weniger sorgfältig. Auf einen solchen Rat hin sein Leben zu enden, gilt als ehrenvoll. Sonst aber wird keiner, der sich selbst das Leben nimmt ohne Billigung des Grundes durch Priester und Senat, der Beerdigung oder der Verbrennung gewürdigt; statt ihn zu begraben, werfen sie ihn schmählich in den Sumpf". Wird man auch die Vorstellung, daß Priester und Behörden einem Kranken zur Selbsttötung raten, als nicht annehmbar empfinden, so bleibt doch das eigentliche Problem der Euthanasie davon unberührt.

Thomas Morus schrieb sein Werk über die Insel Utopia – die Insel „Nirgendwo" – aus Opposition gegen die herrschenden Zustände. Er wendet sich vor allem gegen die grausame englische Strafjustiz seiner Zeit. „Als ich eines Tages an seiner (des Kardinals) Tafel speiste, war zufällig auch einer eurer Juristen aus dem Laienstande zugegen. Dieser begann nun, ich weiß nicht, aus welchem Anlaß, eifrig jenen harten Rechtsbrauch zu rühmen, der damals dort gegen Diebe geübt wurde, die man, wie er erzählte, allerorts aufhänge, manchmal zwanzig an einen Galgen. Um so mehr, sagte er, wundere er sich, da doch wenige der Todesstrafe entgingen, welches üble Verhängnis es mit sich bringe, daß sich trotzdem so viele überall herumtrieben. Da sagte ich – denn ich durfte es wagen, vor dem Kardinal frei heraus zu reden –: ‚Du brauchst dich nicht zu wundern, denn diese Bestrafung der Diebe übersteigt das gerechte Maß und liegt auch nicht im Interesse des Staates ... Man setzt harte und grauenhafte Strafen für Diebe fest, während man vielmehr Vorsorge treffen sollte, daß sie irgendein Auskommen finden, damit keiner in die Zwangslage gerät, zuerst stehlen und dann sterben zu müssen.'"

Thomas Morus ist ein leidenschaftlicher Gegner jeder Grausamkeit und Tötung, so wendet er sich gegen die Kriege: „Den Krieg verabscheuen sie (die Utopier) als etwas einfach Bestialisches, das dennoch bei keiner Gattung von Raubtieren so gang und gäbe ist wie bei den Menschen." Er wendet sich gegen die Todesstrafe: „Selbst die schwersten Verbrechen ahnden sie in der Regel mit Zwangsarbeit, weil das ihrer Meinung nach für die Verbrecher nicht weniger hart und für den Staat vorteilhafter ist als wenn man die Schuldigen eilends abschlachtet und auf der Stelle beseitigt. Denn einmal nützen sie durch ihre Arbeit mehr als durch ihren Tod, und dann schrecken sie durch ihr warnendes Beispiel andere länger vor einer ähnlichen Missetat ab." Er wendet sich gegen die Grausamkeit der Jagd: „Hoffst du aber aufs Töten, wartest du auf das Zerfleischen, das sich vor deinen Augen abspielen soll, dann sollte dich doch lieber das Erbarmen packen, wenn du siehst, wie das Häschen vom Hunde zerrissen wird, der Schwache vom Stärkeren, der Scheue und Ängstliche vom Wilden, der Harmlose vom Grausamen. Die Utopier haben deshalb die gesamte Ausübung der Jagd als ein freier Menschen unwürdiges Geschäft den Metzgern zugewiesen."

Ausgerechnet dieser Getötete, der sich gegen das Töten engagierte, weicht in seiner Auffassung über Selbsttötung, Beihilfe zur Selbsttötung und Tötung auf Verlangen in bestimmten Fällen auffällig von der gängigen katholischen Morallehre ab. Offenbar stehen für

Thomas Morus Tötung auf Verlangen im Sterbefall und eine allgemeine Bereitschaft zum Töten anderer auf verschiedenen Seiten.

Ein in gewisser Weise vergleichbarer Sachverhalt läßt sich in modernen Statistiken über Selbstmordhäufigkeit und Tötungsdelikte finden. „Die katholischen Länder bzw. Landesteile haben im allgemeinen... weniger Selbstmorde als die protestantischen... Die gleichen katholischen Länder bzw. Landesteile, die weniger Selbstmordfälle haben", weisen „mehr Verbrechen gegen Leben und Gesundheit anderer" (Mord, Körperverletzung) auf (Religion in Geschichte und Gegenwart, 2. Auflage, 1931). Es scheint also allgemein ein Mehr an Töten anderer und ein Weniger an Selbsttötung Hand in Hand gehen zu können. Oder umgekehrt: einem Mehr an Selbsttötung entspricht keinesfalls ein Mehr an Tötungsdelikten gegen andere. Im Gegenteil. Oder auch so: Selbsttötung oder Tötung auf Verlangen im Sterbefall und „Euthanasie" im Sinne von Tötung „lebensunwerten Lebens" stehen in keinem Zusammenhang.

Die Tatsache, daß es im ganzen mehr protestantische als katholische Selbstmörder gibt, erklärt Karl Barth u.a. „aus der äußerlich abschreckenden Wirkung jener rigorosen Stellungnahme der römischen Kirche" (Die kirchliche Dogmatik, III/4). Während der Jesuit und Moralphilosoph Cathrein meint: „Recht bezeichnend ist die Tatsache, daß jene Länder die größten Selbstmordziffern aufweisen, in denen die sogenannte moderne Schulbildung am stärksten betrieben wird, nämlich Sachsen, Dänemark, Deutschland und die Schweiz. Innerhalb der Bevölkerung desselben Landes sind es wieder die sogenannten „Gebildeten", welche das größte Contingent der Selbstmörder liefern" (Moralphilosophie, 1899). Diese Beobachtung erinnert – nebenbei bemerkt – in gewisser Weise daran, daß die Befürworter des Selbstmords im Altertum, die Stoiker, z.B. Seneca, den Selbstmord nur dem „Weisen" und zwar nur „aus wohl erwogenen Gründen" gestatteten.

Barth weist darauf hin, daß „der Selbstmord nirgends in der Bibel ausdrücklich verboten wird". Aufschlußreich für unseren Zusammenhang ist der Selbstmord des ersten Königs Israels, Saul. „Kein Wort des Tadels" seitens des biblischen Schriftstellers (Barth). Der Fall des Saul wird zweifach berichtet. Nach 1. Samuel 31,3ff. war es so: „Und der Kampf war heftig um Saul her, und die Bogenschützen fanden ihn heraus, und er wurde in den Unterleib getroffen. Da sprach Saul zu seinem Waffenträger: Ziehe dein Schwert und durchbohre mich damit, daß nicht diese Unbeschnittenen kommen und ihr Gespött mit mir treiben. Aber sein Waffenträger wollte nicht; denn er scheute sich zu sehr. Da nahm Saul das Schwert und stürzte sich darein. Als nun sein Waffenträger sah, daß Saul tot war, stürzte auch er sich in sein Schwert und starb neben ihm." Nach 2. Samuel 1,6 ff. berichtet ein Mann dem David über den Tod Sauls folgendes: „Ich kam von ungefähr auf den Berg Gilboa, siehe, da stand Saul auf seinen Speer gelehnt, und Wagen und Reiter jagten auf ihn zu. Da wandte er sich um, und als er mich sah, rief er mich an. Ich antwortete: Hier bin ich. Und er fragte mich: Wer bist du? Ich antwortete ihm: Ich bin ein Amalekiter. Da sprach er zu mir: Tritt her zu mir und gib mir den Todesstoß; denn die Todesschwäche hat mich ergriffen, und noch immer ist das Leben in mir. Da trat ich auf ihn zu und gab ihm den Todesstoß; denn ich wußte, daß er seinen Fall nicht überleben werde." Im ersten Fall Sterbehilfe als Selbsttötung, im zweiten Sterbehilfe als Tötung auf Verlangen, die beiden Möglichkeiten, die auch Thomas Morus ins Auge faßt. Im hellenistischen Zeitalter wird Selbsttötung gelegentlich für heroisch gehalten, und auch der biblische Bericht 2. Makk 14 spricht mit Bewunderung von dem Selbstmord des Schriftgelehrten Rhazis, (161 v. Chr.) der nicht seinen Feinden in die Hände fallen wollte.

Obwohl weder das Alte noch das Neue Testament die Selbsttötung ausdrücklich verbietet, wird seit Augustinus Selbsttötung, aus welchen Gründen auch immer sie geschehen mag, als „schwerste" Sünde bezeichnet: „Dabei aber bleiben wir mit aller Bestimmtheit stehen... daß niemand freiwillig in den Tod gehen dürfe in der Absicht, zeitlichen Beschwerden zu entgehen, da er dadurch nur ewig dauernden anheimfällt; ebensowenig wegen fremder Sünden, damit er dadurch nicht die schwerste eigene auf sich lade... endlich auch nicht aus Sehnsucht nach einem besseren Leben, das man nach dem Tode erhofft, weil die des Selbstmord Schuldigen kein besseres Leben nach dem Tode erwartet" (Gottesstaat I, 26).

Trotz dieser scharfen Ablehnung kennt er und kennt bis heute die katholische Morallehre Ausnahmen: Es ist erlaubt, daß eine „Frauensperson..., um sich aus den Händen eines Wüstlings zu retten, der sie ergreifen und vergewaltigen will" sich selbst tötet (Jone, Katholische Moraltheologie 1930 S. 168). Dieser Fall wird von Jone unter die unter Umständen erlaubte „indirekte" Selbsttötung eingereiht, obwohl er ein klarer Fall von direkter Selbsttötung ist. Der Fall, auf den Jone anspielt, ist alt. Er bereitete schon Augustinus Schwierigkeiten bei der moralischen Einordnung. Sein Lehrer Ambrosius (de virg. III, 7) „berichtete nicht nur ohne alle Kritik, sondern in geradezu begeisterter Diktion“ (Barth) über die hl. Pelagia, die sich vor ihren Verfolgern, die ihr ihre Keuschheit rauben wollten, mit ihrer Mutter und ihren Schwestern in einen reißenden Fluß stürzte und ertränkte. Auch Euseb von Cäsarea, Hieronymus und Chrysostomus haben sich lobend über die Selbsttötung von Frauen in solcher Situation ausgesprochen. Und die Kirche hat die Selbstmörderinnen aus Keuschheit als Heilige verehrt. Augustinus argumentiert zunächst gegen solche Frauen mit recht: „Ist die Keuschheit eine Tugend der Seele, so geht sie auch bei der Vergewaltigung des Leibes nicht verloren.“ Er versucht dann aber doch, ihr Verhalten zu rechtfertigen. „Man hält uns entgegen, daß in der Zeit der Verfolgung sich manche heilige Frauen, um ihre Unschuld vor Nachstellungen zu retten, ins Wasser gestürzt und auf diese Weise den Tod gefunden haben, und doch wird ihr Martyrium in der katholischen Kirche mit feierlicher Verehrung und unter großer Teilnahme begangen. Ich möchte nicht vorschnell über sie urteilen ... Denn wie, wenn sie es nicht aus menschlichem Irrtum, sondern auf göttlichen Befehl hin getan haben, nicht in einem Wahne, sondern aus Gehorsam?“ Und er bringt dann als Beispiel dafür, daß u. U. eine Tat, die sonst als Verbrechen gilt, kein Verbrechen ist, wenn sie von Gott befohlen wird, den Fall des Abraham: „Wenngleich Abraham rühmenswert gehandelt hat, indem er sich entschloß, seinen Sohn Gott zu opfern, so würde dennoch jeder andere, der das tut, ein Verbrechen auf sich laden ... Wenn es also heißt, man dürfe sich nicht töten, so soll man es dennoch tun, wenn es der befiehlt, dessen Befehle nicht mißachtet werden dürfen; nur muß man zusehen, ob der Befehl Gottes nicht irgendwie zweifelhaft ist.“

In der Tat, das ist das Problem. Abraham ist als Vorbild völlig ungeeignet, was ja auch schon Augustinus klar sagt. Es bleibt nach Augustinus dabei: Selbsttötung, wie auch immer motiviert, zieht den Verlust „eines besseren Lebens nach dem Tod“ nach sich und ist „schwerste“ Sünde. Er konzediert lediglich, daß „auf Befehl Gottes“ Selbsttötung geboten sein kann, ohne aber ein allgemein verbindliches Beispiel dafür anführen zu wollen. Er läßt nämlich mit den Selbstmörderinnen aus Keuschheit eine Ausnahme gelten, deren Motive er im Grunde ausnahmslos verwirft (bis auf einen letztlich nicht zu begründenden „Befehl Gottes"). An dieser abschreckenden Ablehnung der Selbsttötung hat sich bis heute in der katholischen Moraltheologie nichts geändert. Thomas Morus ist in diesem Punkt ein Außenseiter.

Ist es also für die übliche Moraltheologie praktisch unmöglich, einen legitimen Grund zur Selbsttötung anzuführen, denn „seit der eingehenden Erörterung des hl. Augustinus steht die absolute Geltung des Verbotes in der kirchlichen Moral fest" (J. Mausbach, Katholische Moraltheologie 1938), so fällt es ihr viel leichter, legitime Gründe für die Tötung anderer aufzuzählen: Todesstrafe und vor allem Kriege. Und diese Gründe sind so legitim, daß mit ihnen verbunden auch Selbsttötung moralisch werden kann. „Ebenso ist es im Kriege erlaubt, ein Festungswerk oder ein Schiff in die Luft zu sprengen, um dem Feinde zu schaden, auch wenn man voraussieht, daß man dabei selbst den Tod findet" (Jone). Vorbild solcher moralisch wertvollen Art von Selbstmord ist Simson im Alten Testament. „Nun rief Simson den Herrn an und sprach: O Herr, mein Gott! Gedenke doch meiner und stärke mich nur diesmal noch, daß ich mich ... an den Philistern räche. Dann umfaßte Simson die beiden Mittelsäulen, auf denen das Haus ruhte, die eine mit der rechten und die andere mit der linken Hand, und stemmte sich gegen sie; und indem Simson dachte: Sei's denn, daß ich mit den Philistern sterbe! neigte er sich mit aller Macht. Da fiel das Haus auf die Fürsten und auf alles Volk, das darin war, sodaß der Toten, die er in seinem Tode tötete, mehr waren, als derer, die er in seinem Leben getötet hatte" (Richter 16, 28 ff.). Dazu der katholische Moraltheologe Mausbach: „So können Handlungen, die einem Selbstmord ähnlich sehen, tatsächlich einen anderen Sinn und moralischen Charakter haben: sie können erscheinen als ... Kampf gegen die Feinde des Vaterlandes." Dabei geht Mausbach, wenn er Simson, diesen „für unsere Begriffe sehr problematischen Heiligen" (Barth), zum nachahmenswerten Beispiel der Selbsttötung erhebt, erheblich unbesonnener vor als sein Lehrer Augustinus. Augustinus nämlich distanziert sich im Grunde von solchen Taten, wie sie Simson tat. Er sieht die Schwierigkeiten, Simsons Tat als „Ausnahme" zu „entschuldigen". Er faßt sie deswegen wieder unter „besondere Fälle" (zusammen mit Abrahams Opfer seines Sohnes) und meint, Gott habe dem Simson „heimlich befohlen", so zu handeln, sonst hingegen „macht sich des Verbrechens des Mordes jeder schuldig, der einen Menschen – sich oder sonst jemand – tötet". Es ist zwar äußerst unbefriedigend, bei einigen alttestamentlichen Verzweiflungs- oder Wahnsinnstaten seine Zuflucht zu einem heimlichen Befehl Gottes zu nehmen, aber es ist immer noch besser, als Simsons Tat zum Schulbeispiel „berechtigter Verfügung über das eigene Leben" zu erheben, die „einem erlaubten und wichtigen Zweck dient" (Mausbach). Nach dem Rezept: man darf sich auf keinen Fall selbst töten. Wenn schon, dann nur mit anderen zusammen. Denn das Gebot, die anderen umzubringen kann unter Umständen Vorrang haben vor dem Gebot, sich selbst nicht umzubringen. Es ist doch wohl eher so: wenn schon Selbsttötung strengstens verboten wird, so kann sie durch die Absicht, nicht primär den eigenen, sondern den Tod vieler anderer im eigenen Tod zu bewirken, nur noch verwerflicher statt plötzlich moralisch gerechtfertigt sein.

Aber die katholische Moraltheologie hat die Tötung anderer mit geringeren Barrieren umgeben als die Selbsttötung. Ist Selbsttötung ausnahmslos verboten, so ist durch das weite Schlachtfeld der „auf Gottes Geheiß hin geführten Kriege" (Augustinus), das Angebot an erlaubter Fremdtötung überaus reichhaltig. Hier einige Beispiele. Der Moraltheologe Jone schreibt: „Indirekte Tötung eines Unschuldigen... kann aus einem entsprechenden Grund erlaubt sein. Im Kriege darf man eine Stadt beschießen, auch wenn dabei viele Unschuldige das Leben verlieren. – Ebenso darf man bei einem Aufruhr das Feuer der Rebellen erwidern, auch wenn dieselben Deckung suchen hinter einer Schar von Frauen und Kindern, und deshalb auch viele Unschuldige fallen, vorausgesetzt, daß auf andere Weise das Feuer der Aufständischen nicht zum Schweigen gebracht werden kann."

Es scheint in der katholischen Moralauffassung ein Umdenken über Tötung und Selbsttötung angebracht, dergestalt, daß bei schwerwiegenden Gründen Tötung auf eigenes Verlangen im Sterbefall weniger, Tötung anderer gegen ihr Verlangen dagegen mehr verworfen wird. Mit Recht schreibt Karl Barth: „Muß man nicht damit rechnen, daß die Tat eines Selbsttöters kein Frevel und also nicht Mord, daß sie im Glauben und also im Frieden mit Gott getan sein könnte?... Diejenigen jedenfalls sollten sich über diese Fragen nicht entrüsten, die, wenn es etwa um das Problem des Krieges oder der Todesstrafe geht, ohne viel Zögern zu der Feststellung bereit sind, daß es zum Töten *anderer* Menschen einen göttlichen Befehl geben *könne*! Ist das eigene Leben des Menschen so köstlich, daß gerade es ihm mit der Auflage anbefohlen wäre, ihm nie und unter keinen Umständen das anzutun, was er unter bestimmten Umständen dem Leben anderer anzutun die Freiheit und den Befehl zu haben meint: ihm ein Ende zu setzen? Warum soll der Grenzfall, in welchem Töten kein Mord ist, gerade hier *nicht* in Frage kommen?"

Zu den Hemmungen, die bis heute die Selbsttötung mit stärkeren Barrieren umgeben als die Fremdtötung, gehören vor allem zwei: eine doktrinäre Auffassung vom Sinn des Leidens und von der Bedeutung des letzten Augenblicks. So schreibt A. Niedermeyer in seinem „Handbuch der speziellen Pastoralmedizin" (1952) im Anschluß an Antonelli: „Es kommt hinzu, daß gerade die letzten Augenblicke des Lebens mit Hilfe der göttlichen Gnade der Bekehrung und der Rettung der Seele dienen können ... wenn alle diese durch die Euthanasie des Lebens beraubt worden wären – wie viele wären ewig verloren!" Zu dieser verbreiteten Auffassung schreibt Karl Barth mit Recht: „Die Meinung, daß gerade er (der Selbstmord) unvergebbar sei, beruht auf jener falschen Ansicht, als ob nun gerade das zeitlich letzte, gewissermaßen an der Schwelle der Ewigkeit stattfindende Wollen und Tun des Menschen – weil es das letzte ist – für sein ewiges Geschick, für das Urteil Gottes über ihn, maßgebend, definitiv entscheidend sei. Aber das ist von keinem einzelnen Wollen und Tun des Menschen zu sagen und so auch von diesem nicht. Gott sieht und wägt das Ganze des menschlichen Lebens." Ähnlich meint Karl Rahner: „Dann ist aber das Vorstellungsschema ungenügend, mit dem die christliche Praxis und Pastoral arbeiten, daß nämlich das endgültige Schicksal des Menschen in Heil oder Verlorenheit einfach bestimmt wird durch den zeitlich letzten Akt von Freiheit in der Geschichte eines Menschen, durch einen Akt, der als zeitlich einzelner gewissermaßen isoliert am Ende steht und allein über das Ganze des früheren Lebens verfügt" (Schriften zur Theologie, Band XII 1975).

Der andere Punkt, der gern gegen Selbsttötung oder Tötung auf Verlangen im Sterbefall angeführt wird, ist der „Sinn des Leidens". Hierzu sagt Niedermeyer: „Richtig getragenes Leiden", ist eine „Leistung von hohem sozialen Wert und zwar einem um so höheren sozialen Werte, je mehr das Leiden erfüllt ist vom Gedanken des stellvertretenden Leidens, des Sühneleidens". Er meint weiter: „Das Kreuz und sein Mysterium aber ist es gerade, das die Anhänger der Euthanasie scheuen." Es ist zwar nicht leicht, zu verstehen, was Todesleiden ist, denn noch ist, was der Tod ist, nicht ausgedacht. Aber solche Gedankengänge über den Sinn des Leidens sind ohne Barmherzigkeit und entspringen einem falschen Verständnis des Christentums und des Leidens Christi. Mit Recht schreibt der Mediziner H. D. Hiersche aus ärztlicher Sicht, „daß die Forderung, das Leiden bis zum bitteren Ende durchzustehen, nur noch als doktrinäre Verschrobenheit der Glücklichen, nicht Betroffenen, bezeichnet und als inhuman gewertet werden muß" (Euthanasie, Probleme der Sterbehilfe, 1975).

Insofern ist die Antwort, die Pius XII. vor verschiedenen Anästhesiologentagungen gegeben hat (24. 11. 1956; 24. 2. 1957; 9. 11. 1958) humaner und wird seitdem mit Recht im ärztlichen Bereich weitgehend akzeptiert. Der Papst erklärte, daß schmerzlindernde Mittel auch dann gegeben werden dürfen, wenn sie eine Verkürzung der Lebensdauer mitbewirken.

Daß diese Antwort des Papstes auch moraltheologisch neue Wege weist, betont der Strafrechtler E.-W. Hanack: „Man sollte sich zunächst über folgendes im klaren sein: Wenn man die schmerzlindernde Sterbehilfe auch um den Preis einer lebensverkürzenden Nebenwirkung zuläßt, so bedeutet das in der Sache durchaus einen Einbruch in das traditionelle Verbot der ‚aktiven Euthanasie' ... Die Grenze, die danach die erlaubte Schmerzlinderung von der verbotenen ‚aktiven Euthanasie' trennt, ist dünn, ja hauchdünn; und sie ist ohne Zweifel in einer Reihe von Fällen weniger zwingend, so vor allem in bestimmten Extremfällen, bei denen man sich fragen mag, ob die direkte Tötung nicht ‚besser' ist als die bloße oder ständige Schmerzlinderung". Der holländische Theologe und Professor für ärztliche Ethik an der medizinischen Fakultät der Universität Maastricht, P. Sporken, schreibt, daß „meiner Meinung nach kein wesentlicher Unterschied besteht zwischen der ... einem Sterbenden verabreichten übermäßigen Dosis schmerzstillender Mittel und der noch etwas größeren Dosis (oft in Verbindung mit anderen Mitteln). Im zweiten Fall wird der Tod nicht zwei Wochen, sondern etwa drei Wochen und sechs Tage früher (heute schon) eintreten" (Darf die Medizin was sie kann, 1971 S. 205). „Ich bin weiterhin davon überzeugt, daß aktive Euthanasie bei Mitwissen der betroffenen Person in besonderen Fällen ethisch gerechtfertigt werden kann als das letzte, was ein Mensch unter Voraussetzung eines sehr persönlichen Verhältnisses für seinen Mitmenschen zu tun vermag."

Sporken weist übrigens mit Recht darauf hin, daß moraltheologisch gesehen auch zwischen der allgemein praktizierten passiven und der verbotenen aktiven Euthanasie im Grunde kaum zu unterscheiden ist. „An erster Stelle deshalb, weil die vorsätzliche Unterlassung dessen, was das Leben rettet, ethisch gleichzusetzen ist mit einer Tat, durch die man jemand das Leben nimmt." Passive Euthanasie bedeutet, daß man „nicht mehr die maximalen therapeutischen Möglichkeiten anwendet. Konkret zeigt es sich so, daß man in aussichtslosen Fällen etwa eine tödliche Lungenentzündung nicht mehr bekämpft und den Patienten in Frieden sterben läßt. Das hält man allgemein für richtig. Wenn man hingegen in einer normalen Situation einen Menschen an Lungenentzündung sterben läßt, obwohl man ihn retten konnte, macht man sich des Mordes schuldig. Das ist begreiflich, weil ethisch gesehen kein wesentlicher Unterschied besteht zwischen einer Handlung, durch die man jemanden tötet, und der vorsätzlichen Unterlassung dessen, wodurch man sein Leben hätte retten können. Deswegen scheint es mir äußerst schwierig, wenn nicht sogar unmöglich, einen wesentlichen Unterschied aufzuzeigen zwischen den soeben beschriebenen Fällen (passiver Euthanasie) und der ‚aktiven Euthanasie'". Über dieses Problem der Unterscheidung zwischen der sogenannten aktiven und der sogenannten passiven Euthanasie schreibt auch Karl Rahner in seinem Aufsatz „Die Freiheit des Kranken in theologischer Sicht": „Bei solchen konkreten Regeln, die zwischen einem legitimen Sterbenlassen und einer direkten Tötung zu unterscheiden versuchen, bestehen theoretische Dunkelheiten, die noch weiterer Klärung bedürfen, wodurch vielleicht eine erhebliche Umstrukturierung der Antwort auf die hier gegebenen Probleme erreicht würden."

Ebenso unklar und dunkel ist in der Moraltheologie auch der Unterschied zwischen erlaubter „indirekter" Selbsttötung und nicht erlaubter „direkter" Selbsttötung. So findet man bei vielen Moraltheologen einen Gedanken, der in die Richtung der Freiheit zum Tode des vom Tode Bedrohten und damit der Selbsttötung im Sterbefall hinweist, der aber nicht konsequent zu Ende gedacht wird. Der Moraltheologe F. A. Göpfert: „Man darf, um einer Feuersgefahr zu entgehen, sich aus der Höhe herabstürzen, auch mit Gefahr des Todes, besonders wenn irgendwelche Hoffnung ist, wenigstens das Leben zu retten" (Moraltheologie II 1906). Man darf es also auch, wenn keinerlei Hoffnung besteht, das Leben zu retten. Der Moraltheologe H. Jone: „Es ist daher erlaubt, sich von einem hohen Punkte herabzustürzen, um dem Feuertode zu entgehen, besonders wenn noch irgendeine Hoffnung besteht, mit dem Leben davonzukommen." Erlaubt also auch, wenn nicht irgendeine Hoffnung besteht. Der Moraltheologe J. E. Pruner stellt die Frage: „Ist es erlaubt, Rettung von unvermeidlichem Tode durch ein Mittel zu suchen, welches mit großer Wahrscheinlichkeit den Tod in einer anderen Gestalt herbeiführt, z.B. sich aus dem Fenster eines brennenden Hauses stürzen mit Gefahr, dadurch zu Grunde zu gehen?" Antwort: „Gewiß, wenn der Gefährdete dafür hält, er entziehe sich dadurch einer größeren Gefahr oder einem ebenso gewissen, aber qualvolleren Tode" (Katholische Moraltheologie I 1902).

Während Jone und Göpfert (genau so übrigens Mausbach) den Fall dadurch zu entschärfen und moralisch annehmbar zu machen suchen, daß sie ihn unter „indirekt sich zu töten" fassen, „indirekt tötet jemand sich selbst, wenn er den Tod zwar durchaus nicht beabsichtigt, aber mit Wissen und Willen eine Handlung setzt, aus der nicht nur die beabsichtigte gute Wirkung, sondern auch der Tod folgt" (Jone), gibt Pruner klar zu, daß es sich, falls „nicht bloß Gefahr damit verbunden ist, sondern wenn mit *Gewißheit* aus der Handlung unmittelbar der Verlust des Lebens erfolgt", nicht um „indirekte Selbsttötung" handelt, sondern um direkte Selbsttötung, oder, wie er es nennt: um „Selbstmord", der „nie und nimmer erlaubt" ist „trotz des besten dadurch für den Nächsten oder das Gemeinwohl erreichbaren Zweckes". Obwohl also Selbstmord „nie und nimmer" erlaubt ist, fährt Pruner dann fort, das Verbot des Selbstmordes sei zwar „unzweifelhaft als Prinzip festzuhalten. In der Anwendung auf praktische Fälle kommen aber die Kasuisten nicht durchweg zum gleichen Resultate". Das heißt: in der Beantwortung konkreter Fälle weichen er und andere Moraltheologen von ihren eigenen „unzweifelhaften" Prinzipien ab und sehen direkte Selbsttötung als erlaubt an.

Die Frage, ob es erlaubt sei, sich aus einem brennenden Haus in die Tiefe zu stürzen, um einen weniger qualvollen Tod zu finden, taucht in den Lehrbüchern der Moraltheologen seit Ende des 18.Jahrhunderts auf. Aber da, wo diese Frage bejaht wird, bleibt sie ohne Konsequenzen für ähnliche Fälle, ein mehr oder weniger abstraktes Schulbeispiel für Menschen, die in der Panik der Feuersbrunst kaum noch moraltheologische Erwägungen anstellen dürften. Dabei könnte diese erstmals von Alfons von Liguori aufgeworfene Frage, die von vielen Moraltheologen bejaht wird, durchaus zu Konsequenzen führen.

In der Praxis könnte also die Frage gestellt werden: Darf auch ein Sterbenskranker im aussichtslosen Stadium den „ebenso gewissen" aber weniger qualvollen Tod wählen? Man könnte zunächst einwenden: der Sprung aus dem Fenster des brennenden Hauses verkürze das Leben nur unwesentlich gegenüber dem Verbrennungstod. Die Selbsttötung eines Sterbenden dagegen verkürze das Leben unter Umständen in höherem Maße. Aber immerhin, auch der, der sich aus „der Höhe herabstürzt", findet seinen Tod schneller als er ihn sonst gefunden hätte. Die Tatsache, daß im einen Fall ein qualvolles Sterben, im anderen ein gesundes Leben verkürzt wird, sollte nicht gegen die Freiheit des Sterbenden sprechen. Wer will hier überhaupt messen ohne Vermessenheit?

Daß das Zauberwort „indirekte Selbsttötung" vorn und hinten nicht paßt, sondern unter Umständen dazu angetan ist, einige Moraltheologen zu unhaltbaren Folgerungen zu führen, die dem Christentum geradezu entgegengesetzt sind, zeigt folgende Frage: „Darf man in gemeinsamer Todesgefahr das einzige Mittel zur Rettung des Lebens, das übrig geblieben, einem anderen abtreten? Ja, wenn man dadurch sein eigenes Leben nur einer größeren Gefahr aussetzt; – *nein*, wenn man durch Aufgeben des Rettungsmittels sich unmittelbar den Tod gibt, wie z.B. wenn ein Schiffbrüchiger von dem Balken, an dem er sich angeklammert hat, sich ins Meer stürzt, um ihn einem anderen zu überlassen, ohne des Schwimmens kundig zu sein oder ein anderes Rettungsmittel erwarten zu können". Mit Recht weist Pruner angesichts solcher konsequenten Folgerung aus dem Prinzip der niemals erlaubten direkten Selbsttötung auf das Wort Jesu hin: „Größere Liebe hat niemand als die, daß einer sein Leben hingibt für seine Freunde" (Johannes 15, 13).

Das Problem der Selbsttötung ist äußerst schwierig und nicht mit der gängigen moraltheologischen Einteilung in niemals erlaubte direkte Selbsttötung und unter Umständen erlaubte indirekte Selbsttötung ehrlich zu meistern. Schwieriger noch und noch komplexer ist das Problem der aktiven Euthanasie. Es betrifft nicht nur die christliche Moral. Eine große Zahl wichtiger Fragen, die in diesem Zusammenhang sich ergeben, kann hier nicht behandelt werden, z.B. die schwierige medizinische Frage, ob nicht vielleicht die rechtzeitige passive Euthanasie (= Abbruch der Behandlung) die aktive Euthanasie weitgehend überflüssig macht; auch nicht die komplizierten juristischen Probleme, wie z.B. dieses, wann und wie der Wille zur aktiven Euthanasie vom Sterbenden kundgetan werden müßte; oder auch die Frage, ob so etwas überhaupt juristisch geregelt werden kann; auch nicht die Frage des Unterschieds zwischen (strafloser) Beihilfe zum Selbstmord und (strafbarer) Tötung auf Verlangen und ob nicht in Zukunft auch letztere straflos sein sollte – also eine Änderung des § 216; schließlich auch nicht die psychologischen Probleme eines möglichen Mißtrauens seitens des Sterbenden gegenüber vermeintlichen Tötungsabsichten der Umgebung. Es soll hier nur die Frage gestellt werden, ob es nicht vom christlichen Standpunkt aus denkbar ist, daß ein Mensch unter Umständen das Recht hat, durch den Tod seinem Leiden selbst ein Ende zu setzen oder daß ein anderer ihm legitimerweise dabei hilft.

Zuerst erschienen unter dem Titel „Messen ohne Vermessenheit" in W. Höfer (Hg.) „Leben müssen – sterben dürfen", Bergischgladbach 1977, Lübbe-Verlag.

Gott hänget, rädert, enthauptet, würget, krieget

Todesstrafe und Religion im Lauf der Geschichte

Im Jahre 1762 wurde der 64jährige französische protestantische Kaufmann in Toulouse, Calas, nach dem Selbstmord seines Sohnes Marc-Antoine gerädert. Man warf Calas vor, seinen Sohn erhängt zu haben, weil er angeblich dessen Übertritt zum Katholizismus verhindern wollte. Voltaire erreichte durch seinen Einsatz und das Gewicht seiner Persönlichkeit eine Revision des Prozesses, und 1765 wurde der Hingerichtete nachträglich von aller Schuld freigesprochen. Voltaire erreichte durch sein Bemühen auch in anderen Fällen die nachträgliche Rehabilitierung schon Hingerichteter, wie z.B. im Falle des Chevalier de la Barre. Dieser war verurteilt worden, weil er ein Kruzifix verstümmelt haben sollte. Nachgewiesen wurde ihm nur, daß er nicht den Hut vor der Prozession des Heiligsten Sakramentes abgenommen und „anstößige Lieder" gesungen hatte. Er wurde gefoltert, enthauptet und verbrannt. Voltaire hat die Todesstrafe als solche nicht verworfen. Trotzdem wurde der Fall des Jean Calas ein Wendepunkt in der Geschichte der Todesstrafe: Dieser Justizirrtum war Anlaß dazu, daß der aufgeklärte italienische Jurist Cesare Beccaria leidenschaftlich die Todesstrafe überhaupt in Frage stellte in seinem Buch „Von den Verbrechen und Strafen" von 1764. Sein Buch wurde kirchlicherseits verboten. Beccaria war der erste, der in einem wissenschaftlichen Werk sich gegen die Todesstrafe aussprach. Gegner der Todesstrafe hatte es auch schon vor ihm gegeben, z.B. die Waldenser und Wiedertäufer. Im Falle ihrer Rückkehr zur Kirche mußten erstere auf Anordnung des Papstes Innozenz III. 1210 beschwören: „Von der weltlichen Gewalt behaupten wir, daß sie ohne Todsünde ein blutiges Urteil vollstrecken kann, sofern sie zur Verhängung der Todesstrafe nicht aus Haß, sondern nach Recht, nicht unbesonnen, sondern mit Überlegung schreitet". Leider waren die Reformatoren durchaus keine geringeren Befürworter der Todesstrafe. Luther schreibt über die weltliche Obrigkeit: „Die Hand, welche das Schwert führt und würget, ist nicht mehr Menschen

Hand, sondern Gottes Hand, und nicht der Mensch, sondern Gott hänget, rädert, enthauptet, würget, krieget".

Nicht die Kirchen sind diejenigen gewesen, die ihre Stimme zuerst wirksam gegen die Todesstrafe erhoben, vielmehr ging ihre Abschaffung von antikirchlichen Aufklärern aus und hat sich überall mehr oder weniger gegen den Widerstand der Kirchen durchsetzen müssen. Seit der Aufklärung bis in unser Jahrhundert hinein wurde von Theologen der Einsatz für die Abschaffung der Todesstrafe unter anderem als Ausfluß einer „materialistischen Lebensbetrachtung" (F. Tillmann, Handbuch der katholischen Sittenlehre, 1940) angesehen. „Alle hervorragenden Lehrer der Kirche bezeugen die Erlaubtheit der Todesstrafe... Erst in der Aufklärungszeit führte... die Diesseitsethik zum Widerspruch gegen ihre Zulässigkeit" (J. Mausbach, Katholische Moraltheologie, 1938). Oder wie der Jesuit und Moralphilosoph V. Cathrein 1899 schreibt: „Allerdings, vom Standpunkt des ungläubigen Liberalismus, der entweder alles Unsterbliche am Menschen positiv läugnet oder wenigstens nichts davon wissen zu können vorgibt, hat die Todesstrafe etwas Furchtbares. Sie ist von diesem Standpunkt eben die völlige physische und moralische Vernichtung des Menschen, ein ehrloses Ende ohne Trost und ohne Hoffnung. Wohl begreiflich deshalb, daß die Anhänger des Naturalismus sich mit solcher Entschiedenheit gegen die Todesstrafe aussprechen, und daß der im Unglauben verharrende Verbrecher mit stumpfer Verzweiflung dem Tode entgegensieht oder vor Wut knirschend und tobend um sich schlägt" (Moralphilosophie II S. 650f.). Und Kardinal Joseph Höffner schreibt in seiner „Christlichen Gesellschaftslehre" 1983: „Die Heiligkeit der Gottesordnung wird durch die Todesstrafe auch in diesem Äon als ‚mächtig' erwiesen."

Der evangelische Theologe Ernst Wolf, selber ein Gegner der Todesstrafe, spricht 1960 von der bemerkenswerten Tatsache, „daß gerade Theologen und zwar solche beider Konfessionen, vielfach für die Todesstrafe eintreten" (Todesstrafe, S. 37). Und das katholische „Herders Theologisches Taschenlexikon" (1973) schreibt, daß „auch heute noch die meisten katholischen und evangelischen Theologen die wohl bedeutsamste Gruppe der ernst zu nehmenden Verteidiger der Todesstrafe sind". In der Tat: die Christen haben zwar die Todesstrafe nicht erfunden, aber sie arrangieren sich leichter mit ihr.

Die Todesstrafe ist ein archaischer Rest einer sonst längst überwundenen Rechtsauffassung. Die eigentliche Todesstrafe, Hinrichtung, bezog sich bei allen älteren Kulturvölkern zunächst nur auf Verbrecher, die sich gegen das ganze Gemeinwesen vergingen (z.B. Heiligtumsschändung, Kriegsverrat). Die Täter verfielen der Volksrache. Die Tötung hatte vielfach sakrale Formen der Schlachtung und Opferung. Daneben gab es bei allen alten Völkern immer die private Blutrache für Vergehen, die nur den einzelnen oder seine Sippe betrafen, z.B. Tötung eines freien Menschen. Auch diese zunächst privaten Delikte werden allmählich im Interesse des allgemeinen Friedens der privaten Blutrache und Fehde entzogen und vom Gemeinwesen der öffentlichen Todesstrafe unterworfen. Gerade auch hier kommen religiöse Auffassungen ins Spiel: die Einmischung des Gemeinwesens in die ursprünglichen Privatdelikte und private Blutrache ist bestimmt von der religiösen Idee, daß die Tat nicht nur den einzelnen oder seine Gruppe betrifft, sondern das ganze Volk befleckt und im Interesse des Friedens mit den Göttern gesühnt werden muß. Solche Entwicklung von privater Blutrache zu religiös motivierter Todesstrafe finden wir z.B. bei den Griechen, Römern und Juden. Während aber Griechen und Römer im weiteren Fortschritt des Rechtsdenkens religiöse Erwägungen vom Fluch der ungesühnten Blutschuld u.ä. allmählich fallen lassen und weltlich-rechtliche Gedanken in den Vordergrund stellen, ist einzig das jüdische Recht und die jüdische Strafjustiz bleibend von religiösen Vorstellungen beherrscht. Wie auch immer begründet, religiös oder säkular, jedenfalls war zur Zeit des aufkommenden Christentums die Todesstrafe im ganzen römischen Reich üblich.

Das Neue Testament nimmt zur Frage der Todesstrafe als solcher nicht ausdrücklich Stellung. Die Stelle Matth. 26,51, wo Jesus bei seiner Gefangennahme dem Petrus gebietet, sein Schwert wegzustecken, mit den Worten: „Alle, die zum Schwert greifen, werden durch das Schwert umkommen", ist lediglich eine Warnung des Petrus vor dem römischen Recht. Es gibt jedoch eine neutestamentliche Stelle, die eine Auskunft gibt über Jesu Stellung zur Vollstreckung der gesetzlichen Todesstrafe in einem konkreten Fall. Das ist die Perikope von der Ehebrecherin: „Da bringen die Schriftgelehrten und die Pharisäer eine Frau, die beim Ehebruch ergriffen worden war, stellen sie in die Mitte und sagen zu ihm: ‚Meister, diese Frau ist auf frischer Tat beim Ehebruch ergriffen worden. Im Gesetz aber hat uns Moses geboten, solche zu steinigen. Was sagst nun du?...' Da bückte sich Jesus nieder und schrieb mit dem Finger auf die Erde. Als sie ihn aber beharrlich weiter fragten, richtete er sich auf und sprach zu ihnen: Wer unter euch ohne Sünde ist, werfe den ersten Stein auf sie" (Joh. 8, 2ff.). Es handelte sich bei dieser Ehebrecherin übrigens um eine junge Braut von 12 Jahren 1 Tag bis 12 ½ Jahren, was die ganze Härte des damaligen jüdischen Strafgesetzes zeigt. Wäre sie jünger als 12 Jahre 1 Tag gewesen, hätte sie als minderjährig und damit straffrei gegolten. Wäre sie älter als 12 ½ Jahre gewesen, hätte eine andere Todesstrafe für sie gegolten, nämlich das Erdrosseln. Zu der textkritischen Frage, daß Joh. 7,53 – 8,11 nicht zum ursprünglichen Bestand des Johannesevangeliums gehört, sagt Ernst Wolf mit Recht, daß diese Stelle „denselben Anteil an der historischen Problematik authentischer Jesusworte wie die unzweifelhaft zu den kanonischen Schriften gehörigen" hat. Die Vertreter der Todesstrafe berufen sich vor allem auf Paulus, der Röm. 13,4 schreibt: „Wenn du aber Böses tust, so fürchte dich, denn nicht umsonst trägt sie (die Obrigkeit) das Schwert: denn Gottes Dienerin ist sie, eine Rächerin zum Zorngericht für den, der das Böse verübt". Die Stelle bezieht sich aber auf das Schwert als Rechtssymbol staatlicher Gewalt, nicht auf das Richtschwert.

Nachdem die Christen der ersten drei Jahrhunderte – unter dem Eindruck der blutigen Christenverfolgungen – sich gelegentlich gegen die Todesstrafe aussprachen, hat sich, seit das Christentum zur Herrschaft gelangte, die Anwendung der Todesstrafe nicht vermindert, vielmehr vermehrt. Seit Konstantin wird sie auch bei minderen Delikten verhängt.

Im germanischen Bereich führte der berechtigte Kampf der Kirche gegen die private Blutrache und Fehde zu einem Ausbau geordneter staatlicher Strafjustiz und förderte damit die staatliche Todesstrafe. Nachdem die Todesstrafe institutionalisiert war, hat die Kirche sich weder für noch gegen die Todesstrafe engagiert. Sie selbst verschmähte es in einem horror sanguinis (Horror vor Blut), Todesurteile zu fällen und verbot ihren Klerikern, sich an Verhängung und Vollstreckung der Todesstrafe zu beteiligen. Ja, sie schärfte den geistlichen Oberen ein, den zum Tode Verurteilten Asylrecht zu gewähren und so auf ihre Besserung hinzuwirken.

Das passive oder gar mildernde Verhalten der Kirche gegenüber der staatlich verhängten Todesstrafe änderte sich dann bei den Ketzerverfolgungen. Seit dem 11. Jahrhundert beginnt Ketzerei staatlicherseits gelegentlich mit dem Tod bedroht zu werden. Es kommt seit dem 12. Jahrhundert zu einer wachsenden Zusammenarbeit von Kirche und Staat zur Unterdrückung der Ketzer, zunächst noch vorwiegend durch Bann und Vermögensstrafen. Dann aber wird durch Kaiser Friedrich II. erstmals der Feuertod für Ketzer angeordnet und diese Anordnung durch Papst Gregor IX. ausdrücklich gefördert. Die Aburteilung und praktisch auch die Verhängung der Todesstrafe erfolgte vor den geistlichen Gerichten, die Vollstreckung durch die weltlichen Organe. Oder, wie das Kirchenlexikon Wetzer und Welte, 1899, sagt: Da aus der Offenbarung die Befugnis der Kirche, Todesurteile zu verhängen, „nicht klar" hervorgehe, sei es so gewesen: „Die Kirche hat sich damit begnügt, den Schuldigen dem weltlichen Arm zu überliefern mit der Bitte, das Leben des Verurteilten zu schonen; der weltliche Richter verhängte dann, der Bitte ungeachtet, nach der ganzen Strenge des weltlichen Gesetzes die Strafe." Die Verantwortung der Kirche für die Ketzerverbrennungen dürfte dadurch nicht gemindert sein. Die Auffassung Luthers: „Die Verbrennung der Ketzer ist gegen den Willen des Heiligen Geistes", wird denn auch in der Bulle 1520 (Exurge Domine) als ein Irrtum Luthers päpstlicherseits verdammt. Aber leider haben die Reformatoren, als sie ihrerseits Einfluß gewannen, nicht zu einer Verminderung der Ketzerverbrennungen und der Todesstrafe überhaupt beigetragen. Calvin z.B., selbst von den Ketzerverfolgungen des katholischen Frankreich betroffen, läßt später in seinem Exil in Genf den Dr. Servet 1553 als Ketzer verbrennen.

Tatsache ist, daß seit der Reformation, wenn auch nicht infolge der Reformation, die Häufigkeit der Todesstrafe erheblich zunimmt. Diese Zunahme hängt zusammen mit dem Anwachsen des gewerblichen Verbrechertums in ganz Europa. Gaunerisches Gesindel verunsicherte seit dem 15. Jahrhundert zunehmend die Länder. Die zwei letzten Drittel des 16. und das erste des 17. Jahrhunderts verzeichnen den Höchststand an Todesstrafen. Unter Heinrich VIII. sind 72000, unter Elisabeth 89000 Todesurteile gefällt worden. In Deutschland soll der Inhaber des Leipziger Schöffengerichts, Benedikt Carpzow, allein von 1652 bis 1660 rund 20000 Todesurteile gesprochen haben. Ein Nürnberger Scharfrichter am Anfang des 16. Jahrhunderts hat in zwanzig Jahren 1159 Todesurteile vollzogen.

Die Todesstrafe erfolgt seit etwa 1530 schon für kleine Verbrechen wie Diebstahl, Arbeitsscheu, Bettelei, so daß sich der Tatbestand ergibt, daß nicht das „finstere“ Mittelalter, sondern der Übergang zur Neuzeit den Höhepunkt der Todesstrafen und Grausamkeit verzeichnet. In einem Zeitalter, da die dritte Form der Strafe, d.h. die Freiheitsstrafe, noch nicht entwickelt war, sondern nur die seit je her bekannten Leibes- und Vermögensstrafen, welch letztere zudem gegen Vermögenslose nicht anwendbar waren, suchte man die der Unterschiedlichkeit der Tat entsprechende Differenzierung der Strafe weithin auf dem Gebiet der Leibesstrafen zum Ausdruck zu bringen. So kennt z.B. die peinliche Gerichtsordnung Karls V., die Carolina von 1532, in der die Todesstrafe die häufigste Strafe ist, folgende Arten der Todesstrafe: a) qualifizierte (Vierteilen, lebendig Begraben, Pfählen, Verbrennen, Rädern); b) einfache (Ertränken, Erhängen, Enthaupten).

Für Zauberei ist in der Carolina die Todesstrafe der Verbrennung vorgesehen. Seit 1326 waren von Papst Johannes XXII. die Zauberer den Ketzern gleichgestellt worden. Auch Luther und Calvin haben sich für die Ausrottung der Hexen engagiert. Diese vom 14. bis zum 17. Jahrhundert währenden Hexenverfolgungen und -verbrennungen sind unter starker kirchlicher Befürwortung zustandegekommen. Der „Horror vor Blut“, den die Kirche den Todesstrafen gegenüber vertrat, ist im Fall der Ketzer und der Hexen nicht wirksam gewesen. Im Gegenteil, so wie man sich im Judentum auf den göttlichen Ursprung der Todesstrafe berief, so im christlichen Mittelalter. Man verwies u.a. auf Deuteronomium 18,10: „Kein Zauberer sei unter euch“.

Das Überhandnehmen der Todesstrafe führte endlich seit der zweiten Hälfte des 17. Jahrhunderts zu einem allmählichen Ausbau der Freiheitsstrafen und damit zur Abnahme der Todesstrafe. Zuerst in London 1580, dann in Amsterdam 1596, in Hamburg 1622 entstehen Zuchthäuser. Nachdem Beccaria sich 1764 für die Beseitigung der Todesstrafe einsetzte, wurde nach und nach in vielen Ländern die Todesstrafe abgeschafft, zuerst in Toscana 1786 (unter einem Sohn Maria Theresias), dann in Österreich 1787 unter dem aufgeklärten Joseph II. (ebenfalls Sohn der Maria Theresia).

Auch nachdem seit der Aufklärung die Todesstrafe zurückging, bleibt bei Katholiken und Protestanten weithin die Berufung auf Gott als denjenigen, der die Todesstrafe in der staatlichen Gesetzgebung fordert. „Das Recht der ... Todesstrafe ... kann man nur dann richtig verstehen und beurteilen, wenn man ausgeht von ... einer im Namen Gottes waltenden souveränen Gewalt ... Nur in der ethisch-religiösen Begründung der Strafgewalt ist eine Rechtfertigung der Todesstrafe möglich. Ohne diese ist sie nur eine rohe Rache oder ein grausames Abschreckungsmittel." (J. E. Pruner, Katholische Moraltheologie, I. 1902). Daß die staatliche Todesstrafe berechtigt ist, ergibt sich also aus dem Gebot Gottes. Ja, sogar umgekehrt wird argumentiert: aus der Praxis der Todesstrafe seitens des Staates ergibt sich, daß die Todesstrafe Gottes Gebot ist, denn „eine solche Gewalt ... konnte weder ein Mensch dem anderen, noch die Gesamtheit der Menschen einem bestimmten Individuum übertragen, sondern nur Gott allein ... Es ist darum nur folgerichtig gedacht, wenn der Liberalismus, der das Königtum von Gottes Gnaden negiert, auch die Todesstrafe abschaffen will" (F. A. Göpfert, Moraltheologie I., 1897). Man kann „nach den Gesetzen der historischen Analogie vermuten, daß es Geistliche sein dürften, welche dereinst als die letzten die Notwendigkeit des amtlichen Blutvergießens im Namen der göttlichen Gerechtigkeit verlangen werden, nachdem Staatsmänner und Richter längst Abschied davon genommen haben" (v. Holtzendorff, zitiert bei E. Wolf a. a. O.). Die Berufung auf den göttlichen Ursprung menschlicher Einrichtungen verleiht diesen eine besondere Dauerhaftigkeit.

Die Frage nach dem Recht der Todesstrafe kann heute nicht mehr mit Zitaten aus der Bibel geführt werden. Der säkulare Staat muß auf eine sakrale Begründung seiner selbst und seiner Gesetze verzichten und sich allein an den Gesichtspunkten der Vernunft und der Menschlichkeit ausrichten. Daß diese Gesichtspunkte ihrerseits in unserem Kulturbereich weithin von christlichem Geist geprägt sind, sollte gerade nicht für die Todesstrafe sprechen. Die Religion der Vergeltung und Rache, die durch das Christentum als der Religion der Liebe und Besserung überwunden werden sollte, darf nicht in der Forderung nach der Todesstrafe eine letzte Zuflucht finden.

Mag auch der Fromme sich bei der Todesstrafe mit der Erwägung trösten, daß bei der Todesstrafe „die ewigen Güter des Menschen unverletzt bleiben" (Wetzer-Welte Kirchenlexikon, 1899) oder: die Todesstrafe „wie jede andere im rechten Geist erduldete Strafe dient ... nach Gottes Ratschluß als ein Mittel, der göttlichen Strafe zum Teil wenigstens zu entgehen" (Pruner); oder: „Der unschuldig Verurteilte hat es übrigens in seiner Gewalt, das von der Vorsehung zugelassene harte Mißgeschick in unvergängliche Kronen zu verwandeln, wenn er es in geduldiger Ergebung über sich ergehen läßt" (Cathrein); oder: „Endlich ist das jenseitige Dasein nur für den Zweifler in völlige Ungewißheit gehüllt; der gläubige Christ weiß, daß auch nach einem Verbrecherleben die reumütige Vorbereitung dem Tode seine Schrecken nimmt... Die Möglichkeit des Irrtums ist allerdings vorhanden... die unverdiente Strafe kann sich dem Unschuldigen zu ewigem Verdienst verklären" (Wetzer und Welte Kirchenlexikon), so fallen solche Überlegungen für den säkularen Staat völlig weg, und er muß sich mit noch größerem Engagement für das Recht auf Leben einsetzen als jene Theologen.

Wie die Todesstrafe bei allen Völkern von Anfang an mit religiösen Vorstellungen der Reinigung von Blutschuld verbunden war und sich lange Zeit mit Berufung auf Gott und Gottes Gesetz im Judentum und Christentum nicht nur durchhalten konnte, sondern in bezug auf Ketzer und Hexen einen Höhepunkt erlebte, ist sie heute nur noch ein sakraler Rest eines unaufgeklärten barbarischen Rechtsdenkens. Nachdem der auch für den säkularen Staat wichtige Gesichtspunkt der Abschreckung wegfällt, da in keinem Land der Welt beobachtet wurde, daß die Abschaffung der Todesstrafe eine Zunahme des Verbrechens oder ihre Einführung eine Abnahme bewirkte, dürfte heute alles gegen, nichts mehr für die Todesstrafe sprechen. Freilich soll Strafe abschreckend wirken, denn zweifellos beruht der Schutz der Rechtsgüter auch auf der Furcht vor Strafe. Aber die wirksamste Furcht vor der Strafe ist die „Überzeugung von der Unentrinnbarkeit der Strafverfolgung" als solcher. Sie ist weitaus wichtiger, als „die Vorstellung von der konkreten Ausgestaltung einer ungewissen Bestrafung. Die Erhöhung der Quote von Mordfällen, welche zur Verurteilung führen... wirkt stärker abschreckend als verschärfte Strafen" (Religion in Geschichte und Gegenwart, 1931). Nicht die Strafe also soll erhöht werden, sondern die Verfolgung des Täters muß intensiviert werden. Der evangelische Theologe Karl Barth, ein Gegner der Todesstrafe, schreibt bezüglich der Abschreckung der Todesstrafe: „Die Furcht vor der Todesstrafe aber kann dem potentiellen Verbrecher nur die sehr unerwünschte Überzeugung einflößen, daß er es auch in der Gesellschaft letztlich mit einem wilden, sehr gefährlichen Tier zu tun hat, demgegenüber mit höchster Vorsicht umzugehen am Platze ist, nach deren Vorbild aber auch ihm letztlich jedes Mittel erlaubt ist“ (Die kirchliche Dogmatik, 1957). Die Humanisierung des Strafrechts vertritt auch E. Wolf, wenn er sagt: „Der Verzicht auf die Todesstrafe fordert in der Tat nicht zuletzt vom Menschen Selbstüberwindung, Überwindung der Angst, der Rachsucht und anderer Wünsche, ist also für sich eine ethische Aufgabe.“

Was schließlich den Einwand anbelangt, daß die Todesstrafe für den Betroffenen barmherziger ist als lebenslängliche Haft, so gehen mit Recht die Bestrebungen des modernen Strafrechts dahin, weder zum Tode noch bis zum Tod zu verurteilen, noch die Freiheitsstrafe bis zur Zerstörung der Persönlichkeit zu vollstrecken, sondern sie höchstens 12–15 Jahre dauern zu lassen.

Zuerst erschienen unter dem Titel „Todesstrafe und Religion“ in: Werner Höfer (Hg.) „Knast oder Galgen?“, Percha 1975, R.S. Schulz Verlag.

Ungehaltene Rede

Der mißhandelte Planet

Eine ungehaltene Rede an die Mächtigen dieser Welt

Herr Präsident,
meine Damen und Herren!

Ich möchte ein wenig über Politik reden. Über Politik nachzudenken, scheint mir notwendig. Vordergründig gesehen mag es überflüssig erscheinen, vor Politikern über Politik zu sprechen, denn es gilt allgemein als ausgemacht, daß Politiker wissen, was Politik ist, sie sind es schließlich, die die Politik bestimmen und machen. Doch ist dieser Umstand keine Widerlegung der Notwendigkeit, über Politik nachzudenken, er unterstützt diese vielmehr, denn von der von Politikern gemachten Politik ist zu oft zu sagen: sie ist auch danach. Bei der Politik ist es in mancher Hinsicht wie beim Christentum. Es mag überflüssig scheinen, vor Christen etwas über Christentum zu sagen, denn die Christen sind es schließlich, die das Christentum bestimmen und es weithin machen. Aber auch hier muß man sagen: das von Christen gemachte Christentum ist auch danach. So kommt es, daß wir seit fast 2000 Jahren Leute haben, die sich Christen nennen, und wir haben doch nur sehr wenig wirkliches Christentum. Und so kommt es, daß wir seit noch mehr tausend Jahren Leute haben, die sich Politiker nennen, und wir haben doch in all dieser Zeit und Gegenwart nur sehr wenig wirkliche Politik. Wie Christen sich gewöhnlich unchristlich verhalten, verhalten sich Politiker gewöhnlich unpolitisch. Regelmäßig haben diese so wenig wie jene begriffen, worum es geht.

Manchmal vereinen sich die Nichtbegreifer beider Lager zu einer recht sonderbaren Hochzeit, und sie zeugen miteinander den Zwitter „christliche Politik". Dieser Zwitter nimmt sich als Kleinkind harmlos aus, aber läßt man ihn wachsen und gedeihen, merkt man, daß es sich bei ihm um einen Wechselbalg handelt, der seinen Namen noch weniger verdient als schon seine Eltern, die Christen nämlich und die Politiker. Dieser Bastard ist gefährlich, er kann sich zu einem Monster auswachsen, das eines Tages die ganze Erde frißt. Den Schatten dieses Monsters habe ich kürzlich in der

Zeitung entdeckt mitten zwischen den Worten eines Bischofs über christliche Rüstungspolitik. Zwischen diesen Worten nämlich verbarg sich das Monster christlicher Bombenmoral. Der New Yorker Erzbischof O'Connor hat vor dem Ausschuß für Außenpolitik des USA-Repräsentantenhauses dargelegt, daß nach Ansicht der Kirche Nuklearwaffen nach reiflicher Überlegung sehr wohl eingesetzt werden dürfen, wenn eine „geringstmögliche Schädigung von Zivilpersonen gewährleistet ist". Daß der genannte Ausschuß Ausschuß ist, das verstehe ich, und dem will ich nicht widersprechen. Aber von dem guten Hirten O'Connor, der sich solchem Ausschuß zugesellte, würde ich gern wissen, was eine „geringstmögliche Schädigung von Zivilpersonen" ist. Wenn nur eine Zivilperson unter Milliarden nuklear verkocht wird, ist das eine geringstmögliche Schädigung von Zivilpersonen? Oder wenn die Zivilpersonen nur einer Stadt unter denen aus tausend Städten verstrahlt werden, wenn nur ein Land unter vielen verbrannt oder wenn nur ein Erdteil unter mehreren vernichtet oder wenn schließlich nur ein Planet unter Millionen denkbaren anderen ausgelöscht wird – ist das eine geringstmögliche Schädigung von Zivilpersonen? Und was ungeborene Zivilpersonen im Mutterleib betrifft, bis zu welcher Zahlenobergrenze stimmt die Kirche den „nach reiflicher Überlegung" nuklear bewirkten Abtreibungen zu, ohne daß sie ihr moralisches Postulat einer geringstmöglichen Schädigung von Zivilpersonen verletzt sieht und ein Verstoß gegen ihre Nuklearabtreibungsmoral vorliegt? Und was ist schließlich mit dem Erbgut der Zivilpersonen? Ist eine Schädigung des Erbgutes bis in die dritte oder vielleicht bis in die siebente Generation als geringstmögliche Schädigung nach christlichem Bombenkatechismus noch tolerierbar?

Überboten wird O'Connors Ausschußtheologie jedoch noch von den westdeutschen Bischöfen. Sie sprechen in ihrem Friedenshirtenbrief von 1983 nicht einmal mehr von „geringstmöglicher Schädigung der Zivilbevölkerung", sondern sind schon zufrieden, wenn die Atomwaffeneinsätze sich nicht auf „Bevölkerungszentren" oder „vorwiegend zivile Ziele" richten. Das heißt, atomzerstört werden darf nach ihnen unter Umständen ein Ziel, das 49 % Bevölkerung umfaßt, eigentlich auch 50 % aber nicht 51 %, denn das wäre ein vorwiegend ziviles Ziel.

Der Ausschußbischof vor dem Repräsentantenhaus und die westdeutschen Bischöfe haben sich zu Repräsentanten des Brankrott des Christentums gemacht, wie der Repräsentantenausschuß und jeder andere Bombenausschuß in aller Welt, in Ost und West, in West und Ost, den Bankrott der Politik offenbart.

Was ist Politik? Politik kommt von polis, und das heißt Stadt und Staat, bedeutet und meint aber immer schon mehr als Stadt und Staat, es bedeutet Heimstatt als die Stelle, an der wir leben. Heute begreift man immer mehr, daß die menschliche Heimstatt die Erde ist, ein kleiner Planet in einem Sonnensystem an einem Seitenarm einer Galaxie aus Milliarden Sternen, einer Galaxie unter zahllosen anderen. Unser Planet ist ein pures Nichts im Universum, aber er ist unsere Heimat, er ist unsere Polis. Dafür, daß er uns das sein kann, ist alles trefflich bereitet. Was der Mensch zum Leben braucht, wird ihm von der Erde unter der lebenspendenden Sonne zuteil. Insofern ist unsere Erde ein politischer Planet, und Gott, der dem Menschen die Erde zu seiner Heimstatt gewährte, ist ein politischer Gott. Unglücklicherweise ist der Mensch kein politischer Mensch. Die Behauptung des Aristoteles, daß er einer sei, hat sich als Irrtum erwiesen. Denn Politik müßte heißen, diese menschliche Heimstatt, Heimat zugleich für Pflanzen und Tiere, zu verwirklichen und zu bewahren. Politik müßte heißen, die Erde zu einer menschlichen Erde zu machen.

Was aber ist aus uns geworden? Die Politik der Politiker ist eine Mord- und Mörderpolitik von Anfang an, eine unaufhörliche Kette von Kriegen gegen den Menschen und die Erde selbst. Eine immer riesigere militärische und nichtmilitärische Vernichtungsmaschinerie dokumentiert einen immer tieferen Fall des Menschen in die Katastrophe, aus der zu entfliehen er immer weniger in der Lage ist, aus der zu entkommen er schließlich kein anderes Mittel weiß als den selbstmörderischen Tod. Und das von Menschen geschaffene Sterben der Kreatur, die toten Tiere und die toten Pflanzen, sind nicht nur die stumme Folge menschlichen Verbrechens, sie sind das laute Weinen der Erde über ihr Elend.

Dieser Planet ist unsere Polis und Heimat. Vor langer Zeit hat sich die Erde als eine dazu bereite gezeigt. Es war nicht wenig, was sie dazu einbrachte, denn es braucht viel, des Menschen Erde zu sein. Es brauchte dazu Milliarden Jahre an Zeit, es brauchte ein ganzes Universum dazu. Es mußten fremde Sonnen entstehen und vergehen, damit die Erde sich aus deren Stoffen bilden konnte, und es brauchte nach ihrer Entstehung wiederum Zeit und Geduld, und es brauchte vor allem Verstand über unseren Verstand hinaus, bis der Reichtum und die Schönheit der Erde sich in ihrer Flora und Fauna zu einem Ausmaß über unser Begreifen hinaus auch für den Menschen entfalteten. Es ist Verstand in der Sache. In einem einzigen Fliegenauge ist mehr Verstand verborgen als in den tausend Jahren menschlicher Politik. Die Erde hatte dem Menschen vertraut, als sie ihm Raum gab zum Leben. Aber der Mensch hat es nicht gedankt. Er hat nichts begriffen. Was die Erde in langer geduldiger Sorgfalt aufgebaut hatte, hat er in nahezu einem Augenblick zerstört. Er hat sich als Schläger entpuppt, der alles zerschlug, der in der Tollwut seines angeblichen Fortschritts demnächst sein Haus und sich selbst in die Luft sprengt, die diesen Namen Luft schon längst nicht mehr verdient, weil sie nicht mehr nach Erde riecht, sondern nach menschlicher Politik stinkt. Daß aus der Erde geworden ist, was aus ihr geworden ist, eine mißhandelte und verunstaltete, ein Gift- und Müllplanet zwischen Leben und Tod, das ist nicht ihre Schuld, das ist des Menschen Schuld. Daß sie eine Erde geworden ist, die in immer geringerem Maße Heimat für den Menschen blieb, daß sie immer mehr Ort des Schreckens und der Verwüstung wurde, daß sie am Ende eine nukleare Hölle sein wird und selber solche Hölle wird erleiden müssen, das liegt nicht daran, daß die Erde keinen Verstand hat, das liegt daran, daß der Mensch keinen hat.

Wenn die Erde sich retten will, muß sie sich vor dem Menschen retten. Sie muß die menschlichen Metastasen beseitigen. Es bleibt ihr nichts als eine Radikalkur. Und so wird der Mensch, wenn er demnächst sich tollen Sinnes mit seinen Friedenswaffen verkocht und verstrahlt haben wird, an seinen Bomben und seiner Dummheit gestorben sein, aber hinter dieser Wahrheit wird eine andere Wahrheit liegen, nämlich die, daß die Erde den Menschen ausgespieen haben wird, daß sie in der nuklearen Hölle, die der Mensch ihr antut, sich zugleich von ihrem unzurechnungsfähigen Höllenfürsten befreit.

Es kann sein, daß sie selber dabei stirbt, daß sie leer und ausgebrannt um eine vergebliche Sonne kreist. Es kann aber auch sein, daß sie überlebt, daß sie aus Krämpfen und Fiebern durch den myriadenfachen Tod ihrer Tiere und Pflanzen hindurch wieder erwacht, daß sie um sich sammelt und bewahrt, was sie noch hat, und daß es ihr gelingt, zu leben. Sie wird viel Zeit brauchen, aber wenn sie überlebt, wird sie einmal das ihr von Menschenhand bereitete Sterbekleid ablegen und sich von neuem schmücken. Sie wird wieder grünen und blühen und Pflanzen und Tieren Leben geben und den Menschen vergessen wie einen schlimmen Traum.

Wir leben in der Zeit, die sich unserem Ende nähert. Was uns betrifft, verdrängen wir Ende und Tod bis zuletzt. Wir wissen, daß das Haus des Menschen stirbt, aber wir sehen nicht hin und schiefen Blickes starren wir vorbei. Die Menetekel des Endes können wir an jedem Zifferblatt der Zeit ablesen. Aber wenn wir lange genug das Ende verdrängt haben, halten wir es schließlich für einen bloßen Schein. In Wahrheit hat unser Vorhandensein nur noch den Anschein des Lebens, in Wahrheit befinden wir uns schon jenseits der Todeslinie und bewegen uns nur noch mechanisch, so wie Geköpfte noch eine zeitlang sich weiterbewegen. Und in dieser sinnlosen Bewegung denken wir immer nur den sinnlosen Gedanken, daß Vernichtung Rettung bedeutet.

Wir sind nicht mehr zum Leben fähig, nicht mehr zu der Kraft, die es zum Leben braucht, nicht mehr zu dem Willen, dessen das Leben bedarf, nicht mehr zu dem Verstand, der notwendig wäre. Alles, was Politiker uns zu bieten haben, ist ein globales Endlösungsprogramm. Die Kirche ist, wie wir sahen, immer dabei. Das liegt an ihrer sittlichen Ordnung. Kardinal Höffner hat uns einen tiefen Einblick in diese sittliche Ordnung gewährt, als er von den atomaren Kampfmitteln erklärte: „Ihre Verwendung widerspricht nicht notwendig der sittlichen Ordnung" (Veröffentlicht im Bulletin des Presse- und Informationsdienstes der Bundesregierung am 7. Mai 1958). Wie der Hirte so die Schafe Es ist darum kein Wunder, daß das Zentralkomitee der Deutschen Katholiken sich als eine Anhäufung von Nato-Claqueuren darstellt. Zwar möchten manche Menschen ein Gewissen haben, und manche Menschen möchten das nicht fertigbringen, Nuklearwaffen einsetzen gegen andere Menschen nämlich. Aber ein solches Gewissen brauchen wir nicht zu haben, ein solches Gewissen brauchen wir uns nicht zu machen. So sagen uns die Manipulateure unseres Gewissens und blasen ihre Nukleartheologie unfehlbar und darum unbelehrbar weiter aus ihren leeren Köpfen.

Solche Theologie und solche, Politik sind Artikulationen eines Massenwahns. Wer auf Papstworte steht, der könnte gerade in diesem Jahr 1984 das 500. Jubiläum der Hexenbulle „summis desiderantes affectibus", was man frei übersetzen könnte mit „Von den edelsten Gefühlen bewegt" feiern, mit der Papst Innozenz VIII. 1484 die Hexenverfolgung und -verbrennung intensivierte, diktierte und inspirierte, ein einem Wahn verfallener Papst, der für den Fall der Übertretung seiner Bulle zu wissen gab, daß jeder Übertreter „den Zorn des allmächtigen Gottes und seiner heiligen Apostel Petrus und Paulus auf sich laden werde". Es ist ein Wahn, zu glauben, Wahn käme nie von oben und Hirten führten nie in die Irre oder Hirten führten nur selten in die Irre und Wahn käme nur selten von oben, wie ja auch die Hexenbulle nur eine von 47 päpstlichen Erlassen gegen die Hexen innerhalb der Jahre 1258 bis 1526 war. Es ist also ein Wahn, zu glauben, Päpste und Kardinäle und Bischöfe seien gegen Wahn gefeit. Sie waren und sind vielmehr nicht selten Multiplikatoren des Wahns. Sie haben hierzulande zum Wahn des Nationalsozialismus maßgeblich beigetragen und sind heute Megaphone der Rüstung und merken nicht, daß sie wieder in einem Wahn befangen sind. Der Wahn sucht sich und findet immer neue Objekte, waren es damals die Hexen, so waren es neulich die Juden und ist es heute „die Sturmflut aus Asien vor den Toren und... Burgen Europas", wie die Kölner Kirchenzeitung am 18. Februar 1981 schreibt. Und wie heute der Kölner Kardinal in vorderster Front uns vor den roten Teufeln mit Atombomben schützt, so war es auch damals ein Kölner, der zum Schutz des christlichen Deutschland teufelsbesessene Frauen verbrannte. Es war der Kölner Dominikaner und Theologieprofessor Jacob Sprenger unseligen Angedenkens, von Innozenz VIII. als „geliebter Sohn" zum Verfolger insbesondere ungeliebter Töchter eingesetzt.

Karl Rahner, der bedeutendste katholische Theologe unseres Jahrhunderts, sagt mit Recht zu diesem dreifachen Wahn vorgestern, gestern und heute: „Wenn auch der Hexenwahn... nun vorbei ist, dann beweist er doch grundsätzlich, daß die Menschen auch in sogenannten christlichen Gegenden durch alle Schichten hindurch... einem Massenwahn verfallen können und dabei ein gutes Gewissen haben und diesen Wahn im Namen der Vernunft oder des Evangeliums verteidigen... Ist der Massenwahn des Nationalsozialismus schon so lange und weit in die Vergangenheit zurückverschwunden, daß wir uns jetzt einbilden könnten, wir seien von solchen Massenpsychosen frei, die doch auch bei Gescheiten und bei Lenkern der Völker gegeben sein können, ohne daß es jemand merkt und zugibt? Ist nicht z.B. die Aufrüstung auf der ganzen Welt, deren Kosten Millionen von Menschen hungern und sterben lassen, ein solcher Massenwahn?“ (Schriften zur Theologie, Band 16, 1984 S. 378). Rahner sagt in Erinnerung an Friedrich Spee, der unter Gefahr, selbst als Hexer verbrannt zu werden, in seiner „cautio criminalis“ für die Opfer kirchlicher Unmenschlichkeit seine Stimme erhob: „Müßten gegen den Irrwahn unserer Zeit nicht manche „cautiones criminales“ geschrieben werden, auf die wir noch warten?“ Er fügt hinzu: „Treten nicht auch heute noch Träger kirchlicher Autorität... Mahnern... gegenüber, wie sie es Spee gegenüber getan haben?“.

Was uns bleibt, ist die Trauer, was uns bleibt, ist eine kleine Spanne Zeit zur Umkehr, fort von dem Wahn der Vernichtungstheologie und der Vernichtungspolitik. Den Sanftmütigen ist in der Bergpredigt die Erde verheißen. Was heißt sanftmütig? Es bedeutet „freundlich“ im Gegensatz zu feindlich und streitsüchtig, es bedeutet Gewaltlosigkeit im Gegensatz zu Drohung und Rüstung und Krieg. Diese Verheißung ist auch eine politische Aussage, weil sie die Erde als heimatliche verheißt. Mögen die Krieger und Raketenbauer, mögen die Erst- und Zweitschlagplaner und ABC bis Z-Strategen sich selber seligpreisen, sie werden die Erde nicht besitzen, sondern verlieren. Die Frage ist, ob wir noch kurz vor Schluß lernen, was Politik ist, ob wir noch kurz vor Schluß lernen, Politik zu leben. Das ist nichts anderes als die Frage, ob wir, nachdem wir so lange kriegerisch miteinander umgegangen sind, lernen können und wollen, sanftmütig zueinander zu sein. Und was die Erde betrifft, der Begriff des Irdischen hatte immer den Charakter der Minderwertigkeit im Gegensatz zum Himmlischen oder gar Göttlichen. Damit hat man dem Irdischen und der Erde unrecht getan. Unsere Politik muß nicht nur menschlicher, sondern auch irdischer werden. Im Namen des Himmlischen und Göttlichen hat man mehr als genug mit Feuer und Schwert gewütet, und die Erde steht in der Gefahr, im Namen Gottes vernichtet zu werden, im Kampf nämlich der Gläubigen gegen die Ungläubigen, des Christentums gegen den gottlosen Kommunismus. Aber wenn wir uns alle gemeinsam mehr als Irdische erkennen, als Menschen anerkennen, wäre die Erde nicht mehr in Gefahr, zum größten Scheiterhaufen im Namen Gottes zu werden, auf dem sich im letzten Hexenwahn alle gemeinsam verbrennen.

Meine Damen und Herren, seien sie mißtrauisch. Fromme Worte von Frommen können Narrenworte von Narren sein. Und manche wollen ihrer nukleartheologischen Pyromanie Gottes Mantel umhängen, und es ist doch nur ihr eigenes Mäntelchen. Laut dem Jesuiten Gustav Gundlach, neben Kardinal Höffner der andere große Vorbeter frommer Atomliturgie, dem Kardinal Höffner in einem Geleitwort „klare Einsicht in letzte Zusammenhänge, die unbeirrbare Treue zu den gottgegebenen Prinzipien" attestiert, kann ein Atomkrieg eine „Manifestation der Majestät Gottes und seiner Ordnung sein". Er erklärt: „Ja, wenn die Welt untergehen sollte dabei, dann wäre das auch kein Argument gegen unsere Argumentation. Denn wir haben erstens sichere Gewißheit, daß die Welt nicht ewig dauert, und zweitens haben wir nicht die Verantwortung für das Ende der Welt." (Stimmen der Zeit, April 1959 S. 13) Hier ist die Verantwortungslosigkeit zur christlichen Maxime erhoben. Der von dem Gott solcher Prinzipientheologen verlassene Mensch bleibt auf der Strecke. Auf der Strecke bleibt auch die Politik. Wenn sie solchen Prinzipien folgt und nicht mehr Verantwortungsgefühl hat, hat sie ihren Geist aufgegeben. Sie mag in Parlamenten und Regierungen weiter mit Wörtern agieren, sie mag sich gebärden, als lebe sie noch, in Wahrheit ist sie tot, von Christen vergiftet und christlich begraben. Requiescat in „pace". –

Erschienen in der Zeitschrift „Natur" Nr. 9, September 1984

Bücher und Autoren

Lessing ist leider verstorben

Ein Aufklärer und kritischer Theologe

Lessing war ein Aufklärer. Manche Frommen halten das für ein Schimpfwort, weil sie weder willens noch fähig sind, aufzuklären, noch bereit, sich aufklären zu lassen. Sie glauben, ihn damit zugleich getroffen, erledigt und begraben zu haben. Aber Lessing ist nicht tot, weil Fragen lebendig bleiben. Und das war er mehr als ein Aufklärer: einer, der fragte und aufgeklärt werden wollte.

Das gilt nicht zuletzt für den Theologen Lessing, der von sich sagte, er kenne für 1000 Zweifel die besten Antworten sehr wohl, ohne eine einzige gute darunter zu finden. Weil er sich nicht zufrieden gab, wird er von manchen Zufriedenen als Feind des Christentums diffamiert.

Seine Gegner, damals und heute, begreifen nicht, daß in der Frage Erkenntnis liegt. Denn unsere Fragen sind tiefer als unsere Antworten. Jede echte Frage eröffnet eine neue Dimension. Die Antworten, die wir geben, sind wir selbst, aber die Fragen, die wir stellen, können über uns hinausgehen. Und die letzte von ihnen bedeutet zugleich die tiefste Hoffnung, nämlich auf eine Antwort, die alle menschlichen Antworten übersteigt.

Fragen kann eine christliche Tugend sein – obwohl es selten eine Tugend der Christen ist –, auch wenn es Festgefügtes und scheinbar fest Geglaubtes erschüttert.

Freilich macht der Fragende sich leicht bei manchen Frommen verdächtig. Trotzdem scheint es Lessing mit dem unbekannten Verfasser des von ihm herausgegebenen Buches „Inepti Religiosi“ zu halten: „An allen Glaubenslehren zweifle in deinem Leben wenigstens einmal.“ An allen Wahrheiten wenigstens einmal gezweifelt zu haben bedeutet für Lessing, jede Wahrheit wenigstens einmal bedacht zu haben.

Und so ist Lessing einer, der auch Wahrheiten anderer bedenken und würdigen kann: Gegen die Protestanten führt er katholische Wahrheiten an, gegen die Katholiken protestantische. Und gegen

manche Aufklärer nahm er die lutherische Orthodoxie in Schutz. Bei den neumodischen Vernunftchristen vermißt er nämlich sowohl Vernunft als auch Christentum.
Gegenüber jenen Aufklärern, die das Christentum verwerfen, weil ihre Vernunft sich an den Widersprüchen der Bibel stößt, zählt Lessing sich zu den Glaubenden. Was er in bezug auf Leibniz schreibt, gilt für ihn selbst: „Wovon ihn seine Vernunft nicht überzeugt hatte, wovon er sogar nicht einmal verlangte, daß ihn seine Vernunft überzeugen sollte, hat ihn davon sonst nichts überzeugen können?"
Jemand, der das Christentum nicht mit der Vernunft beweisen will, ist nicht identisch mit dem, der es mit der Vernunft zu widerlegen beabsichtigt. Lessing schreibt nicht gegen das Christentum, sondern gegen seine Beweise. Er ist das Ohr der kritischen Vernunft an aller frommen Unüberlegtheit und lieblosen Überlegenheit.
„Daß der Beweis aus der Schrift für die Auferstehung Jesu vor dem Richterstuhl der gesunden Vernunft in Ewigkeit nicht bestehen" kann, wie es in den „Fragmenten" des Reimarus heißt, ist auch des Herausgebers Lessing Meinung.
Reimarus fährt fort: „Du sagst, Gott hat Jesus auferweckt. Wir fragen: Woher beweist du das? Dann sprichst du: Weil er derjenige ist, von welchem David sagt, daß er die Verwesung nicht sehen werde. Warum muß aber David eben von Jesus reden, und woher wissen wir, daß Jesus die Verwesung nicht gesehen? Du fährst fort: Weil er auferweckt ist". Immer der gleiche Zirkel, aber kein Beweis.
Man verweist Lessing auf das Zeugnis der ersten Christen, aber er meint mit Reimarus: „Soll ich denn meinen Glauben und Zuversicht auf Leute ankommen lassen, die vor 1700 Jahren gelebt haben und die ich selber nicht kenne noch weiß, wer sie gewesen sind, viel weniger ... von ihrer Vorsicht versichert bin? ... Wir müssen ein Kennzeichen der Offenbarung haben, dadurch wir selbst, ohne anderen blindlings zu trauen, mit eigener Einsicht zu allen Zeiten fähig sind, zu urteilen, ob etwas eine wahre Offenbarung sei oder nicht."

Und so gibt es für Lessing nur einen „Beweis" für die Wahrheit des Christentums, nämlich die Liebe. Aber daß der, der die Wahrheit ohne Liebe sagt, nicht die Wahrheit sagt, daß hingegen der, der liebt, die Wahrheit erkannt hat, das scheint vielen eine Gleichgültigkeit gegen die Wahrheit, während es doch in Wirklichkeit ihre vollkommene Genauigkeit ist.

Lessing beabsichtigte, über „meinen frommen Samariter ein Trauerspiel in fünf Aufzügen nach der Erfindung des Herrn Jesu Christi", in dem „der Levit und der Priester eine gar brillante Rolle" spielen, zu schreiben. Die beiden Rechtgläubigen gingen vorbei, und der Ketzer half, und von ihm sagte Jesus zu den Fragenden aller Zeiten, was das höchste Gebot sei: Handele wie er.

Der Tod hinderte Lessing daran, sein Samariterstück über die Lobrede Jesu für einen Unorthodoxen, der dennoch den wahren Glauben vorbildlich lebte, zu schreiben. Aber auch ohne dieses Theaterstück war Lessing ein Prophet des fremden Guten. Nicht nur, daß er „in gesellschaftlichen Disputen sich auf die schwächste Seite zu schlagen" pflegte (Lessings Freund Nicolai), sondern er nahm während des Siebenjährigen Krieges, solange er sich in Leipzig aufhielt, beständig in Gesellschaft die preußische Partei und in Berlin die sächsische und „wurde deshalb auch an beiden Orten von den rechten Patrioten ... herzlich gehaßt" (Nicolai).

Schon mit 20 Jahren wurde er mit seinem Theaterstück „Die Juden" der erste große deutsche Verteidiger der Juden, „dieses unendlich mehr verachteten als verächtlichen Volkes". Das war seine Samaritertat, als die Christen fromm vorübergingen.

Er besaß sogar die „Gabe, etwas Gutes an etwas Schlechtem zu entdecken" (Lessing an Eva König), und vor allem jenen Sinn für Komik, mit dem er es wie keiner vor ihm und nach ihm verstanden hat, ein kurzes Leben lang Humor in die grämliche Theologie zu bringen. Lessing war „Liebhaber eines Dinges, das die Engländer *fun* nennen" und wofür den ernsthaften Deutschen das rechte Wort fehlt und sie „vielleicht auch nur selten recht Sinn" haben, meint sein Freund Nicolai.

So trat Lessing im Hamburger Theologenstreit ausgerechnet auf die Seite des Hauptpastors Goeze („meines ehrlichen Goezen"), als diesem der Magistrat bei Strafe der Suspension befahl, endlich Ruhe zu geben. Der komische Streit ging um die Frage, ob man weiter an Bußtagen in den Kirchen Psalm 79,6 beten solle: „Schütte deinen Grimm auf die Heiden", wie Goeze es wollte, oder ob das Gebet zu streichen sei.

Leider ist Lessings Predigt zu dem Streit verloren gegangen. Nicolai sagt: „Diese Predigt war in ihrer Art ein Meisterstück", voll

„scharfsinniger und gutmütiger Philosophie“ und „Ausbrüchen heiterer Laune“.

Ein solcher Mensch entzieht sich dem Ordnungsverlangen ernsthafter Sortierer und bringt viele gegen sich auf. „Sonst ist in Berlin alles beim alten. Die Theologen glauben, daß Sie ein Freigeist sind, und die Freigeister, daß Sie ein Theologe geworden sind“, schreibt Nicolai an Lessing 1777. Die Theologen jedenfalls wußten ihm keinen Dank. Als nach Lessings Tod im Braunschweiger Konsistorium der Abt Henke vom seligen Lessing sprach, korrigierte ihn ein anderer Abt: „Herr Kollege, Sie wollen doch wohl sagen: der verstorbene Lessing?“

Erschienen in der Zeitschrift „Memo“, Heft 3/1981, unter dem Titel „In der Frage liegt Erkenntnis“.

Braucht Gott den Teufel?

Gedanken über das Problem des Bösen

Theologische Studierstuben sind oft Küchen des Aberglaubens. Aufräumungsarbeiten sind darum ständig notwendig. Herbert Haag räumt auf beziehungsweise ab (Herbert Haag: „Vor dem Bösen ratlos?“, Piper-Verlag, München 1978). Nicht nur der Teufelsglaube und makabre Vorstellungen von Besessenheit, sondern auch so ehrwürdige Gemeinplätze wie Adams Paradieszustand und Sündenfall sowie die traditionelle Lehre von der Erbsünde werden ausrangiert.

Die Sache, um die es geht, ist kompliziert genug. Die Geschichte der Menschen ist offensichtlich eine Widerlegung des Glaubens an einen guten Gott als den Herrn der Geschichte. Zu weit klafft die Summe des menschlichen Leidens und Leidenlassens und die Lehre von der Barmherzigkeit und Gerechtigkeit Gottes auseinander, als daß man nicht versucht wäre, die Teufeleien und die Tränen der menschlichen Kreatur auch in den Un-Taten Gottes begründet zu sehen. Das Problem wurde immer komplizierter, je besser man von Gott dachte.

Im Alten Testament hatte man zunächst keine Bedenken, in Gott auch den Ursprung des Bösen zu sehen. Die allmähliche Entdekkung des Teufels führte zur fortschreitenden Entlastung Gottes. Ebenso zur Entlastung des Menschen, wie Bischof Graber von Regensburg – den Haag zitiert – anläßlich des Besessenheitsfalls in Klingenberg sagte: „Wenn es den Bösen nicht gibt... dann ist der Mensch allein verantwortlich.“ Der Mensch will nicht allein verantwortlich sein, der Teufel wäscht ihn zu einem guten Teil rein. „Kann Gott den Menschen als ein solches Scheusal geschaffen haben? Nein, das kann er nicht“, fährt Bischof Graber fort, „denn er ist Güte und Liebe. Wenn es keinen Teufel gibt, dann gibt es keinen Gott.“

Mit diesem vorläufigen gedanklichen Höhepunkt der kirchlichen Lehre über den Teufel, nach dem Gott den Teufel zur Voraussetzung seiner selbst schaffen mußte, wird aber das Problem des Bösen nicht gelöst, sondern nur verschoben und verschroben. Der Prediger scheint „für einen Augenblick vergessen zu haben, daß nach kirchlicher Lehre auch der Teufel ein Geschöpf Gottes ist... also hat Gott doch ein Scheusal geschaffen“, bemerkt Haag richtig.

Was den Teufel als Entlastung Gottes betrifft, so zeigt Haag, wie im nachexilischen Judentum (also nach 538) Gott in größere Distanz rückt, sich vergeistigt und der Himmel sich nach dem Muster des persischen Hofstaates (die Juden standen von 538 bis 331 unter persischer Herrschaft) mit Zwischenwesen füllt, darunter auch Satan, eine Figur, die als Ankläger des Menschen vor Gott fungiert. Dieser Ankläger hat zwar mehr und mehr schon Züge der Bosheit, aber im Alten Testament steht Satan noch ganz in Gottes Diensten.

Anders im Neuen Testament, wo er teilweise als Gegenspieler Gottes auftritt. Denn inzwischen hat ein Prozeß der Absolutierung Satans gegenüber Gott eingesetzt, und zwar in nichtbiblischen, spätjüdischen Schriften (so im 1. Henochbuch, 2. Jahrh. v. Chr.). Hier wird, anknüpfend an eine alte Sage von der Verbindung himmlischer Männer mit Menschenfrauen (Genesis 6,1–4, ein Fall für Herrn v. Däniken) in dunkler Phantastik die Idee eines „Engelfalls" breit ausgeführt. Anführer der gefallenen Engel ist nach 1. Henoch Satan. Aus den Hurenkindern der Engelsunzucht entstehen die Dämonen. Sie sind (nur) Schadens- und Krankheitsgeister. Auch noch im Neuen Testament werden die Dämonen vom Satan oder Teufel unterschieden. Die Ineinssetzung von Dämonen und Teufel erfolgte erst seit dem 4. Jahrhundert nach Christus. Eine Engelsünde ohne Erwähnung sexueller Hintergründe wird im Neuen Testament kurz gestreift (Jud., 2. Petr.), aber über einen Sündenfall Satans wird im Neuen Testament nichts gesagt.

Die außerbiblisch phantastisch ausgemalte Sage von Genesis 6 führte, wie Haag zeigt, zu furchtbaren Folgen im Hexenwahn, nachdem vom 12. bis 16. Jahrhundert ein Anwachsen unbiblischen Denkens über den Teufel stattfand. Sowohl Thomas von Aquin als auch Luther glauben an die Möglichkeit geschlechtlicher Vereinigung des Teufels mit Frauen. Luther ist dafür, die so erzeugten Kinder zu ertränken. Die Wende vom 15. zum 16. Jahrhundert wurde *die* Zeit des Teufels. 1487 erschien der berüchtigte „Hexenhammer" von zwei Dominikanern. „Fast alle Fragen beziehen sich auf den sexuellen Bereich. Die Hexen gingen zugrunde am fanatischen Teufelsglauben der Inquisitoren, die von der päpstlichen Autorität nachhaltig gestützt wurde", schreibt Haag. „Aus psychologischer Sicht sind die Hexenjagden als Manifestation eines sexualpathologischen Verhaltens zu deuten und zwar nicht auf Seiten der Hexen, sondern auf Seiten ihrer Verfolger."

Heute weniger mit sexuellen Hintergründen versehen, sondern ins Geistige verlagert (der Teufel sündigte durch Hochmut und Neid), aber trotzdem immer noch ohne jede Grundlage in der Bibel, gehört die Legende vom Teufel als gefallenem Engel immer noch zur gängigen Auffassung der Christen, oder, wie Karl Barth sagt, zu „den bösen Träumen der alten Dogmatik".

Neben der Idee, die den Einbruch des Bösen mit einem Engelfall in Verbindung bringt, steht die andere, die um die Zeitenwende im jüdischen Schrifttum einsetzt – daß der Einbruch der Sünde und mit ihr des Todes durch Adam erfolgte (patriarchalische Sicht hat auch hier die Frau eliminiert). Dieser Gedanke findet sich im Römerbrief des Apostels Paulus (5,12–19), wo die Sünde aller Menschen auf die Sünde Adams zurückgeführt wird, wo also der Gedanke der „Erbsünde" ausgesprochen ist. Augustinus fragt nach dem „wie" der Übertragung und sieht dies in der *„propagatio"*, der Fortpflanzung, und macht die Lust des Zeugungsaktes verantwortlich für die Weiterleitung der Erbsünde.

In diesem Punkt haben sich übrigens nicht nur Haag so wie jeder vernünftige Theologe von Augustinus abgewandt. Auf ihre Weise zeigte auch die hohe Hierarchie (Kardinal Höffner) unlängst ihre Abkehr von Augustinus, indem sie das Retortenbaby höchst unfreundlich empfing, ist doch dieses lustfrei erzeugte Mädchen nun endlich das Wunschkind des Vaters der katholischen Sexualmoral: Bestünde eine andere Möglichkeit, Kinder zu gewinnen, meint nämlich Augustinus, so bedeutete jeder Geschlechtsverkehr ganz offensichtlich Hingabe an die Geschlechtslust und wäre somit „ein schlechter Gebrauch dieses Übels" *(contra Julianum)*. Haag zeigt, wie Augustinus in der Frage nach dem Ursprung des Bösen griechische Philosophie, jüdische Legenden und biblisches Denken in ein System zu bringen versucht, wobei bei ihm der Teufel nur am Rande erscheint, was dann leider in der Theologie seit dem 12. Jahrhundert anders werden sollte.

Haags Geistesgeschichte des Bösen läßt zu diesem Thema die Philosophie und vor allem die neueren Wissenschaften ausführlich zu Wort kommen. Die Kontroversen zwischen Psychoanalytikern und Verhaltensforschern auf der einen Seite, Milieukritikern (Behavioristen, Marxisten, Frustrationstheoretikern) auf der anderen Seite über den Ursprung der Aggressionen sowie neuere Versuche des Biologen Wieser, über das Entweder-Oder (angeboren oder Umwelteinfluß) hinauszugelangen, werden informativ dargestellt.

Haag kehrt dann zur Theologie, seinem eigentlichen Thema, zurück und weist darauf hin, daß die „traditionelle Erbsündenlehre in letzter Zeit ins Wanken geraten“ ist, „jedenfalls herrscht Übereinstimmung darüber, daß Krankheit und Tod ihre Ursachen nicht in der Sünde haben, sondern in der Natur des Menschen begründet sind“. Haag lehnt auch die Vorstellung von einem ursprünglich guten Menschen ab. „Man kann die Anfälligkeit des Menschen für die Sünde nicht dadurch relativieren, daß man sie nur für den Zustand des Menschen nach der Ursünde gelten läßt und davor einen Urstand postuliert, in dem auf den Menschen kein Schatten der Macht des Bösen fiel... Die Paradiesessünde ist nicht nur die erste böse Tat, die die Bibel vom Menschen zu berichten weiß, sondern die erste Tat überhaupt.“

Wir können nach Haag nicht mehr mit einer ursprünglichen guten Welt rechnen, die moderne Wissenschaft weist in eine andere Richtung. Es ist kein Platz in ihr für ein Menschenpaar, das mit allen Vorzügen ausgestattet war. Hiermit spricht er aus, was Karl Barth sagt: Es gebe „in Sachen der menschlichen Übertretung und also Verderbens kein ‚vorher‘, in welchem der Mensch noch nicht Übertreter und also noch unschuldig wäre“.

Was also will mit all diesen richtigen Gedanken Haag die Leserin lehren? „Das Böse“, sagt er und beruft sich dabei auf die Bibel, „ist nach Gottes Plan ein Element seiner Schöpfung.“ Gott hat „die Sünde von jeher mit eingeplant“. So geht es freilich auch nicht. Haag hat zwar recht, daß er die Versuche vieler katholischer Theologen der Gegenwart, Gott von der Versuchung des Bösen zu entlasten, als gescheitert betrachtet. In der Tat, ein Gott, der das Böse „zuläßt“, wie man auch heute nach traditioneller Manier häufig sagt, wäre ein Gott der unterlassenen Hilfeleistung und käme mit dem modernen Strafrecht in Konflikt. Ein Gott, der „das Wagnis“ und „Risiko“ eingeht (Scheffczyk, Kasper, Lehmann), den Menschen mit der „Macht der Freiheit der Entscheidung zwischen Gut und Böse“ zu schaffen (was für ein fataler Freiheitsbegriff, der das Sündigen-Können impliziert!), handelt leichtfertig. Gott erscheint „wie ein Straßenbauer, der seine Straße am Abgrund enden läßt und die Schuld an der Katastrophe mit dem Hinweis ablehnt, er habe sie nicht beabsichtigt, bei entsprechender Vorsicht hätte der Unfall vermieden werden können".

Die theologischen Versuche, Gott von der Verursachung des Bösen zu entlasten, sind also fehlgeschlagen. Aber ist Haags Antwort darum eine Antwort? Der leidenden menschlichen Kreatur mit dem Plan Gottes zu begegnen, die Hexenverbrennungen und Auschwitz im Plan Gottes zu verankern, macht aus Gott ein Monstrum. Daran ändert auch nichts der Umstand, daß Haag die Evolution als Gottes Plan betrachtet und daraus folgert: „Der Tod aber mit all seinen Begleiterscheinungen ist aus einer evolutiven Welt nicht wegzudenken, denn Neues kann nur dort entstehen, wo Altes zurückgelassen wird." Tod ist nicht Napalmtod, und der Gott der Evolution ist nicht der Gott, der in die Steinzeit zurückbomben läßt.

Was sollen wir aber wirklich von der Beziehung Gottes zum Bösen denken? Haag zitiert den Beweisgang Epikurs, der im frühen Christentum von Laktanz aufgegriffen wird: „Entweder will Gott die Übel beseitigen und kann es nicht, oder er kann es und will es nicht, oder er will es nicht und kann es nicht, oder er will es und kann es. Wenn Gott es will und nicht kann, ist er schwach und nicht allmächtig; wenn er es kann und nicht will, widerspricht das seiner Güte; wenn er es nicht kann und nicht will, ist er kein Gott; wenn er es aber will und kann – warum beseitigt er dann die Übel nicht?"

In der Frage des Ursprungs des Bösen haben die Theologen einschließlich Haag sich vorwiegend für die zweite Möglichkeit entschieden, daß Gott die Übel beseitigen kann, aber nicht will. Sie waren eher bereit, Abstriche an Gottes Güte zu machen, als daß sie bereit gewesen wären, ihre Vorstellungen von Gottes Allmacht zu korrigieren. Ein potenter Gott findet mehr Nachläufer als der Mitleidende, denn der Mensch hat sich Gott nach seinem Bild geschaffen. Wir müssen umdenken. Gott kann das Böse nicht ändern. Es sei denn, daß er die Menschheit ertränkte. So aber bleibt ihm nur die Trauer.

Erschienen in der „Zeit" Nr. 43 am 20. 10. 1978

Alpträume unter dem Kreuz

Tilmann Moser: „Gottesvergiftung"

Der Gott der Väter ist nicht der Gott der Kinder. Der Gott der Väter ist der starke Gott, der Feindbezwinger, der Gott der Schlachten und der Siege, der Überwinder und Bestrafer der Bösen. Wo er sich durchsetzen will, scheut er sich nicht, zu töten und macht in dieser Bereitschaft, zu töten, auch vor Kindern nicht halt. „So spricht der Herr der Heerscharen: Schlage Amalek und vollstrecke den Bann an ihm und allem, was es hat; schone seiner nicht, sondern töte Männer und Frauen, Kinder und Säuglinge" (1. Sam. 15,2f.). Immer wieder ergeht der Befehl zu töten: „In den Städten dieser Völker, die dir der Herr, dein Gott, zu eigen geben wird, sollst du nichts am Leben lassen, was Atem hat" (5. Mose 20, 16). Und Gott tötet auch selbst: „Und es begab sich um Mitternacht, da schlug der Herr alle Erstgeburt im Lande Ägypten, vom Erstgeborenen des Pharao, der auf seinem Throne saß, bis zum Erstgeborenen des Gefangenen, der im Kerker lag ... und es erhob sich großes Wehklagen in Ägypten, denn es gab kein Haus, in dem nicht ein Toter war" (2. Mose 12, 29f.).

Dieser „Würger der Erstgeborenen", wie ihn das Neue Testament nennt (Hebr. 11,28), dieser Gott mit den blutigen Händen, ist für Kinder zugleich zu groß und zu klein. In welche kindliche Trauer sollte er reichen, welche herzklopfende Angst überwinden? Welchen Traum erfüllen, welchen Himmel einem Kind eröffnen? Für Kinder, die ohnehin im Lande der Riesen leben, für die das Leben oft ein Übermaß bedeutet, die wir Erwachsene zudem um sich selbst betrügen, wenn wir sie mit groben Händen nach unserem krummen Bilde verbiegen, reicht er nur zum Kinderschreck, zu einem riesigen, drohenden Schatten auf den kleinen Wegen der Kindheit. Es ist ein Gott, der Kinder nicht ansieht, sondern Kinder beobachtet. Auch wenn man ihnen den Gott der langen Messer in jener Nacht in Ägypten verschweigt, auch wenn man von dem christlichen Nachfolgegott der Inquisition und der zu Tode gepeinigten Hexen tunlichst nicht redet, so ist er doch spürbar ein Angstmacher und Verfolger, einer, der das Böse nicht nur rächt, sondern überall riecht und nun übergewaltig im wunden und wirren Herzen seiner kindlichen Objekte nach Bösem schnüffelt.

Man muß über den Schatten dieses Gottes springen, wenn man leben will. Die meisten tun das auf die bequemste Art: sie gehen fort von ihm oder vergessen ihn einfach. Das ist – christlich gesehen – nicht die rechte Art. Es ist nicht der Weg, den uns die sanfte Stimme des Sohnes lehrt, der die Schatten sprengte. Aber diese Stimme wird all zu oft übertönt, nicht zuletzt von den Christen selbst.

Tilmann Moser ist im Schatten dieses Gottes geblieben. Er hat als Kind zu sehr unter ihm gelitten, um ihn einfach vergessen zu können. Er ist zu krank daran geworden, um in einer billigen Genesung von ihm frei zu kommen. „Du wirst mich noch mit Phantomschmerzen quälen, wenn du längst wegamputiert bist. Ein Teil meines Hasses auf meine Familie rührt daher, daß sie mir die Gotteskrankheit eingegeben hat. Du wurdest mir eingeträufelt, kaum daß die ersten Zeichen der Empfänglichkeit, der Verwundbarkeit sichtbar wurden. Das Anwachsen der Krankheit wurde, alter Familientradition gemäß, mit Freude betrachtet. Sie haben das Wuchern der Tumore in meiner Seele nach dem Kalender des Kirchenjahres verfolgt und gefeiert. Die Feste waren die Höhepunkte des Krankheitsverlaufs".

Es war Mosers besonderes Unglück, daß er einer besonderen Abart des christlichen Gottes in die Hände gefallen ist, nämlich dem Gotte Calvins, von dem John Milton sagte: „Mag ich zur Hölle fahren, aber solch ein Gott wird niemals meine Achtung erzwingen." Es ist der Gott der doppelten Prädestination. Calvin lehrt: „Die Menschen werden nicht alle mit der gleichen Bestimmung geschaffen, sondern den einen wird das ewige Leben, den anderen die ewige Verdammnis vorher zugeordnet" (Inst. III 21,5). Zwar behauptet Calvin, die „süße Frucht" dieser Lehre sei, daß sie allein dem Menschen „getroste Zuversicht" gewähre, während er sonst „aus dem Zittern nicht herauskomme", da sie allein den Menschen nicht auf seine Werke stelle (Inst. III 21,2). Aber die Folge dieser Lehre war eben das große Zittern, oder aber es war die große Reserviertheit und Überheblichkeit der „Erwählten", („wohlgemerkt, die Ahnen führten immer schon ein von dir aufgeblähtes Dasein, äußerlich bescheiden, innerlich dem Getriebe der Menschen immer überlegen") jene sich selbst bespiegelnde Selbstkontrolle der Auserwählten, denen ihre Werke zwar nicht Grund, aber Erweis ihrer Erwählung waren. Ein Kind, dem solches Selbstbewußtsein nicht oder kaum gelingt, ist verloren. „Als im Religionsunterricht die Prädestinationslehre besprochen wurde, nach der es durch deinen unerforschlichen Ratschluß den Menschen von Anbeginn an bestimmt ist, ob sie zu den Geretteten oder den Verdammten gehören, überfiel mich eine entsetzliche Lähmung, weil alles ausweglos schien.“ Das Kind Tilmann Moser hat Gott „schreckliche Opfer gebracht an Fröhlichkeit, Freude“ für „ein Quentchen Geliebtsein vielleicht, vielleicht ein Quentchen weniger Verdammnis“. Immer bedrückt ihn die „ewig lauernde Verdammnis“. „Sodaß ich keinem Menschen glauben konnte, wenn er sagte, er liebe mich. Ich habe das dann für Täuschung gehalten und ließ mich nicht heilen von dir, sondern dachte verächtlich über den Versuch, mich zu lieben.“ Die Worte „Verdammnis“ und „Verwerfung“ begegnen in seinem Buch am häufigsten.

In der Häufigkeit an zweiter Stelle folgen die Worte „opfern“, „schlachten“, „Kreuz“. Das Problem des Autors ist die Grausamkeit Gottes. „Du scheinst die Stunden vor dem Morgengrauen zu lieben, es ist die Zeit der Hinrichtungen, des Selbsthasses und des Gottesbesuchs“. Seine Idee von der Grausamkeit Gottes wird genährt vor allem durch eine biblische Geschichte, nämlich die, wie Abraham seinen einzigen und geliebten Sohn Isaak Gott opfern will. „Ich habe dich, wie es mir deine Diener nahelegten, angestaunt ob deiner Güte, Abraham den Isaak nicht schlachten zu lassen. Du hättest es ja so leicht fordern können, er hätte es *für dich* getan, und mit dem Rest von Menschenwürde in deinem auserwählten Volk hätte es nur noch ein wenig fürchterlicher ausgesehen“. Tatsächlich, die Geschichte der Opferung Isaaks ist eine schreckliche Geschichte. Einem Kind könnte sie Alpträume verursachen und selbst einem Theologen, der auf alles eine Antwort zu geben gewohnt ist, Schauder über den Rücken jagen. Wenn Abraham heute lebte und die Absicht hätte, seinen Sohn Isaak auf Gottes Befehl hin auf dem Scheiterhaufen zu opfern, dann gehörte Abraham in eine geschlossene Anstalt. Diese Horror-Geschichte hat mit Christentum nichts zu tun, sondern ist zu sehen auf dem Hintergrund einer der furchtbarsten Entartungen menschlicher Religiosität.

Die Vorstellung, daß Gott oder die Gottheit das Liebste vom Menschen fordert, nach dem Blut der Kinder verlangt, war in Palästina und überhaupt im Mittelmeerraum verbreitet. Der griechische Historiker Diodor von Sizilien (1. Jh. vor Chr.) berichtet, als einmal (im Jahre 310) schweres Unheil die Stadt bedrohte, schrieben die Karthager dieses Unglück dem Zorn des Kronos zu, dem sie einst die besten ihrer Kinder, dann aber gekaufte oder schwächliche Kinder dargebracht hatten. Darauf opferten die Karthager 200 Kinder der besten Familien (Biblioth. Hist. XX, 14). Daß auch die Israeliten, wie ihre Voreinwohner die Kanaanäer, wie ihre Nachbarn, die Phönizier (vgl. Philo von Byblos) und die Moabiter (2 Kön. 3,27), diesen Brauch vollzogen, geht daraus hervor, daß wir bei vielen alttestamentlichen Schriftstellern Widerstand dagegen finden. Kritisiert wird z.B. der jüdische König Ahas (8. Jh. vor Chr.), der seinen Sohn im Feuer opferte (2. Kön. 16,3). Das gleiche tat der jüdische König Manasse im 7. Jh. vor Chr. (2. Kön. 21,6). Solche Opfer fanden vor allem im Hinnom-Tal südlich von Jerusalem statt, das heute noch „Feuer-Tal" heißt und das dem Wort für „Hölle" im Neuen Testament seinen Namen gegeben hat: Geenna. Dieser Brauch wird aber im Alten Testament nicht immer verurteilt. Der Richter Jephta (12./11. Jh. vor Chr.) opferte seine einzige Tochter als Brandopfer (Ri. 11). Der alttestamentliche Autor berichtet das ohne Tadel, und im Neuen Testament wird Jephta wie Abraham als Held des Glaubens gepriesen (Hebr. 11,32; 11,17).

Auf derselben Linie eines noch immer menschenopfersüchtigen Gottes sieht Tilmann Moser den Kreuztod Jesu Es bedrängt ihn die Frage, was denn das für ein Gott sei, der seinen einzigen Sohn am Kreuz schlachtet, um auf diese blutrünstige Art die Menschheit angeblich zu erlösen. „Vielleicht wären dem guten Abraham doch noch Zweifel an den Vorteilen seiner privilegierten Beziehung zu dir gekommen, wenn ihn erst Isaaks Blut bespritzt hätte? Bei deinem eigenen Sohn warst du dann ungenierter und hast deinem Sadismus freien Lauf gelassen... Und wiederum habe ich versucht, auf allgemeine Aufforderung hin, dich anzustaunen, weil du für mich armen Sünder deinen einzigen Sohn geopfert hast. Das macht natürlich Eindruck... keiner von den Predigern hat je Verdacht geschöpft, daß vielleicht nicht mit uns, sondern mit dir etwas nicht stimmt, wenn du vor lauter Menschenliebe deinen Sohn schlachten lassen mußtest." Hier tritt eines der tiefsten und schlimmsten Mißverständnisse des Christentums zutage, an dem freilich Moser keine Schuld trägt. Die Verkünder des Christentums haben diese zentrale Wahrheit ihres Glaubens häufig mehr schlecht als recht verkündet. Was für die Juden ein Ärgernis und für die Griechen eine Torheit war (1. Kor 1,23), ist vielen christlichen

Predigern von heute ein Gemeinplatz von erbaulichen oder gefühlsarmen Gedankenlosigkeiten. „Läßt sich bestreiten, daß gerade der Begriff des Sühneopfers zumindest in populären Vorstellungen oft geradezu peinliche heidnische Mißverständnisse aufkommen ließ: als ob Gott so grausam, ja sadistisch sei, daß sein Zorn nur durch das Blut seines eigenen Sohnes besänftigt werden könne?" (Hans Küng).

Dem barmherzigen Gott ist das Kind Tilmann Moser trotz aller Bibelworte („die Welt war vollgehängt mit deinen Sprüchen aus der Heiligen Schrift") nie wirklich begegnet. „Dein Hauptkennzeichen für mich ist Erbarmungslosigkeit." Und wenn das Kind Moser in seiner Verzweiflung sich doch immer wieder an Gott wendet, dann ist Gott der „antwortlose", „der Stumme", der „Unansprechbare", „der Augenlose" und schließlich „der, der kein Lebenszeichen mehr gibt", „der riesige Tote". „Ich saß wie in einer Falle mit dir: alle mir wichtigen Menschen zeigten keinerlei Zweifel, daß es dich gebe und du ansprechbar, verständnisvoll, gütig, gerecht, gar ‚lieb' und ‚barmherzig' seist, wenn auch mit dem Hintergrund düsterer Strafen ... und es galt gleichzeitig als ausgemacht, daß bei dem, der dich nicht erreichte, etwas Schlimmes vorliegen müsse. Das brachte mich in die Lage einer keuchenden Ratte, die ihre Tretmühle in wachsender Panik immer schneller tritt. Du hast aus mir eine Gottesratte gemacht, ein angstgejagtes Tier in einem Experiment ohne Ausweg". „Weil ich dir nie in die Augen sehen konnte, habe ich nicht gemerkt, daß du tot bist."

Dieser Augenlose, den er nie sehen kann, sieht ihn jedoch ständig, ist dauernd mit Gedankenlesen beschäftigt, ein „ewig-kontrollierendes big-brother-Gesicht" und verhilft dem Kind Tilmann Moser zwar nicht zu besonderer Bravheit, aber zu ständigen Schuldgefühlen, zu einer fundamentalen Unsicherheit. Und wie es ihm ging, so geht es vielen Kindern: „Ich weiß von Patienten, ... daß du für Millionen noch immer die schlimmste Kinderkrankheit bist", sagt der Autor, von Beruf Psychotherapeut und -analytiker. Er findet es „ungeheuerlich", wenn Eltern zum Zwecke der Erziehung mit Gott paktieren und ihn zu Hilfe nehmen bei der Einschüchterung. „Weil du ein ewiger Nörgler an mir warst, wurde ich zum Nörgler an den anderen."

Dieses Buch ist ein religiöses Buch. Es ist eine „Variation des einen Leitmotivs" (Karl Rahner): Gott, mein Gott, warum hast du mich verlassen? Es ist eine Anklage gegen das Christentum, insofern dieses Gott zu einem Wesen korrumpiert hat, durch das man nicht lebt, sondern an dem man stirbt. An diesem Pseudochristentum hat sich der Autor in diesem Buch erbrochen. Recht oder Unrecht, es mußte alles heraus. Jetzt ist ihm schon besser. Man möchte gern wissen, wie es weiter geht. Zwischen Niederschrift und Veröffentlichung des Buches lag ein Jahr, und Gottes Bild hat sich schon etwas verändert. „Ich habe sogar einige Seiten an dir neu entdeckt, für die ich dir dankbar bin." Die Geschichte wird weiter gehen, zumal Moser weiß, daß Gott mit „der riesigen Krücke", die ihn fast erschlagen hätte, zu anderen „freundlicher" war. „Auch die Gespräche mit einem Toten können nützlich sein, wenn er so gegenwärtig ist wie du es warst und man vorübergehend annimmt, er interessiere sich für die eigene Person." Mag er Gottes Interesse auch nur als fiktiv und vorübergehend ansehen, sein eigenes Interesse für Gott wird bleiben. Eine Gefahr allerdings wird auch bleiben, der Moser ohnehin hier und da ein wenig erlegen ist: die des religiösen Narzißmus. Wenn er richtig sagt: „Aber deine Geschichte ist ja nichts anderes als die Geschichte deines Mißbrauchs", so beklagt er doch nicht den mißbrauchten Gott, sondern sich selber als Opfer dieses Mißbrauchs. Nicht nur der, der den mißbrauchten Gott gebraucht, weil er ihm nützlich scheint, sondern auch der, der den mißbrauchten Gott verwirft, weil er ihm schädlich ist, mißbraucht Gott noch einmal. Er gründet Gott auf sich, statt sich auf Gott. Sich auf Gott zu gründen aber bedeutet keinen der festen Gründe, wie wir sie gern hätten, um stark und sicher und überlegen zu sein. Gott ist keine „feste Burg", in der wir uns bergen und unsere Zeit als unsere Ewigkeit besitzen können. Er ist der Grund, in den wir aus einem immer schon zusammenbrechenden Leben, an dessen Horizonten die Bilder der falschen Götter verdämmern, wie in ein namenloses Schweigen fallen.

Erschienen im „Spiegel" Nr. 52, 20. 12. 1976

David Friedrich Strauß:
„Das Leben Jesu"

Mit siebenundzwanzig Jahren wurde David Friedrich Strauß durch sein „Leben Jesu" (1835) der berühmteste Theologe seines Jahrhunderts und erhielt eben wegen dieses Buches für jede kirchlich-akademische Karriere ein lebenslängliches kirchlich-staatliches Berufsverbot. Denn mit der Historizität der neutestamentlichen Berichte über Jesus schien Strauß auch den Glauben an Jesus als den Christus preisgegeben zu haben. Dabei hat Strauß bezüglich des Verhältnisses des historischen Jesus zum verkündeten und geglaubten Christus wesentliche Fragen aufgeworfen, die unabhängig von seiner persönlichen Glaubens- beziehungsweise Unglaubensentscheidung auch heute noch Beachtung verdienen.

Das beginnt gleich bei der Empfängnis Jesu. Die Evangelisten Matthäus und Lukas können nicht einerseits beweisen wollen, daß Jesus durch seinen Vater Josef von David abstammt, und andererseits behaupten, daß Josef gar nicht der Vater Jesu war. Die Jungfrauengeburt bei Matthäus und Lukas – nur bei diesen beiden findet sie sich – ist nach Strauß eine mythisch-poetische Legende, eine Konstruktion, die in einer konkreten Szene eine Idee bildhaft zum Ausdruck bringt. Zudem entspricht sie der Neigung der antiken Welt, berühmte Leute als Göttersöhne darzustellen. Strauß verweist u.a. auf Platons Schwestersohn Speusippos, der eine in Athen verbreitete Vorstellung erwähnt, nach der Platon ein Sohn des Apollo gewesen sei: Bis zu Platons Geburt habe Platons Vater sich der Gemeinschaft mit der Gattin Periktione enthalten. „Auf gleiche Weise", sagt Strauß, beschränke sich die Legende von Jesu Jungfrauengeburt auf die Jungfräulichkeit Mariens bis zur Geburt Jesu: „Josef erkannte sie nicht, bis sie einen Sohn geboren hatte, und er gab ihm den Namen Jesus" (Matthäus 1,25). Die bei Markus 6,3 und Matthäus 13,55 erwähnten Brüder und Schwestern Jesu jedoch werden in nachneutestamentlicher Zeit zunächst als Stiefgeschwister Jesu angesehen, bis sie schließlich Hieronymus (um 400) zu bloßen Vettern und Cousinen degradiert und auch Josef für lebenslänglich jungfräulich erklärt. Ja, auch während der Geburt Jesu habe Maria ihre Jungfräulichkeit nicht verloren, meint der

Kirchenvater Chrysostomus um 400. Maria also Jungfrau vor, in und nach der Geburt Jesu, „eine hübsche Leiter des Glaubens und beziehungsweise Aberglaubens in bezug auf das Verhältnis zwischen Maria und Josef" (Strauß).

Und so arbeitete sich Strauß Schritt für Schritt vor. Jesus ist nicht in Bethlehem geboren, sondern vermutlich in Nazareth. Der Geburtsort Bethlehem wurde aus der Prophetenstelle Micha 5,1 herausgewoben, wie überhaupt die Hauptquelle für die Legendenbildung des Neuen Testaments nach Strauß das Alte Testament ist. So reitet z.B. laut Matthäus 21,7 Jesus gleichzeitig (!) auf zwei Eseln in Jerusalem ein (auf einem Esel und einem Füllen), weil Matthäus aus der alttestamentlichen Stelle Sacharja 9,9 irrtümlich zwei Esel herauslas. Der Bethlehemitische Kindermord fand nicht statt: „Durch Mordanschläge und Aussetzungen hat von jeher die Sage die Kindheit großer Männer verherrlicht: Je größer die Gefahr, die über ihnen schwebte, desto höher scheint ihr Wert zu steigen. Siehe Moses, Cyrus, Romulus, Augustus."

Strauß demontiert nicht nur den historischen Wert der Kindheitsgeschichten – das hatten schon andere vor ihm begonnen –, sondern er erklärt die gesamte Darstellung der Evangelisten als von Sagen und Legenden durchsetzt und damit als weithin unhistorisch. Bezüglich der Wundergeschichten hat Strauß nach seiner Methode sorgfältig sowohl die übernatürliche Erklärung der konservativen Theologen als auch die natürliche der aufgeklärten *ad absurdum* geführt und somit alle untereinander verfeindeten Theologen gegen sich als den eigentlichen Feind aufgebracht, denn beide, Konservative und Aufgeklärte, hielten, wenn auch auf verschiedene Art, an der historischen Zuverlässigkeit bzw. dem historischen Kern der neutestamentlichen Wunderberichte fest. Strauß hingegen bleibt schließlich vor einem Scherbenhaufen sitzen. Der evangelische Theologe Karl Barth wirft Strauß deswegen „systematische Impotenz" vor. „Straußens Können beschränkt sich darauf... das Schiff der Dogmatik... mit Mann und Maus untergehen zu lassen" (Barth). Er unternimmt keinen Versuch, ein neues Jesusbild zusammenzukleben. „Wer einmal vergöttert ist", meint er, „hat seine Menschheit unwiederbringlich eingebüßt. Es ist ein eitler Wahn, daß aus Lebensnachrichten, die, wie unsere Evangelien, auf ein übernatürliches Wesen angelegt sind, sich durch irgendwelche Operation ein natürliches, in sich stimmendes Menschen- und Lebensbild herstellen lasse... Alle Bemühungen neuester Bearbeiter des ‚Lebens Jesu', so ruhmredig sie auch auftreten mögen, an Hand unserer Quellenschriften eine menschliche Entwicklung, ein Werden und Wachsen der Einsicht, eine allmähliche Erweiterung des Gesichtskreises bei Jesus nachzuweisen, geben sich durch den Mangel jeder Handhabe in den Urkunden als apologetische Künsteleien ohne jeden historischen Wert zu erkennen." Strauß-Worte übrigens, die heute vor allem in der evangelischen Theologie – dank Formgeschichte und Bultmanns Entmythologisierung des Neuen Testaments – weitgehend akzeptiert werden, ohne daß man dadurch, und das ist der Unterschied zu Strauß, den christlichen Glauben in seiner Substanz angetastet sieht.

Straußens Darlegungen über die Gesetze bei der Entstehung von Anekdoten und Sagen, seine Beobachtungen über den „falschen Obersatz, daß, wer nur ausführlicher und anschaulicher erzähle, der genauere Referent, der Augenzeuge sei", etwa in bezug auf die Frau, die Jesus salbte (große Sünderin nach Lukas, unbescholtene Person nach Matthäus und Markus, die angesehene Maria von Bethanien nach Johannes), sind unbestechlich und führen zur Destruktion liebgewonnener Harmonisierungsversuche der voneinander abweichenden Darstellungen der vier Evangelisten.

Nebenbei bemerkt: Dieser scharfe Beobachter bringt viele Details, welche die Zweiquellentheorie (die unter anderem besagt, daß Markus eine Quelle für Matthäus und Lukas ist), die heute praktisch von allen evangelischen und katholischen Theologen akzeptiert ist, als mit einem Fragezeichen zu versehende erscheinen lassen. Strauß ist noch immer eine Fundgrube für den neutestamentlichen Exegeten.

„Als literarisches Werk gehört Straußens erstes Leben Jesu zum Vollendetsten, was sie wissenschaftliche Weltliteratur kennt. Über eintausendvierhundert Seiten, und kein Satz zu viel. Ein Zerlegen bis in die geringsten Details und kein Sichverlieren in Kleinigkeiten", urteilt Albert Schweitzer in seiner „Geschichte der Leben-Jesu-Forschung". Generationen von Theologen haben bis heute nicht die Konsequenzen von Straußens Wahrhaftigkeitsdrang darzulegen vermocht. Die meisten Theologen verlangen immer noch, „daß man ihnen ein oder zwei Wünderchen beläßt ... Er war nicht der Größte und nicht der Tiefste unter den Theologen, aber der Wahrhaftigste" (Schweitzer). „Der Name Strauss" ist „das böse Gewissen der Neueren Theologie" geblieben (Barth).

Zuerst erschienen in der „Zeit", Nr. 29 vom 15. 7. 1983

Rudolf Bultmann:

„Jesus Christus und die Mythologie“

Der verbreitetste Vorwurf gegen Bultmann ist, er habe, um den Glauben wissenschaftsfähig zu machen, alles über Bord geworfen, was vor der modernen Wissenschaft nicht bestehen kann, wie Jungfrauengeburt, Wunder, leeres Grab usw. Sein Kriterium sei im Grunde die Naturwissenschaft, und er glaube nur noch das, was er rational begreifen könne, d. h. er glaube praktisch nichts mehr.

Solcher Vorwurf ist falsch. Bultmann macht deutlich, daß die Naturwissenschaft gar nicht in der Lage ist, die ganze Wirklichkeit zu umfassen, da Gott „jenseits der Welt und jenseits des wissenschaftlichen Denkens ist“. Bultmann glaubt an den Gott, von dem die Naturwissenschaft zu schweigen hat, da Gott innerweltlich nicht nachweisbar ist, an den Gott, von dem die biblische Mythologie redet, wenn auch in unangemessener Weise. Die Tatsache, daß Bultmann das mythologische Weltbild der Bibel vom Standpunkt der modernen Naturwissenschaft aus kritisiert, bedeutet nicht, daß damit für ihn die Naturwissenschaft das letzte Wort behält. Er sieht vielmehr in den mythologischen Aussagen des Neuen Testaments – bei aller Kritik an ihnen – eine tiefere Bedeutung. „Mythen sind Ausdruck für die Einsicht, daß der Mensch nicht Herr der Welt und seines Lebens ist, daß die Welt, in der er lebt, voller Rätsel und Geheimnisse steckt. Die Mythologie ist der Ausdruck eines bestimmten Verständnisses der menschlichen Existenz. Sie glaubt, daß die Welt und das Leben ihren Grund und ihre Grenze in einer Macht haben, die außerhalb all dessen ist, was wir berechnen und kontrollieren können.“ Insofern also kommt der Mythos der ganzen, die Welt umfassenden Wahrheit näher als die Naturwissenschaft. Nur: Die Mythologie spricht über diese Macht auf unzureichende Weise, denn sie spricht von ihr wie von einer weltlichen Macht. „Der Mythos objektiviert das Jenseitige zum Diesseitigen.“ Die göttliche Kausalität wird eingeführt als ein Glied in der Kette der Ereignisse. Das Handeln Gottes wird dargestellt als eines, das den Lauf der Natur durchbricht, durchlöchert.

„Das ganze Weltverständnis, das in der Predigt Jesu wie allgemein im Neuen Testament vorausgesetzt wird, ist mythologisch; das heißt: Die Vorstellung der Welt, die in die drei Stockwerke Himmel, Erde und Hölle eingeteilt ist, die Vorstellung, daß übernatürliche Kräfte in den Lauf der Dinge eingreifen, und die Wundervorstellung, insbesondere die, daß übernatürliche Kräfte in das Innenleben der Seele eingreifen, die Vorstellung, daß der Mensch vom Teufel versucht und verdorben und von bösen Geistern besessen werden kann. Dieses Weltbild nennen wir mythologisch, da es sich von dem Weltbild unterscheidet, das von der Wissenschaft seit ihrem Anfang im klassischen Griechenland gebildet und entwickelt wurde und das auch von allen modernen Menschen angenommen worden ist."

Für den Menschen von heute sind Vorstellungen von Jungfrauengeburt usw., die dem mythologischen Weltbild entsprechen, nur mit einem *sacrificium intellectus*, dem Verzicht auf das Verstehen, zu glauben. Viele lehnen das Christentum ab, weil es ihrem Verstand zuwiderläuft, andere sehen in solchem Opfer des Verstandes das Wesen ihres christlichen Glaubens. Aber beide Male wird der Anstoß des christlichen Glaubens auf eine falsche Ebene geschoben, denn die christliche Botschaft wendet sich nicht an die theoretische Vernunft. „Die Unbegreiflichkeit Gottes liegt nicht auf der Ebene theoretischer Gedanken, sondern auf der Ebene der persönlichen Existenz." Nicht darin besteht die Unbegreiflichkeit Gottes, daß er auf irrationale Weise etwas tut, was den natürlichen Lauf der Dinge durchbricht, sondern weil er mir als der lebendige Gott begegnet.

Bultmann will durch seine Entmythologisierung des Neuen Testaments, durch das Abstreifen des alten, mythologischen Weltbildes die tiefere und eigentliche Bedeutung der mythologischen Anschauungen freilegen, er will den Mythos nicht eliminieren, sondern existential interpretieren, und glaubt sich dazu insofern berechtigt, als schon Paulus und vor allem Johannes die christliche Botschaft auf solche Weise entmythologisiert haben und so deutlich machten, daß die Bibel von einer neuen Existenzmöglichkeit des Menschen spricht.

Die Tatsache, daß die Worte der Schrift Worte Gottes sind, „bevollmächtigte Worte über unsere Existenz", kann man nicht beweisen. Der Glaube kann sich nicht gegen den Einwand, eine

Illusion zu sein, verteidigen. Daß eine geschichtliche Person, Jesus von Nazareth, das ewige Wort, der Logos, die Heilstat Gottes ist, kann der objektive Historiker als solcher nicht erkennen. Bultmann sieht darin nicht eine Schwäche des Glaubens, sondern „seine wahre Stärke", denn wer jede Sicherheit aufgibt, wird wahre Gewißheit finden. Der Mensch kann von Gott kein objektivierendes Wissen haben. „Wer an Gott glauben will, muß wissen, daß er selbst sozusagen in einem Vakuum steht."

Bultmanns glaubendes „Dennoch" und „Trotzdem" angesichts der Verborgenheit des Handelns Gottes, seine Frömmigkeit neben seiner Kritik aller Objektivierbarkeit des Glaubens sind eindrucksvoll. Für ihn ist „radikale Entmythologisierung die Parallele zur paulinisch-lutherischen Lehre von der Rechtfertigung ohne des Gesetzes Werk allein durch den Glauben". Sie ist ihm die konsequente Durchführung für das Gebiet des Wissens und Denkens. „Wie die Lehre von der Rechtfertigung zerstört die Entmythologisierung jedes Verlangen nach Sicherheit. Es gibt keinen Unterschied zwischen der Sicherheit auf der Basis von guten Werken und der Sicherheit, die auf objektivierendem Wissen beruht." Der Mensch, der an Gott glaubt, muß wissen, daß er nichts in Händen hat, woraufhin er glauben könnte, daß er gleichsam in die Luft gestellt ist und keinen Ausweis für die Wahrheit des ihn anredenden Wortes verlangen kann. Denn „Grund und Gegenstand des Glaubens sind identisch".

An das Wort Gottes glauben, heißt also für Bultmann, „alle rein menschliche Sicherheit aufzugeben und so die Verzweiflung abzustreifen, die aus dem Versuch, die Sicherheit zu finden, entsteht; ein Versuch, der immer vergebens ist".

Zuerst erschienen in der „Zeit" Nr. 11 vom 11. 3. 1983

Theodor H. van de Velde:
„Die vollkommene Ehe"

Bücher haben ihre Schicksale. Als die deutschen Bischöfe fast ausnahmslos in Hitler „das Bollwerk gegen den Bolschewismus und die Pest der schmutzigen Literatur" sahen, meinten sie nicht zuletzt ein schmutziges Buch, das 1930 schon die einundfünfzigste Auflage erreicht hatte, das sowohl von der Kirche auf den Index der verbotenen Bücher gesetzt als auch von der Naziregierung beschlagnahmt wurde, dessen sich Papst Pius XI. (der das Konkordat mit Hitler schloß) in einer Enzyklika annahm, in welcher er den Titel besagten Buches umbenannte in „Das vollkommene Dirnentum" *(Casti connubii)*. Auf diese Weise kreierte der Papst einen neuen vollkommenen Stand und trug wesentlich zu einer noch größeren Verbreitung des Buches bei. Gemeint ist das 1926 erschienene Buch des holländischen Frauenarztes und ehemaligen Direktors der Frauenklinik in Haarlem, Theodor Hendrik van de Velde, „Die vollkommene Ehe", Verkürzung für den umständlichen Titel: „Die in physiologisch-technischer Hinsicht zu größerer Vollkommenheit gebrachte Ehe" (Vorwort des Autors).

Der zweite schwere Schlag traf dieses Buch dreißig Jahre nach dem Tod des Autors, als es 1967 durch Erweiterungen um Konfusion bereichert wurde, nachdem es schon vorher durch Kürzung um einige Substanz ärmer gemacht worden war.

Für viele Eheleute bzw. Dirnentumleute, zumal im christlichen Abendland, in dem die sexuelle Lust suspekt und darum die Kultur des Geschlechtsaktes unterentwickelt ist, wurde van de Velde eine Art Galilei des Ehebetts. Er enttabuisierte die körperlichen Beziehungen der Gatten dadurch, daß er über sie sprach, wenn auch vorzugsweise in lateinischen Ausdrücken, „weil sie in der ärztlichen Sprache die geläufigsten sind und bei der Besprechung mancher Dinge das Gefühl am meisten schonen", und hob sie so aus der animalischen Stummheit in den personalen Bereich.

Van de Velde wollte Abwechslung in die ehelichen Schlafzimmer bringen, eine Abwechslung, die bisher dem Mann „nur im Objekt möglich" schien. Es geht ihm letztlich um Treue und Liebe der Gatten, und so ist er, zumal er auch bezüglich Ehescheidung, Empfängnisverhütung und Coitus interruptus die katholischen Moralvorstellungen teilt, ja gelegentlich noch darüber hinausgeht (z.B. sexuelles Verhalten der Frau nach einem Coitus interruptus), der Meinung, „der katholischen Moral widersprechen meine Ansichten nicht". Da hatte er sich gründlich geirrt. Sexualpessimismus und Lustfeindlichkeit der katholischen Sexualmoral verbieten ein solches Werk über den intimen Freiheitsraum der Ehegatten, den total zu verwalten und zu verplanen zölibatäre Aufpasser für die wesentliche Aufgabe der Kirche halten.

Der neurotische Prozeß der Entsexualisierung ehelicher Liebe, wie er für das christliche Abendland weithin typisch ist, beginnt schon früh und wird wesentlich von Augustinus († 430) gefördert, der seinerseits übernahm, was die Stoa, die verbreitetste unter den griechisch-römischen Philosophien, gelehrt hatte: Daß „die Geschlechtslust dem Menschen nicht zum Vergnügen, sondern zur Fortpflanzung gegeben" sei (Seneca in einem Brief an seine Mutter). Oder: „Nichts ist verderbter, als seine Gattin wie eine Ehebrecherin zu lieben." Oder: „Die Männer sollen sich ihren Frauen nicht als Liebhaber, sondern als Ehemänner erweisen." Sätze der stoischen Intellektuellen, die auch bei Hieronymus, dem Zeitgenossen des Augustinus, großen Anklang finden, zum Beispiel wenn er sagt: „Kindererzeugung ist also in der Ehe erlaubt. Sinnliche Lustgefühle aber, wie sie bei der Umarmung der Dirne empfunden werden, sind bei der Gattin verdammenswert."

Von Augustinus nun werden solcherlei Auffassungen zu einem anthropologisch-theologischen Lehrgebäude aufgetürmt: Die Strafe für den Sündenfall wirkte sich in erster Linie auf dem Gebiet der Sexualität aus. Die Tatsache, daß die geschlechtliche Lust sich der Kontrolle des Willens und des Denkens entzieht, ist für Augustinus der Beweis, daß hier der Ungehorsam des Menschen gegen Gott mit Ungehorsam des Menschen gegenüber sich selbst vergolten wurde. Die heutige Geschlechtslust ist Strafe für den Sündenfall, ein *malum*, ein Übel. Und so lobt Augustinus die alttestamentlichen Patriarchen, die mit „vielen Frauen lediglich zur Zeugung verkehrten", gegenüber denjenigen Christen, die ihre einzige Frau „mit sinnlicher Lust gebrauchen".

Spätere Kirchenmänner haben die Sache noch weiter durchdacht, entwickelt und vervollkommnet, bis Papst Innozenz III. († 1216) verkündete: „Wer wüßte nicht, daß das eheliche Beilager niemals ohne die Glut der Unzucht, ohne den Schmutz der Libido vollzogen werden kann." Moderner, aber nur scheinbar lustfreundlicher, drückt sich 1911 der bedeutendste Moraltheologe seiner Zeit, Noldin, aus: „Der Schöpfer hat die Lust und das Verlangen nach ihr in die Natur hineingelegt, um den Menschen zu einer Sache anzulocken, die in sich schmutzig und in den Folgen lästig ist."

Auf solche Theologie paßte van de Velde wie die Faust aufs Auge. Er hat das schmutzige Geschäft nicht nur zum Zweck der lästigen Kinder toleriert, sondern im Schmutz selber einen Sinn und Zweck gesehen. Kein Wunder, daß ihn die ganze Wucht des kirchlichen Lehramts zu zerschmettern trachtete. In der Enzyklika *Casti connubii*, 1930, die vor allem gegen die „verbrecherische Freiheit" derjenigen Eheleute gerichtet ist, die „aus Widerwillen gegen den Kindersegen die Last vermeiden, aber trotzdem die Lust genießen wollen", wird auch van de Velde, auf den das gar nicht zutrifft (meint er doch ganz im alten Stil, daß die Mutterschaft „für die gesund denkende Frau den Gipfel der Wünsche" bedeutet), vernichtend geschlagen. Denn er konzentriert den Blick auf die Lust als solche und beläßt sie nicht in ihrem Schattendasein eines Mittels zum Zweck der Erzeugung, auf die allein sich zu konzentrieren christlicher Ehemoral entspricht. Und mit diesem „Götzendienst des Fleisches", mit dieser „unrühmlichen Knechtschaft der Begierde", mit diesen „gottlosen Gedanken" trägt er bei zur „Schmach der Menschenwürde" *(Casti connubii).*

Van de Velde macht aus dem Giftschrank der Beichtväter eine Apotheke für Eheleute. Was jahrtausendelang schon in kleinsten Dosen den ewigen Tod nach sich ziehen konnte, setzt er konzentriert auf sein Rezept, in der Meinung, daß das Perverse nicht eine Frage der Position der Körper, sondern der Haltung des Geistes ist. Heute haben die Wogen um van de Velde sich geglättet. Die Kirche konzentriert sich seit seinem Buch auf ihr Empfängnisverhütungsverbot, in welchem sie mit ihrer alten Lustfeindlichkeit unbeirrbar und unbelehrbar die eigentlichen Fragen und Leiden der Menschheit übertönt.

Zuerst erschienen in der „Zeit" Nr. 46 vom 12. 11. 1982

Augenzeugenbericht

Kinderfüße liegen auf den Stufen der Pagode

Augenzeugenbericht aus dem verwüsteten Kambodscha

Vorbemerkung 1985

Kambodscha lebte bis 1969 im Frieden. Als Nixon 1969 Präsident wurde, verordnete er zwei Monate später für Kambodscha ein Bomben-„menu". Als Nixon zurücktrat, war Kambodscha weithin zerstört. Aber es sollte noch schlimmer kommen. 1975 wollte Pol Pot in Kambodscha die vollkommene Kulturrevolution einführen. Das sah so aus: alle Städte werden evakuiert (in der Millionenstadt Phnom Penh waren schließlich noch 70 Menschen) er schaffte alles Geld, allen Besitz ab (außer einem Löffel für jeden), er ließ alle Möbel zerschlagen, alle Photos und Bücher verbrennen, fast alle Pagoden (ehemals gab es 2800) im Lande zerstören. Er wollte den totalen Bauernstaat, keine Religion, keine Wissenschaft, keine Technik, keine Kunst. Umgekommen vor Krankheit und Hunger, umgebracht, weil nicht zur neuen Gesellschaft passend, ist fast die Hälfte der Kambodschaner. Übrig geblieben sind vor allem Witwen und Waisen. 1979 wurde der größte Teil von Kambodscha durch die Vietnamesen von dem Schreckensregime des Pol Pot befreit. Heute jedoch, 1985, werden die Reste der Pol-Pot-Truppen in Kambodscha von dem amerikanischen Präsidenten Reagan als „Freiheitskämpfer" bezeichnet. Die Reise fand im Dezember 1979 statt.

Am dritten Tag unserer Reise scheint in Madras unsere Aktion zu scheitern. Bisher hatte schon Thailand eine Überfluggenehmigung verweigert. Weswegen wir 1.) eine Tonne Medikamente in Berlin wieder ausladen mußten und weswegen wir 2.) überhaupt so weit in den Süden geraten waren. Und jetzt sperrt sich auch Malaysia. Die Medikamente schmoren in der Sonne. Wir telefonieren zum westdeutschen Generalkonsulat. Der sympathische Konsul, Herr Andreas, holt uns in sein Haus und telefoniert mit dem Auswärtigen Amt in Bonn. Er bittet um Intervention bei Malaysia und um ein Telex zum nächsten Morgen mit Anweisung. Das Ehepaar

Andreas lädt uns in den vornehmen Madras-Club zum Abendessen ein und leiht unseren beiden Journalisten Grubbe und Meinke Krawatten. Um 23.30 Uhr gehen wir zurück ins Hotel. Kaum hat mein Schlafmittel eingesetzt, geht das Telefon um 1.30 Uhr. Flugkapitän Görlich teilt mit: wir fliegen sofort weiter. Herrn Andreas nachts anzurufen, ist mir peinlich, ihn nicht anzurufen, und einfach zu verschwinden, unmöglich. Er fragt: Wie fliegen sie denn? Ich weiß es nicht, das Telex liegt am Flughafen.

*

Das Telex war aus Rangun. Wir fliegen also wieder nordwärts über den Golf von Bengalen und dann über Burma und Laos. Auch Burma hatte zunächst Schwierigkeiten gemacht, aber Vietnam hatte interveniert, und dann ging es. Unsere Maschine ist bei der Interflug gechartert, eine Iljuschin 18, und wir transportieren für eine halbe Million DM Medikamente nach Kambodscha. An Bord sind eine doppelte Crew, zwei westdeutsche Journalisten, Sybille Weber von der Hilfsaktion Vietnam in Düsseldorf und ich. Wir machen eine Zwischenlandung zum Tanken in Hanoi und fliegen weiter nach Saigon. Nach Phnom Penh kommen wir auch an diesem vierten Tag nicht mehr, da der Flughafen keine Landebahnbefeuerung hat.

*

Phnom Penh macht einen verwahrlosten Eindruck. Die Buddhas haben keine Köpfe mehr, die Bürgersteige keine Kanaldeckel, die Fenster keine Scheiben, das Grün ist verwildert, zerschlagene Möbel blockieren die Straßen und Gehwege, einige Gebäude sind in die Luft gesprengt, z.B. die Nationalbank, viele Häuser innen ausgebrannt, Schmutz und Brandgeruch überall.

*

Dr. med. Ang Sarun fehlen vorne oben vier Zähne, was für eine junge Frau nicht leicht sein kann. Sie hat uns am Flugplatz empfangen und in den früheren Gouverneurspalast gebracht, in dem wir wohnen werden, einem verschlissenen Prachtgebäude. Ich frage sie, ob ich für die Wolldecke auf dem Bett einen Bezug oder ein Bettuch haben kann. Sie nimmt mich in den Arm und sagt: Wir haben kein Bettuch mehr. Wir setzen uns auf die Bettkante, und sie schreibt mir die Namen von Hermann Mertlich und Kurt Prause auf, denen ich in Deutschland bestellen soll, daß sie lebt. Die Herren sind von Bayer-Leverkusen.

*

Wir bringen Medikamente in das Provinzkrankenhaus Takeo, 60 km südlich von Phnom Penh. Der Begriff „Krankenhaus“ ist irreführend. Es ist mehr ein Stall, dem es durch die Decke regnet, und verfügt über keine Wasserversorgung. Es dient zugleich als Waisenhaus und betreut medizinisch die ganze Provinz Takeo. Was uns nach den Medikamenten am meisten fehlt, sagt der Arzt, sind Kochtöpfe. Hier im Krankenhaus treffen wir Dr. Specht von der Caritas. Gegenüber antivietnamesischen Zeitungsberichten verteidigt er die Regierung Heng Samrin: Nie hat die Caritas oder irgendeine Hilfsorganisation, die er kennt, Schwierigkeiten gehabt mit der Verteilung der Hilfsgüter an die Bevölkerung. Die Regierung tut, was sie kann. Die Truppen werden nicht damit versorgt.

*

Der Außenminister Hun Sen (30) sieht aus wie ein magerer Gymnasiast. Er will uns erklären, wie der Hunger nach Kambodscha kam: Im Krieg mit den USA haben wir viel verloren, in der Pol Pot-Zeit wurde alles vernichtet. Noch auf seiner Flucht hat Pol Pot die Reislager gesprengt oder verbrannt. Nach der Befreiung (Januar 1979) konnte die Bevölkerung kaum ernten. Da alle verschleppt worden waren, die vom Osten in den Westen, die vom Westen in den Osten, waren alle von Januar bis Juli unterwegs in ihre Heimat. Dort hatten sie kein Saatgut, keine Geräte, keine Teller und Tassen. Ein Teil der Bevölkerung ist zu schwach, um zu arbeiten. Wir appellierten an alle Völker der Erde um Hilfe, zuerst halfen Vietnam und die Sowjetunion, dann auch internationale Gruppen. Auch die Hilfe der UNO ist gut, die im November ’79 durch den Generalsekretär Waldheim beschlossen wurde. Man hat gesagt, wir nähmen keine Hilfe an. Wer hat solche Unwahrheit in die Welt gesetzt? (Der Außenminister wischt sich sein Glasauge.) Im Oktober ’79 kamen drei USA-Senatoren nach Phnom Penh. Sie sprachen nicht von Hilfe, sie sprachen nur davon, daß wir die Straßen von Thailand Nr. 5 und 6 eröffnen sollen. Das ist ein Trick von USA und China. Die Senatoren wollten die Straßen eröffnen, um Pol Pot zu unterstützen. Das lehnen wir ab. Wir eröffneten statt dessen den Hafen Kompong Som und den Mekong als Weg. Wir versichern, daß Hilfe auf vielen Wegen möglich ist, nicht nur von Thailand aus. Wir nehmen alle Hilfe nach Phnom Penh gern an, denn hier ist das Zentrum. Der Hunger herrscht nicht nur an der Grenze Thailands, sondern überall im Land. Präsident Carter beschuldigt uns, wir nähmen Hilfe, um sie den Truppen zu geben. Was Carter sagt, ist wie von einem Kind, das nichts weiß. Die internationalen Organe IRC, Unicef und andere haben sich überzeugt, wie wir alles an die Bevölkerung verteilen. Warum sagt Carter solche Dinge? Er ist mitschuldig am Hunger in Kambodscha, denn er erschwert die Hilfe für uns.

*

In Kambodscha ist die Wasserversorgung eines der dringendsten Probleme. Fast sämtliche Pumpen in der Provinz sind zerstört, und von den drei Pumpen in Phnom Penh arbeitet nur noch eine kleinere. Wenn sie auch ausfällt, sagt Dr. Barry Lloyd, Professor für Mikrobiologie an der Universität Surrey-Guildford, England, dann haben wir hier Pest und Cholera. Wegen dieser Seuchengefahr können die Menschen nur langsam nach Phnom Penh hereingelassen werden. Im Januar 1979 lebten nur noch 70 Menschen hier, jetzt sind es 110000. Mit Barry Lloyd und Drs. Ebel Dijkstra aus Amsterdam, die im Auftrag von Oxfam die Wasserversorgung wieder in Gang bringen wollen, fahren wir zum ehemaligen Hauptwasserwerk, einer von Pol Pot zerstörten Anlage zwischen träumenden Pagodenbäumen. Die Kinder stehen um unser Auto. Sehen sie das kleine Mädchen links, sagt Barry, die helleren bronzegetönten Haare sind Zeichen der Unterernährung.

*

Am Eingang des Eßsaals des 1. Waisenhauses (von dreien) in Phnom Penh steht ein Körbchen mit dreckigen Eintrittskärtchen, sonst würden die Kinder zweimal essen. Die Kinder essen mit den Händen aus alten Konservendosen Reis mit Salz und etwas Fisch. Die meisten stehen an den Tischen, denn es gibt nur wenig Stühle. Der Geruch ist unerträglich. Mme Pum Sichan (32), eine von Kambodschas schönen jungen Witwen, deren Mann (Jurastudent) von Pol Pot umgebracht wurde, sagt: Außer der Ernährung ist Schmierseife und Kernseife für uns sehr wichtig. Wir waschen mit Asche. Der Schlafsaal (ein Bett für vier Kinder) ist eine ehemalige

Kirche französischer Nonnen (Lycée Providence), die jetzt in Paris sind. Die grandiose Architektur der Deckengewölbe verleiht den verkommenen Bettstellen ohne Bettwäsche eine irreale Erhabenheit. Auf einem Bett sitzt ein trauriger Junge mit winzigen Handgelenken. Soum (15) war zuerst zu schwach, zu sitzen, er kam vor einer Woche hierher, ist das Kind eines Pol Pot-Soldaten und von Battambang an der thailändischen Grenze mit einem Flüchtlingstreck hierher geflohen. Er hat Angst, sagt die Leiterin, weil er von den anderen Kindern hört, daß ihre Eltern von Pol Pot umgebracht wurden und er doch das Kind eines Pol Pot-Soldaten ist. Ich streiche Soum über den Kopf, aber er weint nur ein kleines, lautloses Kinderweinen.

In dem Waisenhaus sind 555 Kinder. Bei 208 ist der Vater, bei 268 die Mutter durch Krankheit gestorben. Bei 275 ist der Vater, bei 211 die Mutter durch Pol Pot ermordet. Bei den übrigen fehlt die Information. Die Kinder waren zu klein, als die Armee sie fand.

Im zweiten Waisenhaus in Phnom Penh trafen wir ein fünfjähriges Mädchen, Ten Sophon. Sie sang uns folgendes Lied:

„Es regnet, wir waren im Wald,
es regnet, ich habe großes Leid,
Pol Pot hat meinen Vater angeklagt,
man hat meinen Vater festgebunden,
man hat meinem Vater den Kopf abgeschlagen,
mein Vater fiel blutend zu Boden."

*

Mit dem Internationalen Roten Kreuz (IRC), Zimmer 109, 1. Stock Hotel Royal in Phnom Penh, einer Gruppe von sieben jungen Schweizern, gerate ich fast aneinander. Sie sagen später, Sybille und ich hätten nicht angeklopft. Wir sehen es anders. Ich wollte auch dem IRC meine Standardfrage stellen, ob es irgendwelche Schwierigkeiten mit der Regierung Heng Samrin hatte bei der Verteilung der Hilfsgüter an die Bevölkerung. Der Chef, François Busnon, sagt, ja, es gab Schwierigkeiten, die Sachen sollten nicht über Thailand geliefert werden. Ich sage: Ja, das ist zu verstehen, die Sachen sollen nicht Pol Pot in die Hände fallen. Herr Busnon sagt: das ist nicht das einzige. Ich frage: was noch? Er zuckt die Achseln. Wir möchten zurückhaltend sein Ihnen gegenüber, sagt

Herr Höfliger, denn wir kennen Sie nicht, wir wissen nicht, auf welcher Seite Sie stehen. Nachher verbreiten Sie auch solche Märchen wie: Vietnam ißt den Kambodschanern das Essen auf. Ich sage: Oh Entschuldigung, ich gebe Ihnen meine Visitenkarte. Das brauchen Sie nicht, wir wissen genau, wer Sie sind, Sie sind die Tochter von Gustav Heinemann. Ja, aber, sage ich, wenn sie das wissen, dann müßten sie doch auch wissen, daß ich keine Antivietnammärchen verbreite. Herr Höfliger fährt fort: Die Schwierigkeiten zu Beginn waren diese, die Regierung mußte erst mal Vertrauen zu uns gewinnen, jetzt geht alles sehr gut. Ich sage: Also kann man sagen, die Schwierigkeiten zu Beginn lagen darin, die Regierung mußte erst Vertrauen zu Ihnen gewinnen, jetzt geht alles sehr gut. Nein, das können Sie nicht sagen, Sie sollen nicht von der Vergangenheit, sondern von der Gegenwart reden, jetzt geht alles sehr gut. Nur das sollen Sie sagen.

Am nächsten Morgen frage ich Malcolm Harper, den Chef der Hilfsorganisation Oxfam: Was ist mit den Leuten vom IRC los? Mr. Harper sagt: Wir kommen gut mit ihnen aus, aber sie sind das, was wir Engländer „stand-offish“ nennen, sehr distanziert. Protokollfragen, die für uns unwichtig sind, sind für sie sehr wichtig. Der Chef, François Busnon, ist seit fünf Monaten hier. Die ersten Monate verbrachten sie vorwiegend damit, einen besonderen Diplomatenstatus zu bekommen.

*

DDR-Botschafter Dach in Phnom Penh hat die Türen seiner Botschaft selbst gestrichen. Bei einer Tür ist ihm am unteren Rand das Spachteln nicht zu seiner Zufriedenheit geglückt. Die Botschaft war innen zerstört und ist erst vor 14 Tagen fertig geworden. Ein DDR-Bauteam hat alles repariert und gleichzeitig auch die Möbel mitgebracht, die dunkelbraune, hochglänzende Schrankwand z. B.

*

Die Prinzessin Sisowath Sovethvong Monivong (35) hat eine weiße Blume im schwarzen Haar und drei feine goldene Ringlein am kleinsten ihrer kleinen Finger. Sie ist im Außenministerium tätig und fliegt am nächsten Tag nach Helsinki. Unter Pol Pot lebte sie als Bäuerin in der Provinz Battambang und nahm einen anderen Namen an. Durch vietnamesische Truppen wurde sie im Januar

1979 befreit und kehrte in das leere Phnom Penh zurück. In ihr altes Haus? Ihre Augen füllen sich mit Tränen. Pol Pot hat alles zerstört, alles, alles. Und ich könnte auch nicht die Erinnerung an die Toten ertragen. Von ihren vier Kindern blieb ihr nur ein siebenjähriger Sohn. Ihr Mann (Arzt) und ihre Mutter wurden ermordet, ihre 12jährige Tochter ist mit ihrer Schwiegermutter auf der Flucht nach Paris verschollen, ein Kind ist verhungert, einem Kind wurde von Pol Pot-Soldaten der Schädel eingeschlagen. Wie ist solche Grausamkeit möglich, frage ich. Bei Pol Pot darf man nicht nach einem Warum fragen, sagt sie. Der Vater der Prinzessin war der Bruder von Sihanouks Mutter. Ihr Vater starb, als sie elf Jahre alt war, und da ihre Mutter immer reiste, wuchs sie im Königspalast auf als kleinere Schwester des Sihanouk. Sihanouk wollte sie mit einem seiner Söhne verheiraten, aber sie hat ihm klar gesagt: Schließlich muß ich mit ihm im Bett liegen, also suche ich mir meinen Mann lieber selber aus. Sie meint, Sihanouk ist ein Schauspieler, der nicht erkennt, wann man abtreten muß und der deswegen als Clown endet.

*

Der Protokollchef Dith Munty (38) hat ein feines, schwermütiges Gesicht. Er ist Jurist und hat unter anderer Identität die Pol Pot-Zeit überlebt. Seine Mutter ist verhungert. Dith Munty spricht wenig. Einmal sagt er zu mir, er könne ein zweijähriges Kind nicht vergessen. Zuerst wurden die Eltern des Kindes – der Vater war Professor – umgebracht. Dann warf einer das Kind in die Luft. Und der Protokollchef hört immer noch das Jauchzen des Kindes. Aber nicht Hände fingen es auf, sondern ein Bajonett.

*

Nur Analphabeten und solche, denen es gelang, sich als Analphabeten auszugeben, haben Pol Pots Massenhinrichtungen überlebt. Brillenträger waren zur Pol-Pot-Zeit in Todesgefahr, weil im Verdacht, lesen und schreiben zu können. Der Direktor der Ölgesellschaft Tela, Herr Seng Meng Tek, so erfuhr ich von dessen Freund, dem jetzigen Protokollchef Dith Munty, ist wegen seiner Brille umgebracht worden. Sein Sohn ist heimlich gefolgt und hat gesehen, wie man den Vater erschlug. Später wurde dieser Sohn selbst mit seinen Geschwistern und seiner Mutter getötet, weil sie der Intelligenzschicht angehörten. Dith Munty ist einer der wenigen

Gebildeten in Kambodscha, die überlebten, einer der wenigen auch, die noch französisch sprechen.

*

Die 12jährige Phala im 1. Waisenhaus in Phnom Penh und ihr dreijähriges Brüderchen haben einen Bajonettstich überlebt. Als es geschah, hatte Phala den kleinen Bruder auf dem Arm. Hinter Phala stand die Mutter, die die Kinder schützen wollte. Die Mutter wurde als erste erstochen, dann traf das Bajonett Phala. Das Eisen drang in den Rücken ein, trat an der Brust wieder aus und bohrte sich noch ein Stück in den seitlichen Hinterkopf des kleinen Bruders. Phalas Wunden scheinen gut verheilt, aber die Wunde des Brüderchens hinter seinem rechten Ohr blutet unter dem Pflaster immer noch. Er hatte Tetanus, sagt Mme Pum Sichan. Das Kind sieht weiß und elend aus.

*

Als Am Sophann (33), Leiterin des Hotels (der Reste des Hotels) Monorom in Phnom Penh ihre dicken Brillengläser abnimmt, sieht sie auf einmal sehr niedlich aus. Vier Jahre unter Pol Pot, sagt sie, durfte ich diese Brille nicht tragen und konnte die Leute immer erst erkennen, wenn sie ganz dicht vor mir standen. Es hieß, Brillen sind kosmetischer Tand. Ich habe Angst, sagt sie, daß Pol Pot wiederkommt. Wir mußten 1975, wie alle anderen hier in Phnom Penh, innerhalb von ein paar Minuten alles verlassen, durften nichts mitnehmen, außer was wir anhatten, nichts zum Wechseln. Alle unsere Bücher und Photos wurden zerrissen. Das Ehepaar Sophann hat die Hotelfachschule in Straßburg absolviert. Wir sind froh, daß die Vietnamesen kamen, sonst wären wir alle umgekommen, sagt Am, aber ob sie nun ewig bleiben? Irgendwo ein Geräusch. Am zuckt zusammen und flüstert: Ich habe so Angst, daß Pol Pot zurückkommt. Er kommt nicht zurück, sage ich, und Am lächelt nervös.

Herr Sophann (37) fragt mich, ob ich nicht seiner Frau helfen kann, sie habe einen Gebärmuttervorfall und ständige Schmerzen, weil sie unter Pol Pot nach einer Geburt schnell wieder in den Reisfeldern arbeiten mußte. Mit DDR-Botschafter Dach vereinbare ich, daß im Januar, wenn ein ganzes Ärzteteam aus der DDR kommt, ein Arzt sich um Am kümmern wird.

*

Wir sind im Auffanglager Kompong Speu, 40 km westlich von Phnom Penh. Hier landen Menschen, die auf ihrer Wanderung in ihre Heimat nicht weiterkommen vor Hunger und Krankheit.

Ein Junge auf einer schmutzigen Bahre stirbt. Seinen Namen kann er nicht mehr sagen, nur noch sein Alter: 23. Dann versinkt er in Bewußtlosigkeit. Die Fliegen auf seinen verklebten Augen scheint er nicht mehr zu spüren. Seine Schultern sind skelettös, die Handrücken von Ödemen geschwollen. Unter der schmutzigen Decke zeigt sein Körper kaum noch Konturen. Er brauchte jetzt eine Infusion (serum chlorure de sodium à 5 % schreibt der Krankenpfleger in mein Heft). Aber gerade das haben wir nicht mitgebracht. Wir werden es sofort schicken mit der nächsten Medikamentensendung im Januar 1980. Aber der Junge ist bis dahin tot.

Das Lager hat nur schmutzigen Lehmboden, kein Wasser. Das Wasser wird von Büffeln aus den Flüssen geholt und in denselben Töpfen, in denen der Reis gekocht wird, abgekocht. Manche haben auf ihren verwahrlosten Pritschen statt Kopfkissen einen Ziegelstein. Auf einer Pritsche sitzt ein junger Mann, der heute nacht kam. Er ist acht Tage zu Fuß unterwegs gewesen, er ist Pol Pot-Soldat, 27 Jahre alt und heißt Men Hong, war früher Bauer. Er sagt, daß in einer Hinrichtungsstätte in den Bergen etwa 50 km von seinem Truppenstützpunkt, ca. 2000 Menschen von Spezialleuten umgebracht wurden. Seine Kameraden sind nicht mit hierher gekommen, sie hatten Angst, von der kambodschanisch-vietnamesischen Front umgebracht zu werden. Aber er ist geflohen, weil er lieber in seiner Heimat sterben wollte als in der Schlacht. Er erzählt uns: Waffen bezog seine Truppe immer von der thailändischen Grenze. Mit Elefanten würden diese Waffen zu ihnen transportiert.

Im Lager sind 464 Kranke und kein Arzt, nur ein Krankenpfleger und ein Medizinstudent. Malaria und Mangelerscheinungen sind die überwiegenden Krankheiten. Transportfähige Schwerkranke werden mit dem Fahrrad nach Phnom Penh gebracht. DDR-Botschafter Dach sagt, als wir ihm von den Zuständen in dem Lager berichten: In allernächster Zeit kommen 20 kubanische Ärzte.

*

Die 15jährige Ben Karina, die in Phnom Penh uns den Tisch deckt, hat ein rundes, lachendes Gesicht. Sie spricht französisch. Als ich nach ihrer Mutter frage, wird sie traurig. Meine Mutter ist sehr alt. Wie alt? 53 Jahre. Aber das ist doch nicht alt. Sie ist so alt, weil sie so traurig ist. Mein älterer Bruder war 22 Jahre alt, der jüngere 21 Jahre, als die beiden von Pol Pot-Truppen gefesselt aus dem Haus geführt und draußen umgebracht wurden. Meine Mutter stand stumm daneben. Der geringste Schrei, und man hätte auch sie umgebracht. Warum hat man die Jugen abgeführt? Die Pol Pot-Soldaten fragten nach ihrem Beruf. Und weil sie Medizinstudent und Oberschüler waren, wurden sie getötet. Jeder, der zur Intelligenz gehörte, wurde getötet. Karinas Vater ist im gleichen Jahr 1976 verhungert. Sie fand ihn tot auf seinem Bett. Wenn die Vietnamesen Pol Pot ganz aus dem Land vertrieben haben, will Karina wieder zur Schule und dann Medizin studieren.

*

Im Umerziehungslager nicht weit von Phnom Penh wird uns ein Massenmörder vorgeführt. Sein Gesicht ist bewegungslos wie das eines Roboters. Er erklärt uns, wie er die Menschen bei den Massenexekutionen umgebracht hat: Man müsse mit einem Bambusstock immer zuerst in den Nacken schlagen. Die Augen habe er dabei zugemacht. Es waren Männer, Frauen, Kinder. Er tat es auf Pol Pots Befehl. Die Gruppen, die ihm zur Hinrichtung zugeführt wurden, kannte er nicht. Er meint, er hat etwa 20 Menschen so getötet, vielleicht auch mehr. Jetzt würde er solche Befehle nicht mehr ausführen, sondern sich lieber selbst umbringen, denn er hat eingesehen, daß man sein Volk nicht töten darf. Nach der Befreiung im Januar 1979 hat er nicht gewagt, in sein Dorf zurückzukehren. Die Armee hat ihn geschützt und in dieses Umerziehungslager bei Phnom Penh gebracht. Der Henker Siv Samonn (36) schreibt in den komplizierten kambodschanischen Buchstaben seinen Namen in mein Heft. Das Schreiben hat er im Umerziehungslager gelernt. Er war Bauer, nach 1975 wurde er durch Pol Pot Distriktchef.

Der Lagerleiter sagt: in diesem Lager sitzen jetzt noch 200 Männer, im Januar waren es 2000. Zum ersten Jahrestag Januar 1980 werden wieder viele entlassen. In solche Umerziehungslager kommen nicht die einfachen Pol Pot-Soldaten, sondern nur die Offiziere, politischen Kommissare und die Henker. Wir glauben, sagt der Lagerleiter, daß diese Leute ihre Greueltaten nicht wiederholen werden, wenn sie wieder frei sind, sondern daß sie unter dem neuen Regime der Milde und der Humanität bereuen werden. Für viele ist es ein Schock, daß sie nicht getötet, sondern gut behandelt werden.

Im Januar 1980 entlassen werden soll ein 34jähriger hoher Pol Pot-Offizier, ein roter Khmer, der 10 000 Soldaten befehligte, dessen kambodschanisches Autogramm ich nicht mehr entziffern kann. Seit dem 30. Juli ist er hier, seine hübsche junge Frau durfte die ganze Zeit bei ihm sein und sitzt lächelnd auf der Bettkante. Der Offizier erzählt, er habe 1975 die Evakuierung Phnom Penhs mitbefehligt. Er weiß, daß bei der Deportation die Kapitalisten, die nicht weggehen wollten, weil sie zu sehr an ihren Gütern hingen, hingerichtet wurden, aber damit hatte seine Armee unmittelbar nichts zu tun, sagt er. Im Hof um den Teich sitzen die anderen, einige spielen auf einer Art Gitarre.

*

Tep Vong, der orangene buddhistische Oberbonze in Phnom Penh, ist ein schlichtes Gemüt. Anders als sein verstorbener Vorgänger, der ein Philosoph war und das Alphabet verbesserte. Tep Vongs Lehrer und Schüler und fast seine ganze Verwandtschaft sind von Pol Pot umgebracht worden, sagt er. Pol Pot wollte die Mönche ausrotten, von den 82 000 überlebten 5000, die aber jetzt nicht mehr alle als Mönche leben. Seit der Befreiung gibt es 700 neu eingetretene Mönche. Vor Pol Pot gab es 2800 Pagoden im Land, sie wurden fast alle zerstört oder schwer beschädigt, auch die herrlichen Pagoden von Angkor Vat. Der Protokollchef und die Dolmetscherin Pheng haben sich beim Betreten der staubigen und verwahrlosten Pagode (einer der wenigen nicht zerstörten) die Schuhe ausgezogen, Pheng hat sich am Eingang sogar auf den Boden gelegt. Beide sind Gläubige. In Kambodscha sind fast alle gläubig, sagt Pheng. Auch in der Regierung. Der Protokollchef meint später, er sei vielleicht etwas weniger gläubig als Pheng. Ich will gerade dem Oberbonzen auf die Schulter tippen, um ihn etwas zu fragen. Da stürzt der Protokollchef herbei und erklärt mir aufgeregt: Sie dürfen ihn nicht berühren. Ich stelle dem Oberbonzen die Frage: Warum er bei der Begrüßung den Herren die Hand gegeben habe, Sybille und mir jedoch nicht. Der Bonze erklärt mir: ein Mönch darf eine Frau nicht berühren. Der Protokollchef fügt hinzu: Sonst wird er ausgeschlossen, genau wie bei Ihrer Religion. Ich frage: Auch wenn eine Frau ihn versehentlich antippt? Dann muß er das vor einem Kollegium von Bonzen beichten, sagt der Protokollchef, auch genau wie bei Ihnen.

*

Viktor ist Kambodschaner und Dolmetscher an der DDR-Botschaft in Phnom Penh. Seine Frau ist DDR-Bürgerin und mit den beiden kleinen Kindern in der DDR geblieben. Darüber ist Viktor traurig. Außerdem ist er krank. Viktor erklärt uns das wunderheilende weiße Marmorpferd im Hof des Königspalastes, auf dem Sihanouks Großvater, der König Norodom, auch in Marmor, sitzt. Immer wenn einer krank war von der königlichen Familie, dann ging Sihanouks Mutter, die Königin, zu diesem Pferd und betete, und mit den Tropfen, die aus der Nase des Pferdes fielen, benetzte sie die Stirn des Kranken, und das half. Aber Viktor, sagt Sybille, sowas hilft doch nicht. Doch Viktor beharrt darauf, daß es half.

*

Am ehemaligen eisernen Fernsehturm von Phnom Penh spielen die Kinder zwischen Totenschädeln. DDR-Botschafter Dach sagt, am Tag vorher hätten DDR-Leute bei Reparaturarbeiten wieder ein Massengrab der Pol Pot-Zeit entdeckt.

*

Im ehemaligen Lyceum Tuol Sleng in Phnom Penh wurden Aufständische gegen Pol Pot zu Tode gefoltert. Die Klassenzimmer waren Folterkammern, die Kinderschaukel im Park war ein Galgen. Die Leichen der zu Tode Gefolterten und Erhängten wurden von den Henkern photographiert, die hängen jetzt an den Wänden, eine Parade des Entsetzens. Auf einem dieser Photos hatte Pheng Kanthea Borey, die Dolmetscherin, ihren Vater erkannt, ehemaliger Chefarzt und Vizepräsident des Kambodschanischen Roten Kreuzes, beteiligt am Aufstand Oktober 1978. Die meisten Photos sind noch nicht identifiziert.

*

Wir besuchen Pol Pots ältesten Bruder Loth Suong (70). Er ist ein höflicher Rentner, früher war er Angestellter in der Schatzkammer des Sihanouk. Seine Frau Chea Sami war Tänzerin und gibt auch jetzt wieder Tanzunterricht in Phnom Penh. Sie wohnen in einem Wohnblock, der verkommen ist wie alles in Phnom Penh. Die Treppe riecht nach Urin. Wir wollen von den beiden wissen: wie war Pol Pot als Kind, als Sohn, als Bruder? Und dies erfuhren wir: Pol Pot war ein gutes Kind, ein guter Sohn, ein guter Bruder, und auch ein guter Schwager.

*

Die sowjetische Botschaft in Phnom Penh hat schöne chinesische Lackschränke, aber kein Wasser. Der ganze Stadtteil nicht. Der Botschafter ist verreist, sein Stellvertreter Vladimir gibt mir Schinkenbrote. Vladimir meint, es werden zu wenig Journalisten nach Kambodscha hereingelassen. Gäbe es mehr, gäbe es vielleicht weniger Lügen über Kambodscha.
Im Hafen Kompong Som liegt seit dem 29. Oktober 1979 ein großes sowjetisches Schiff mit 100 Technikern. Wir besuchen das Schiff. Die Sowjets setzen mit den Kambodschanern die Hafenanlage instand, helfen ihnen, Pumpstationen zu errichten und zeigen ihnen, wie man statt in 14 Tagen ein Schiff in anderthalb Tagen entladen kann. Die Sowjets geben Filmvorführungen und Konzerte für die Bevölkerung der durch amerikanische Bomber und Pol Pot total zerstörten Hafenstadt. 286 neue LKW's und 324 PKW's aus der Sowjetunion sind gerade im Hafen eingetroffen, die die Hilfsgüterverteilung beschleunigen sollen.
In Kompong Som gibt es nur das 1. und 2. Schuljahr. Jeder, der lesen und schreiben kann, wird Lehrer.

*

Pfarrer Jean-Louis Clavaud vom Ökumenischen Rat der Kirchen in Genf war bis Pol Pot 10 Jahre in Kambodscha Missionar. Er sagt: manche Menschen laufen 20 Tage, um in Thailand etwas zu essen zu bekommen. Die Thailand-Camps wirken wie Magnete. Die Gefahr der Unterbevölkerung droht: Effekt einer einseitigen Flüchtlingshilfe nach Thailand.

*

Von den 38 jungen Lehrerinnen an der Grundschule in Phnom Penh sind 26 Witwen. Unter Pol Pot war die Schule ein Schweine-

und Geflügelstall. Die Lehrerin-Witwe OK Somalay ist 35 Jahre alt und hat traurige Mandelaugen. 1977 wurden mein Mann, meine vier Brüder und meine Schwester von Pol Pot ermordet, sagt sie. Mein ältester Bruder mit seiner gesamten Familie. Sie schreibt die Namen der Toten in mein Heft.

*

In Saigon hatte uns die hübsche französische Journalistin Penelope Bonnecarrère gesagt, wir dürften nicht versäumen, die Pol Pot-Hinrichtungsstätte an der großen Pagode Phnom Sam Peou, 10 km von Battambang, 40 km von der thailändischen Grenze zu filmen. Kameramann Meinke fährt hin. Am Abend des zweiten Tages ist er zurück, bleich und irgendwie geschrumpft. 1000 bis 1500 Leichen liegen in den Grotten neben der Pagode auf den schlafenden Buddhas. Auf den 1000 Stufen zur Pagode tritt man auf abgeschnittene Kinderfüßchen. Die Menschen sind erschlagen, erwürgt, aufgeschlitzt, die Schädeldecken abgeschlagen, die Arme der Toten nach hinten gefesselt. Niemand in Phnom Penh kann uns sagen, wann das geschehen ist. Meinke schließt aus dem noch nicht fortgeschrittenen Verwesungszustand der Leichen auf ein Massaker vor 6–8 Wochen.

*

Der Flugplatz ist heiß und staubig. Als wir abfliegen, sind viele zum Abschied gekommen. Man überreicht uns Blumen. Dann rollt die Maschine an und steigt in einen Himmel, der ohne Trost ist. Wir beginnen unsere Reise nach Hause, in ein Land, das von Christen bevölkert ist. Aber Hoffnung auf Hilfe habe ich nicht.

Gekürzt erschienen im „Spiegel" Nr. 3 vom 14. 1. 1980

Hilfe wird auch heute noch benötigt:
Hilfsaktion Vietnam e. V. Düsseldorf, Postgiroamt Essen 900 40-430, „Hilfe für Kambodscha".

Anhang:

Die aktuelle Diskussion

Ob lebendig, ob als Leich'

Ostermarschrede Essen 6. 4. 1985

Wo dem Menschen ein schlechtes Gewissen anstände, hat er gewöhnlich nur ein schlechtes Gedächtnis. Wenn schon nicht ein gutes Gewissen, so ist ihm doch dieses schlechte Gedächtnis das sanfte Ruhekissen, auf dem es ihm gelingt, sich aus seiner Verantwortung herauszuschlafen. Denn wenn er aufschrecken würde bei Nacht und Traum vor eigener Schuld und eigenem Versagen, wie sollte er dann jemals wieder so gut in seinen Schlaf kommen können? Wie hätte z. B. vor 40 Jahren Otto Normalschläfer noch schlafen, wie hätte er noch leben können, wenn ihn sein Erinnern gestört und ihn geweckt hätte mit den Bildern der zusammengetriebenen und abtransportierten Menschen?

Die für Millionen Menschen tödliche Schlafkrankheit des Gewissens war eine fast totale Epidemie. Ihre Folgen wirken auch jetzt noch nach. So nimmt es denn kein Wunder, daß der amerikanische Präsident in Übereinstimmung mit dem deutschen Bundeskanzler kein ehemaliges KZ besuchen will, um nicht, wie er sagt, alte Narben aufzureißen und negative Gefühle zu wecken. Das menschliche Gedächtnis reicht nicht mehr zurück und soll nicht mehr zurückreichen. Die Herren wollen ihren Kopf freihalten von ihrem Gedächtnis an die Opfer von gestern, denn es könnte ihr Freundschafts- und Eierkuchenprogramm stören. Sie sehen nicht, daß jedes Programm, wenn es das Schreckliche unserer jüngsten Geschichte aus dem Gedächtnis streicht, sich aus der Verantwortung stiehlt, die aus dieser Geschichte wächst, aus der Verpflichtung nämlich, daß dergleichen niemals wieder geschieht.

Der Mensch hat ein schlechtes Gedächtnis, das gilt auch für den Krieg und dessen Opfer. Wenn heute einen sein Gedächtnis überfiele mit dem Gedenken des Blutes und des Feuers vor 40 Jahren, mit dem Gedenken des Leidens und Sterbens so vieler Millionen in Europa und in vielen Teilen der Welt darüberhinaus, wie könnte er es dann für möglich halten, ja selbst möglich machen, daß noch einmal auf das Kommando irgendwelcher Herren hin sich wieder Gewehr gegen Gewehr richten würde, Panzer gegen Panzer, Mensch gegen Mensch. Aber 40 Jahre nach dem großen Tod steht wieder der Mensch gegen den Menschen, Armee gegen Armee,

Rakete gegen Rakete. Wieder glaubt jeder, er trage für eine gute Sache den Tod des anderen in seiner Hand, und es ist doch für beide derselbe Tod und für keinen eine gute Sache. Vor 40 Jahren ist Hiroshima geschehen. Wenn wir ein Gedächtnis hätten, würden seine Opfer uns ins Gesicht sehen. Aber in unserem Land, d. h. allein in NRW, stehen Waffen bereit für Tausende Hiroshimas.

Es wurden vor 40 Jahren so viele Tote begraben in unserem Land, aber schon wird wieder das Ausheben von Massengräbern geübt. Die Herren, die das alles immer befahlen und befehligen, die Raketen und die Massengräber und die kommenden Hiroshimas, die sind nach Kräften immer weit vom Schuß und in möglichster Sicherheit. Vor 40 Jahren hat die deutsche Reichsregierung in Bunkern ihr Volk verraten, weil sie es zu überleben versuchte, als die Städte brannten, als Bomben ihre Bürger töteten, als deutsche Soldaten – millionenfach halbe Kinder noch – einen sinnlosen Tod sterben mußten für die Machthaber in den Bunkern. 40 Jahre danach hat eine andere deutsche Regierung sich wieder einen Bunker gebaut. Ich kenne den Unterschied zwischen einer demokratischen und einer diktatorischen Regierung sehr wohl, aber in ihrem Sinn für das eigene Überleben sind sich alle Bunkerregierungen gleich, »ob lebendig, ob als Leich'«.

Und so bin ich überzeugt, daß die Regierung in Moskau ihren Bunker besitzt, und ich bin überzeugt, daß die Regierung in Washington ihren Bunker hat. Es hat sich bei den Herrschenden eine Internationale der Deserteure im Geist zusammengefunden, die auf dem Sprung sind, im Falle eines Falles ihre Völker um ihrer eigenen Haut willen fluchtartig zu verlassen. Wenn ein Soldat seine Truppe verläßt, wird er hinterher wegen Fahnenflucht verurteilt. Wenn dagegen unsere Regierung ihr Volk zu verlassen beabsichtigt, dann wird sie schon vorher mit Steuergeldern dazu instand gesetzt. Wenn man unsere Regierung fragen würde, warum sie denn Schaden von sich selbst abwenden wolle statt Schaden vom Volke abzuwenden, dann wird sie sagen, daß sie ihren Bunker unter der Erde für den Frieden baue wie sie auch die Raketen über der Erde für den Frieden stationiert, wie sie immer mehr Raketen stationiert für immer mehr Frieden. Wir schließen daraus, daß wenn auf jedem Quadratmeter unseres Landes eine Rakete steht, der vollkommene Friede ausgebrochen sein wird.

Manche vertrauen solchem Hoch- und Tiefbau der Regierung. Andere haben ihre Zweifel. Aber allen gemeinsam wird, wenn die Regierung eines Tages sich in ihren Friedensbunker verzieht, nichts anderes übrigbleiben, als draußen vor der Tür zu stehen und

zwischen den Raketen in Deckung zu gehen. Das wird dann eine verkehrte Welt sein, in der das Reich der Lebenden und das Reich der Toten vertauscht sind. Es werden nicht mehr wie bisher die Lebenden auf der Erde und die Toten unter der Erde, es werden vielmehr die Lebenden unten und die Toten oben sein. Und die Unterirdischen werden einmal aus ihren Erdlöchern aufwärts in die Hölle steigen. Darum sollte man der Regierung verbieten, am Ende in einem Bunker Schutz vor den Folgen ihrer Friedenspolitik zu suchen. Nachdem sie unser Land zu einer Raketenplantage gemacht hat, soll sie auch mit uns gemeinsam die Fallobsternte ihres Todesanbaus genießen.
Wir haben ein schlechtes Gedächtnis. Als wäre nichts geschehen, lernen wir von den Politikern und Strategen das Wahnsinnsalphabet der ABC-Waffen für den Frieden. Aber wer »a« gleich atomar und »b« gleich biologisch und »c« gleich chemisch sagt, der muß am Ende auch »z« sagten, und »z« wird die Zerstörung der Erde bedeuten. In der Schule lernte der Abc-Schütze von früher, daß er nicht für die Schule, sondern für das Leben lernt. Jetzt aber in der neuen deutschen höheren Abc-Schießschule lehrt uns die Regierung ein neues Schützen-Abc, und das lernen wir nicht für die Schule, und das lernen wir nicht für das Leben, das lernen wir nur für den Tod. Wer glaubt, daß das Abc der Waffen das Alphabetisierungsprogramm einer friedlichen Menschheitszukunft sein wird, der hat die Lektion der Geschichte nicht gelernt oder schnell vergessen. Denn noch niemals haben Raketen Frieden verschossen, noch niemals haben Bomben Frieden vom Himmel geregnet, Waffen haben nie etwas anderes als töten gelernt. Der Tod aus den Waffen von vor 40 Jahren liegt in 50 Millionen Gräbern über die Erde verstreut. Es wäre gut, wenn wir uns an ihn erinnerten.

Der Kreuzzugsgedanke gegen den Kommunismus im deutschen Staat und Episkopat von Hitler bis heute

Vortrag im Goethe-Institut Kopenhagen am 27. 5. 1986

Ich möchte mit zwei Hirtenworten beginnen: »Schaut hin nach Rußland, ist jenes arme unglückliche Land nicht der Tummelplatz von Menschen, die durch ihre Gottesfeindlichkeit und ihren Christushaß fast zu Tieren entartet sind? Unserer Soldaten... siegreicher Glaube an unseren Herrn und Heiland gibt ihnen die Kraft, so unendlich große Opfer und Heldentaten für uns alle zu vollbringen, um die Welt zu erretten vom gottlosen, christusfeindlichen Bolschewismus.« So Erzbischof Jäger (seit 1965 Kardinal) im Krieg, nämlich am 11. 2. 1942, an seine »lieben Erzdiözesanen«. 41 Jahre später, 1983, übernehmen die amerikanischen Bischöfe in ihren Friedenshirtenbrief »einige nüchterne Ermahnungen für den Dialog und den Frieden« von Johannes Paul II. aus dem gleichen Jahr 1983: »Es ist hier die bewußte, taktische Lüge zu nennen, welche die Sprache mißbraucht, raffinierteste Techniken der Propaganda einsetzt, den Dialog zu Fall bringt und die Aggressionen anheizt... mit ihren Ideologien, die in der Gewalt die Quelle des Rechts, in Feindbildern das Abc der Politik sehen.«

Aus den fast zu Tieren entarteten Untermenschen von damals haben sich die gewalttätigen Lügner des Papstes von heute entwickelt. Daß die amerikanischen Bischöfe in ihren Friedenshirtenbrief schließlich diese Sowjetpassage aufnahmen, »den kalten Realismus dieses Textes« (the cold realism of this text), wie sie schreiben, ist das Werk des Vatikans und der westdeutschen Bischöfe, kampferprobt im Kreuzzug gegen Bolschewismus/Kommunismus seit frühesten Hitlerzeiten alle beide.

Dank Vatikan und Kardinal Höffner haben die amerikanischen Bischöfe in ihren Hirtenbrief ja auch die Befürwortung der Pershing-Stationierung eingefügt, »especially in the European theater«, wie sie sagen (vgl. den Artikel dieses Buches: »Das Märchen von den guten Hirten«). In diesem europäischen Theater, zu dem die amerikanischen Bischöfe nach päpstlicher und westdeutscher Gehirnwäsche die Pershings und den Hinweis auf die untermenschliche Zielgruppe beizusteuern bereit sind, haben vor 45 Jahren die deutschen Bischöfe zwar nicht gegen den falschen Feind (der Feind ist bis heute der gleiche geblieben), aber mit den falschen Partnern

(Hitler) gekämpft. Jetzt ist das korrigiert. Horst Eberhard Richter (Die Chance des Gewissens, 1986) schreibt: »Der Ersatz der Führungsinstanz Hitler durch die Amerikaner hat es erlaubt, einen wesentlichen Teil des Nazi-Militarismus in den offiziellen amerikanischen Antikommunismus einzubringen.«
Die katholischen Bischöfe um 1933, d. h. zur Zeit der Machtnahme Hitlers, sind Männer um die 60, aus der Kaiserzeit, »in denen nur mehr wenig von dem freien, weltoffenen, denkmutigen Katholizismus vorhanden ist, wie er hundert Jahre zuvor um Bischof Sailer, ... Ignaz von Döllinger zu finden war«. Sie »sind Söhne jenes autoritären Klerokratismus, der auf dem Ersten Vatikanischen Konzil 1870 triumphiert hat. Diesem Hochklerus präsentiert sich der Nationalsozialismus als Kämpfer gegen Liberalismus, Demokratie, Bolschewismus« (Friedrich Heer, Gottes erste Liebe. Die Juden im Spannungsfeld der Geschichte, München 1981, S. 403). Diese antidemokratischen Führer des Katholizismus in Deutschland führen den Katholizismus in das Dritte Reich (mit einer einzigen Ausnahme: Bischof Preysing, seit 1935 Bischof von Berlin, der die totalitären Neigungen der Nazis erkannte). Der päpstliche Nuntius Orsenigo in Berlin drückt 1933 seine tiefe Befriedigung über die Machtergreifung aus, denn der Vatikan sehe in Hitler *das* Bollwerk gegen den Bolschewismus. Kardinal Faulhaber erzählt Hitler am 4. 11. 1936, er, Faulhaber, sei dabei gewesen, als Pius XI. 1933 Hitler als den ersten Staatsmann bezeichnet habe, der ebenso wie er, der Papst, die bolschewistische Gefahr klar erkannt habe (vgl. Guenter Lewy, Die katholische Kirche und das Dritte Reich, München 1965 S. 230). Erzbischof Gröber wird 1933 förderndes Mitglied der SS. In seinem »Handbuch der religiösen Gegenwartsfragen«, 1937, das die autoritative Stellungnahme der deutschen katholischen Kirche zu allen politischen und religiösen Fragen der NS-Zeit darstellt und mit Empfehlung des gesamten Episkopats erschien, heißt es im Artikel »Bolschewismus«: »Der Bolschewismus ist ein asiatischer Despotismus im Dienste einer Gruppe von Terroristen, angeführt von Juden.« Erzbischof Gröber verbietet seinem Klerus sogar in privaten Gesprächen jede Kritik am Dritten Reich (Amtsblatt Freiburg Nr. 17 vom 30. 6. 1933). Und der Weihbischof Dr. Burger schreibt 1933: »Der Bolschewismus – eine Weltanschauung ohne Gott – ... wird zugrunde gehen an seiner inneren Haltlosigkeit... Täglich lesen wir von Revolten (in Rußland), von Plünderungen, täglich hören wir von furchtbaren Zuständen unter der heranwachsenden Jugend, die kein Recht, keine Sitte mehr kennt... Es ist das große Verdienst der Reichsregierung unter Adolf Hitlers Führung, daß sie

den Bolschewismus, das organisierte Gottlosentum, unterbunden hat" (Hans Müller, Katholische Kirche und Nationalsozialismus. Dokumente 1930–1935, München 1963, S. 174). Und Bischof Gföllner von Linz schreibt in seinem Hirtenbrief vom 21. 1. 1933, es sei »strenge Gewissenspflicht« jedes Christen, »das entartete Judentum«, das »im Bunde mit der Weltfreimaurerei... der Begründer und Apostel des Bolschewismus« sei, zu bekämpfen.

Das erste persönliche Zusammentreffen Hitlers mit einem katholischen Bischof findet am 26. 4. 1933 statt. Bischof Berning von Osnabrück und Generalvikar Steinmann (in Vertretung des erkrankten Berliner Bischofs Schreiber) besuchen nachmittags um 14.00 Uhr Hitler. Zwei Protokolle des Gesprächs liegen vor, das ausführlichere von Berning, das zweite von der Reichskanzlei, das jetzt in Bonn, Auswärtiges Amt, liegt. In Bernings Protokoll heißt es: »Die Unterredung (1¼ Stunde) war herzlich und sachlich. Die Bischöfe anerkannten freudig, daß durch den neuen Staat das Christentum gefördert, die Sittlichkeit gehoben und der Kampf gegen Bolschewismus und Gottlosigkeit mit Energie und Erfolg geführt werde.« Hitler betonte dann, daß die Kirche allein nicht im Stande sei, den Bolschewismus zu besiegen. Wohin das führe, zeige das Beispiel Spaniens, das unmittelbar vor dem Bolschewismus stände. Berning: »Er sprach mit Wärme und Ruhe... gegen die Kirche kein Wort, nur Anerkennung für die Bischöfe.« Angesichts dieser Wärme gegenüber den Bischöfen stört Berning anscheinend nicht, was Hitler außerdem noch sagt: »Man hat mich wegen der Behandlung der Judenfrage angegriffen. Die katholische Kirche hat 1500 Jahre lang die Juden als Schädlinge angesehen, sie ins Getto gewiesen usw. Da hat man erkannt, was die Juden sind. In der Zeit des Liberalismus hat man diese Gefahr nicht mehr gesehen. Ich gehe zurück auf das, was man 1500 Jahre lang getan hat... ich sehe die Schädlinge in den Vertretern dieser Rasse für Staat und Kirche, und vielleicht erweise ich dem Christentum den größten Dienst, deswegen ihre Zurückdrängung vom Studium und den staatlichen Berufen«. Soweit Hitler zu den Juden.

Berning berichtet dann, daß Hitler auf seine zu Beginn geäußerte Forderung der konfessionellen Schule eingeht. Hitler sagt: »Eine weltliche Schule kann niemals geduldet werden, weil eine solche ja keinen Religionsunterricht hat... Es droht eine schwarze Wolke mit Polen. Wir haben Soldaten notwendig, gläubige Soldaten. Gläubige Soldaten sind die wertvollsten. Die setzen alles ein. Darum werden wir die konfessionelle Schule erhalten, um gläubige Menschen durch die Schule zu erziehen, aber es kommt auch darauf an, daß echt gläubige Lehrer, nicht etwa Marxisten, die nicht voll zu ihrem Glauben stehen, unterrichten.« Fünfmal das Wort »gläubig« und »Glaube«, um *das* sicherzustellen, worauf es Hitler vor allem ankommt: das religiöse Glaubenspotential der katholischen Soldaten für seine Kriege zu sichern. Berning zum Schluß: »Er verabschiedete sich sehr freundlich und betonte, daß er den größten Wert darauf legt, mit der katholischen Kirche zusammenzuarbeiten.« Und Hitler wurde nicht enttäuscht. Bischof Berning saß bis zu Hitlers Selbstmord in Görings preußischem Staatsrat und wurde 1949 Erzbischof.

Daß die antibolschewistische Erziehung der Jugend funktionierte, schildert Carola Stern, 1925 geboren, in ihrem Buch »In den Netzen der Erinnerung« 1986: »Auf der anderen Seite dieser Front im Osten denkt sie sich Horden, bestehend aus kaum zu unterscheidenden schlitzäugigen asiatischen Gestalten, stumpfen asozialen Wesen, eher Tieren als Menschen ähnlich.« Das war 1941. Auch ich erinnere mich, daß wir in der Schule von Russen hörten, die schwangere Frauen aufschlitzten und Babys an die Wand warfen. Später, als ich dasselbe von den Assyrern im 8. Jahrh. vor Christus, den Babyloniern im 6. Jahrhundert vor Christus bis zu den Deutschen im 1. Weltkrieg und den Vietnamesen im 20. nachchristlichen Jahrhundert hörte, fragte ich mich, ob es sich hier nicht um eine Standardkriegspropaganda handelt, wenn man von einzelnen sadistischen Mördern in allen Völkern aller Zeiten absieht.

Nach der feierlichen Unterzeichnung des Konkordats zwischen Pius XI. und Hitler (20. 7. 1933) fährt Vizekanzler von Papen nach Berlin zurück. Unterwegs hält er einen Vortrag im Benediktinerkloster Maria Laach vor dem Kath. Akademikerverband. Er erklärt, Pius XI. habe aus der Erkenntnis, daß das neue Deutschland eine entscheidende Schlacht gegen den Bolschewismus und die Gottlosenbewegung geschlagen habe, dem Vertrag zugestimmt. Schon am 30. Mai/1. Juni 1933 war der große Hirtenbrief der Fuldaer Bischofskonferenz ergangen mit dem »Dank an Hitler«, weil von nun an »Unsittlichkeit... und der mörderische Bolschewismus... die deutsche Volksseele« nicht mehr »bedrohen und verwüsten« sollen. Kampf gegen Unsittlichkeit, das heißt für die deutschen Bischöfe: »Für keusche Jugenderziehung« und gegen »Ausschreitungen im Badeleben«. Als Monsignore Steinmann im August 1933 bei der Ausstellung des Heiligen Rocks in Trier die Menge mit »Heil Hitler« grüßt und daraufhin in New York kritisiert wird, sagt er: die deutschen Bischöfe sehen in Hitler »das Bollwerk gegen den Bolschewismus« und »die Pest der schmutzigen Literatur«.

Begeistert wird von den deutschen Bischöfen der Krieg gegen die Sowjetunion begrüßt. Schon 4 Tage nach dem Einmarsch folgte am 26. 6. 1941 der gemeinsame Hirtenbrief der Fuldaer Bischofskonferenz: Die Erfüllung der Vaterlandspflicht sei nicht nur ein Dienst am Vaterland, sondern man folge damit »zugleich dem heiligen Willen Gottes«. Der katholische Militärbischof Rarkowski, von Nuntius Orsenigo unter Assistenz von Bischof Graf Galen geweiht, hatte schon von Anfang an über die Niederwerfung Polens gejubelt und spricht unentwegt vom »europäischen Kreuzzug gegen das bolschewistische Untermenschentum«. Moral war für ihn: Sexualmoral der Soldaten.
Der Bischof von Münster, Graf Galen, um den sich die Lebenslüge des deutschen Nachkriegskatholizismus vom angeblichen Widerstand der offiziellen Kirche am dichtesten zusammenspinnen sollte, wird sogar in einem Brief des Hitlerischen Sicherheitsdienstes vom 29. 9. 1941 gelobt wegen seiner »positiven Betrachtung der kriegerischen Ereignisse und wegen seiner klaren Stellung gegen den Bolschewismus« (Beat Dorsch, Katholischer Episkopat 1939–1945, Freiburg i. Br. 1974, S. 47f.). Hirtenbriefe Galens wurden von den Nazis benutzt, um Freiwillige für die SS-Einheiten in Holland und anderen Ländern zu werben. Galen pries (z. B. am 15. März 1942) die siegreichen deutschen Soldaten, deren Kampf ein Kreuzzug gegen den Bolschewismus sei, mit dem sie Europa vor der roten Flut bewahrten (Amtsblatt Münster vom 12. 3. 1942). Für ihn sind noch 1944 die deutschen Soldaten »Märtyrer gegen den gottlosen Bolschewismus.« Der gottlose Bolschewismus in Spanien ist laut Galen »mit Gottes und Hitlers Hilfe besiegt worden«.
In ihrem großen Hirtenbrief, vier Tage nach dem Einmarsch Hitlers in Rußland, gehen die deutschen Bischöfe auch darauf ein, warum es gerade den Katholiken so leicht fällt, sich mit Hitler zusammenzuschließen. Sie schreiben: unsere Zeit ist gekennzeichnet »durch eine überraschend starke Betonung der Autorität und durch die unnachgiebige Forderung der organischen Eingliederung der einzelnen und der Körperschaft in das Ganze des Staates... Gerade in unserer katholischen Kirche kommen Wert und Sinn der Autorität ganz besonders zur Geltung und haben zu jener lückenlosen Geschlossenheit und Widerstandskraft geführt, die selbst unsere Gegner bewundern. Es fällt deswegen uns Katholiken auch keineswegs schwer, die neue, starke Betonung der Autorität im deutschen Staatswesen zu würdigen und uns mit jener Bereitschaft zu unterwerfen, die sich nicht nur als eine natürliche Tugend, sondern wiederum als eine übernatürliche kennzeichnet.«

Der autoritativen Kirche entspricht der autoritative Staat. Oder anders ausgedrückt: »Der Verzicht auf geistige Selbständigkeit«, wie er im kurialen Zentralismus und absoluten Papsttum seinen Ausdruck findet, »gehörte gerade in katholischen Massen zum kirchentreuen Ton«. »Der nahezu blinde Gehorsam« des gegenreformatorischen, nachtridentinischen Katholizismus, »der allzulange als erste Tugend« der Katholiken gegolten hat, »wurde diesem deutschen Katholizismus zum Verhängnis« (Friedrich Heer, Der Glaube des Adolf Hitler, München 1981, S. 255 und 479). Der katholische amerikanische Historiker Gordon Zahn schreibt: »Die Kirche war eine Agentur des Dritten Reiches geworden.«
Der Widerstand der Kirche bezog sich fast nur auf die Verteidigung der engen Interessen der Kleruskirche, als da sind Konfessionsschule, Ehegesetze und katholisches Vereinswesen. Bis 1945 behandelten deutsche Bischöfe jene Priester und Laien, die sich zum Widerstand bekannten, als Aussätzige. Nicht die katholische Kirche, sondern nur einzelne widerstanden, z. B. der katholische Priester Dr. Max Metzger, der 1944 hingerichtet wurde. Sein Bischof, Erzbischof Gröber, distanzierte sich in einem Brief vom 16. 10. 1943 an Freisler mit dem Ausdruck seiner »hohen Verehrung und Wertschätzung« für Freisler von dem »Verbrechen, dessen Metzger sich schuldig gemacht hat«. Zu diesem Brief erklärte am 24. Mai 1986 im 3. Programm des WDR-Fernsehens der jetzige Erzbischof von Freiburg: Sein Vorgänger, Erzbischof Gröber, habe von Verbrechen Metzgers geredet, »um das Schlimmste zu vermeiden«.
Und der Widerstand gegen die Ermordung der Juden? Am 18. März 1986 lief im 3. Programm des WDR-Fernsehens ein Film zur Verherrlichung des »Löwen von Münster«, Bischof Galen (der ja bald heilig gesprochen werden soll). Der Titel des Films hieß: »Ein Bischof im Widerstand.« Dem hymnischen Kommentator schien offenbar etwas zu fehlen. Und so sagte er: »Auf Bitten der jüdischen Gemeinde nahm Bischof Galen bis Kriegsende nicht zur Judenverfolgung Stellung.« So war das also: Die Juden selbst haben den Widerstand verhindert.
Es schwieg nicht nur Galen, es schwieg auch der Papst. Der damalige Botschafter im Vatikan, der Vater unseres jetzigen Bundespräsidenten, Ernst v. Weizsäcker, schreibt am 28. Oktober 1943 nach Berlin anläßlich des Abtransports der römischen Juden: »Der Papst hat sich... zu keiner demonstrativen Äußerung gegen den Abtransport der Juden hinreißen lassen.« Dieses von Herrn v. Weizsäcker berichtete Schweigen des Papstes geschah, als tausend römische Juden, davon zwei Drittel Frauen und Kinder, in unmit-

telbarer Nähe des Vatikans, sozusagen unter den Augen des Papstes, nach Auschwitz abtransportiert wurden. Am 25. Mai 1986 erklärte Carl Friedrich v. Weizsäcker in dem ARD-Film »Die Weizsäckers« zu der Unterschrift seines Vaters in einem Schreiben bezüglich des Abtransportes von sechstausend französischen Juden, sein Vater habe »Schlimmeres verhüten wollen«. Papst Pius. XII. schwieg, wie sein Privatsekretär, der deutsche Jesuit Robert Leiber, meint, »um den Rußlandfeldzug nicht zu gefährden«. Der Papst habe den »russischen Bolschewismus immer für gefährlicher gehalten als den Nationalsozialismus«, meint er. Der irische Jesuit Martin, früher Dozent am päpstlichen Bibelinstitut in Rom, berichtet in seinem 1963 Papst Paul VI. gewidmeten Buch »The Pilgrim«: »Es läßt sich nicht leugnen, daß seine (Pius XII.) nächsten Berater eine Zeitlang die Panzerdivisionen Hitlers als die rechte Hand Gottes betrachteten, mit deren Hilfe die Prophezeiung Fatimas hinsichtlich eines bekehrten Rußlands sich erfüllen würde.« Ein gewisser Marianismus ist gerade auch in Deutschland extrem antikommunistisch engagiert.

Ein deutscher Bischof, dessen Klerusblatt sich für Hitler und seine Kriege besonders engagiert hat, sagte 1958 in seiner Jahresschlußpredigt, die Sünden der Menschheit – er blickt nach Osten – seien bereits wieder so groß geworden, daß Gott wohl einen 3. Weltkrieg als Strafe verhängen werde: Worte von Bischof Dr. Landersdorfer von Passau.

Weite Kreise der deutschen Gesellschaft und insbesondere der Katholiken tragen gegenüber der Sowjetunion das Gift des Nationalsozialismus in sich weiter, weil die nationalsozialistische Haßpropaganda immer auch eine episkopale Überhöhung und Begründung gefunden hat, die trotz des Endes des Nationalsozialismus ungebrochen bestehen blieb. Diese postfaschistische katholische Gesellschaft verdrängt erfolgreich ihre Partizipation im Dritten Reich. In Kaserne und Kirche wird die alte Feindideologie weiter gepflegt. Damals hatten die katholischen Bischöfe wegen der Juden in ihrem Kampf gegen Hitlers jüdischen Bolschewismus ein etwas schlechtes Gewissen. Jetzt brauchen sie sich – das Judenproblem hat sich in Deutschland erledigt – nicht mehr zu schämen. Damals haben die deutschen Bischöfe mit den falschen Leuten, sprich Hitler, gegen den Bolschewismus gekämpft, jetzt erst und endlich kämpfen sie mit den richtigen Leuten, d. h. westlichen Demokraten. Aber in ihrem Kreuzzugsgedanken gegen den Kommunismus steckt immer noch ein Stück vom alten Haken, es steckt immer noch ein Stück Hakenkreuzzug darin.

Frauen in die Bundeswehr?

Die Bundeswehr ist wie jede Armee ihrem Wesen nach unchristlich. Sie ist auf Gewalt ausgerichtet, nämlich darauf, daß ihr Gewalt begegnet und daß sie solcher Gewalt ihrerseits mit Gewalt begegnet. Das Christentum ist im Gegensatz dazu seinem Wesen nach auf Gewaltlosigkeit und auf gewaltlose Überwindung der Gewalt ausgerichtet. Mag man die Bw auch als Notordnung in einer kriegerischen Welt ansehen, als ein notwendiges Übel, so bleibt sie doch ein Übel. Daß die Kirche den Gegensatz zwischen Christentum und Bw empfindet, zeigt der Umstand, daß die Theologen vom Bw-Dienst durch Verträge mit dem Staat ausgenommen sind.

Die Bw gründet sich auf die allgemeine Wehrpflicht, wenngleich diese durch die Theologenverschonung ihrem eigenen Begriff nicht gerecht wird. Davon abgesehen verschleiert die sogenannte Wehrpflicht das, was sie wirklich ist: sie ist ein Wehrzwang. Durch das zumindest zeitweilige Einsperren und gewaltsame Festhalten von Menschen in Kasernen und anderswo ist sie eine Wehrgefangenschaft, eine Wehrfreiheitsberaubung. Damit verstößt sie gegen die menschliche Freiheit. Sie ist selbstverständlich auch undemokratisch. Eine Institution, die sich auf Befehl und Gehorsam gründet, ist diktatorisch. Päpste und Kardinäle haben in den letzten 180 Jahren an der allgemeinen Wehrpflicht immer wieder heftig Kritik geübt und ihre Abschaffung gefordert, einerseits aus moralischen Gründen, aber auch wegen der größeren Kriegsgefahr, die mit ihr gegeben sei. So schrieb z. B. Kardinal Gasparri 1917 im Auftrag von Papst Benedikt XV.: »Wenn man durch eine gemeinsame Vereinbarung der zivilisierten Nationen die Militärdienstpflicht abschafft und sie durch einen freiwilligen Dienst ersetzt, würde man von selbst und ohne jede Störung der öffentlichen Ordnung die Abrüstung herbeiführen. Seit mehr als einem Jahrhundert war die allgemeine Wehrpflicht die Ursache vieler Übel, welche die Gesellschaft schwer getroffen haben: das wirkliche Heilmittel ist die gleichzeitige und allseitige Abschaffung der allgemeinen Wehrpflicht.« (Stimmen der Zeit, Dez. 1956, S. 213).

Die Bundeswehr und alle anderen Armeen sind eine Sache von Männern. Männer haben Angst vor fremden Männern und fügen sich darum zu einer Militärmaschinerie zusammen. Aber eben dadurch werden sie zu einer realen Bedrohung für andere Staaten, die ihrerseits wieder Armeen bilden müssen. Frauen haben keine Angst vor anderen Frauen und denken nicht im Traum daran, Kriegsrüstung gegen andere Frauen zu treiben. Frauen haben Angst vor Männern, nicht nur und nicht erst vor ausländischen Männern. Die Männer geben vor, mit ihrem kriegerischen Planen und Handeln die Frauen zu beschützen, in Wirklichkeit holen sie, wie der letzte Krieg zeigt, durch ihre Kriege ausländische Vergewaltiger ins Land und zu den schon vorhandenen Einheimischen hinzu. Daß der Schutz der Frauen nicht so ernst gemeint ist, zeigt sich am Verhalten vieler Männer im eigenen Land. Wenn man den hehren frauenschützerischen Anspruch der Bw zu Ende denken würde, müßte es eine Art innerdeutscher Bundeswehr geben, zum Schutz von deutschen Frauen vor deutschen Männern nämlich.

Was die Frage »Frauen in die Bundeswehr« betrifft: Es gibt keine andere Moral für Frauen als für Männer. Wenn es für Männer nicht unmoralisch ist, in die Bw einzutreten, so gilt dasselbe für Frauen. Es müssen jedoch gewisse moralische Voraussetzungen erfüllt sein. Das ist nicht der Fall, solange eine Wehrpflicht besteht, da diese gegen die menschliche Freiheit verstößt. Das ist weiter nicht der Fall, wenn die Bw entweder über nukleare Massenvernichtungsmittel verfügt oder in eine nuklearstrategische Planung eines Bündnisses einbezogen ist. Dasselbe gilt für B- und C-Waffen. Ferner darf es sich bei der Bw lediglich um eine Verteidigungsarmee handeln, als Angriffsarmee ist sie unmoralisch.

Darüber hinaus sollte für den möglichen Eintritt von Frauen in die Bundeswehr die Voraussetzung gesichert sein, daß Frauen nicht zum Männerersatz degradiert und als solcher mißbraucht werden. Wenn Frauen in die Bw eintreten, dann sollten sie es nicht darum tun, weil es zu wenig Männer gibt, sie sollten es als Frauen tun und zu dem sowohl vernünftigen wie moralischen Zweck, durch ihre Teilnahme nicht lediglich mangelnde Quantität, sondern zugleich Defizite an Qualität auszugleichen. Frauen sollten durch ihren Eintritt die Bw zu einer bessern Bw machen, nicht zu einer, die effektiver vernichten kann, sondern zu einer, die gegebenenfalls besser Frieden halten kann. Männer können keinen Frieden halten, das hat die Geschichte bewiesen. Andererseits halten Frauen Frieden in dem Sinne, daß sie keine Kriege führen, keine fremden Völker überfallen, das hat die Geschichte ebenfalls bewiesen. Somit ist eine Armee, die nur aus Männern besteht, eine in sich unfriedliche Armee, und es hätte einen Sinn und nur dann einen Sinn, daß Frauen

in eine Armee eintreten, wenn die Armee dadurch weiblicher und friedlicher wird. Das würde voraussetzen, daß Frauen eine gleichberechtigte Mitbestimmung erhielten.
Es ist töricht zu behaupten, Frauen sollten in die Bw gehen aus Gründen der Emanzipation. In einer Struktur von Befehl und Gehorsam kann man sich nicht emanzipieren. Es geht ja auch kein Mann in die Bw, um sich zu emanzipieren. Frauen sollten nicht darum in die Bw gehen, um *sich* dort zu emanzipieren, sondern um die Bw zu emanzipieren, d. h. demokratischer zu machen, sie herauszulösen aus dem bloßen Parieren und dummen Jawollsagen, aus dem Befehl-ist-Befehl-Denken. Sie sollten etwas mehr persönlichen Verstand und persönliches Gewissen in die Sache bringen.
Da Männer keinen Frieden halten können und Frauen Frieden halten können, wäre es vielleicht das beste, die Bw und die übrigen Armeen nur aus Frauen bestehen zu lassen und die Männer nach Hause zu schicken. Das wäre das Ende der männlichen Kriegsgeschichte und eine Garantie, daß weitere Kriege nicht mehr stattfinden. Das, was bei vielen als weibliche Unfähigkeit angesehen werden mag, die Unfähigkeit zum Kriegführen nämlich, ist in Wahrheit eine für das Überleben der Menschheit äußerst wichtige Fähigkeit. Vielleicht ist diese die letzte Chance, die die Menschheit hat. Und darum sollte es nicht heißen: Frauen in die Bundeswehr, sondern: Frauen statt Männer in die Bw und in alle Armeen der Welt.

Auch nur ein Mensch

Zum 2. Besuch des Papstes 1987 in Deutschland

Ein Papst ist nicht anwesend wie andere Leute. Sein Auftritt ist nicht der von gewöhnlichen Sterblichen. Als SEINE HEILIGKEIT ragt er über die alltäglichen Maße des menschlichen Lebens hinaus. Noch über seinem Panzerwagen hängt ein Parfüm von Gesalbtheit. Der Papst trifft überall auf eine Marktlücke. Diese Marktlücke ist das menschliche Herz, das mit viel Nichtigem gefüllt sein mag und doch allzuhäufig hungert: nach Gerechtigkeit, nach Menschlichkeit, nach Frieden, letztlich nach Erlösung. Von einem, der sich Vertreter des Erlösers nennt, erwartet mancher ein Stück solcher Erlösung. Aber es gibt keine Erlösung aus zweiter Hand. Was der Papst leisten können sollte, wäre, die unvertretbare Stimme des Menschen Jesus von vor zweitausend Jahren hörbarer zu uns sprechen zu lassen. Aber es ist zu viel Pomp, Papst- und Polizeifestival überall, als daß wir etwas hörten. Und der Papst fährt vorbei. Und wir starren mit demselben alten Herzen hinter dem Erlösungsvertreter her.
Vielleicht, wenn er das nächstemal kommt, hat er etwas mehr Zeit für uns. Er brauchte einfach manches nicht zu unternehmen, das er für richtig und wichtig hält und das doch gar nicht richtig ist, seinen Kreuzzug gegen die Meßdienerinnen z. B., wo er als eine Art päpstlicher Kammerjäger noch die zartesten Spuren der Weiblichkeit beim Altardienst mit seinem Weihrauch ausräucherte, so daß man sich fragen muß, ob nicht bald auch aus den Kirchenchören die Frauen verschwinden und wir wieder Kastratenchöre bekommen wie bei verflossenen Päpsten. Er hätte durch Unterlassen auch die Protestanten pfleglicher behandeln können, statt ihnen mit solchen mariologischen Schockern wie »Maria stellt sich zwischen ihren Sohn und die Menschen« vor das Schienbein zu treten. (Wobei zu vermerken ist, daß der protestantische Protest auch nicht mehr ist, was er einmal war. Seit Luthers Zeiten sind ihm schon zu viele Zähne ausgefallen.) Und der Papst hätte schließlich nicht mit der Seligsprechung der unglücklichen Edith Stein, gegen die persönlich gar nichts gesagt werden soll, die vielmehr jeden Respekt und jedes Mitgefühl verdient, die Juden ins Gesicht schlagen müssen, da dieselbe Edith Stein ein verirrtes und verwirrtes Opfer jahrtausendealter katholischer antijudaistischer Demagogik war, wenn sie z. B. über die

Kristallnacht 1938 sagte: »Das ist die Erfüllung des Fluches, den mein Volk auf sich herabgerufen hat.« Sie machte sich damit zu einer Stimme mehr der christlich-antijüdischen Diffamierung, die schon in den Evangelien beginnt und die uns seit 2000 Jahren die Verfluchtheit der Juden glauben machen will. Ihren eigenen Tod sah sie gemäß der gleichen Judendiffamierung als »Sühne für den Unglauben« ihres Volkes an.
Aber Bitterkeit soll nicht mein Amen zu diesem Besuche sein. Vielleicht wußte es der Papst nicht besser, und die, die es besser wußten, haben es ihm nicht gesagt. Wir wollen ihm nicht alles auflasten, denn der Papst ist auch nur ein Mensch, genauer gesagt: nur ein Mann. Freilich ist die Marktlücke in meinem Herzen geblieben. Aber ich weiß inzwischen: Da kann auch ein Papst nichts dran ändern. Und so nehmen wir sein Kommen und Gehen wie es kommt und geht, wie eine Art papamobilen Kometen und sagen bis zum nächsten Mal: Addio!

Kommentar in Münchener »Abendzeitung«, 4. Mai. 1987

Sehet, welch ein Mensch!

Zum Motto des Evangelischen Kirchentages 1987

Daß ausgerechnet Pilatus, auf dessen korrupte Autorität man besser nicht hört, zum Sehen auffordert, ist bemerkenswert. Er fordert zum Sehen auf in bezug auf einen Menschen, auf den ohnehin schon alle Blicke gerichtet waren: auf den gegeißelten Mann mit dem Dornenkranz und dem roten Mantel. Wer immer dieser Pilatus wirklich war und wozu immer ihn die Evangelisten stilisierten, die Aufforderung »Sehet den Menschen« ist insofern richtig, als der Mensch meistens hinblickt, ohne zu sehen, sieht, ohne hinzusehen, hinsieht, ohne Einsicht zu gewinnen. Sogar die Liebe noch soll ihn blind machen, was man allerdings bezweifeln kann.

Das Christentum fordert zur Nächstenliebe auf, und damit fordert es dazu auf, den Menschen zu sehen, ihn anzusehen, ihn zu erkennen. Daß die Liebe an Einsicht wachsen soll (Phil. 1,9 und an vielen anderen Stellen) – dieser Zusammenhang von Liebe und Erkenntnis erscheint vielen nicht ersichtlich. Und doch, wer hat nicht schon unter der Liebe gelitten, die nicht begriff, die nicht verstand, unter den Ratschlägen derer, die es gut meinten? Es gibt Christen, in deren Freundlichkeit der Mensch nicht recht froh wird, in deren ständiger Heiterkeit er sich verlassen vorkommt, weil er sich als der immer austauschbare Anlaß, als das Material empfindet, an dem dieser Christ seine Nächstenliebe absolviert. Er fühlt sich »um Gottes Willen« geliebt, aber nicht wirklich gemeint und gesehen. Martin Buber berichtet folgende kleine Geschichte von den Chassidim. Ein Chassid erzählt: »Die Erkenntnis wahrer Nächstenliebe verdanke ich einem Gespräch zweier Dorfleute, denen ich zuhörte. Erster: Sagt mir, Freund Iwan, liebst du mich? Zweiter: Ich liebe dich sehr. Erster: Weißt du, Freund, auch, was mir weh tut? Zweiter: Wie soll ich wissen, was dir weh tut. Erster: Wenn du nicht weißt, was mir weh tut, wie darfst du sagen, daß du mich liebst? Lieben, wirklich lieben, heißt, wissen, was dem anderen weh tut.« Lieben heißt, die niemals sich schließende Wunde eines jeden fremden Lebens anzunehmen als die eigene.

Wir müssen mehr hinsehn, mehr hinhören. Daß z. B. die Kinder auf die Eltern hören sollen, ist klar, ist den Eltern klar. Aber hören die Eltern genug auf ihre Kinder? Der Nächste ist ja auch der nahe

Nächste. Er ist ganz einfach jeder Nächste, der, dem wir helfen können, jeder, den wir froh machen können auch durch das freundliche Wort, das wir nicht zu träge werden sollten, zu sprechen, jeder, der leise hofft, daß wir ihm seine Freude nicht achtlos verderben. Der Nächste ist immer zu finden, er ist gar nicht zu übersehn, denn er ist ja der Nächste. Sehet den Menschen!
Aber mancher ist müde geworden, und sich als Enttäuschter und Betrogener fühlend, sucht er die Unabhängigkeit. Und er zieht sich von den Menschen zurück, weil die vielen fremden Forderungen ihn belasten und verbrauchen. Er sucht den Weg nach einem Zuhause in der Dimension des eigenen Ich, wo ihn die vielen fremden Stimmen nicht mehr verwirren können. Er sucht die Freiheit, die sich selbst befreit, die von der Last der Welt fortstrebt zum Selbst als dem Ort des Losgekommenseins von dem Fremden, als der Dimension des Entronnenseins vor jedweder Vergewaltigung, als der reinen Stille des erkannten Ich inmitten des durchschauten Außen. Aber solche Flucht in die eigene Innerlichkeit führt doch zuletzt und zutiefst in die Einsamkeit. Wir wollen zwar nicht gering denken über diese menschliche Freiheit. Der Weg zu ihr ist lang und mühsam. Er wird nur unter Schmerzen begangen. Aber am Ende steht immer die Schwermut der Nichtgeborgenheit, steht die Trostlosigkeit, die weder Trost zu empfangen noch Trost zu geben weiß, steht die Verlorenheit, die sich selbst gebiert. Nur der Mensch, der sich aufmacht zum Menschen, der sehend wird für das Leiden der anderen, der die fremde Angewiesenheit auf ihn versteht, ist daraus entlassen, nur das immer schon Gewesene und das Vergangene zu wissen, hört auf, immer nur das eigene Echo zu hören, wird davon befreit, immer nur selbst auf sich zuzukommen. Seine Mitmenschlichkeit macht des Menschen Menschlichkeit aus. Der Nächste ist der Horizont unseres Lebens. Und wir sollten uns seiner nicht entledigen wollen. Sehet den Menschen.

Die Jungfrau Maria und die zölibatären Männer

Gekürzt erschienen in »Die Zeit«, 42. Jg./Nr. 31, 24. Juli 1987

Der Engel und die Jungfrau, das ist ein Bild für Dichter und für Maler. Ein Dichter hat es geschrieben, und Maler haben es in immer neuer Weise gemalt. Der Bote des Göttlichen und die jungfräulich dem konkreten menschlichen Dasein noch Ferne, auf der Schwelle zwischen Kindheit und Frausein eingefaßt noch von einem Raum der Erwartung und Hoffnung und der bereiten Träume: Das Bild kumuliert zu einem Zauber der menschlichen und religiösen Phantasie, wie er die Menschen schon immer faszinierte Aus ähnlicher Phantasie heraus haben die alten astrologischen Religionen die Jungfrau als Sternbild an den Himmel gesetzt als himmliche Wirkerin der Fruchtbarkeit, haben die Ägypter Isis zu den Sternen erhoben, die Griechen Dike als die Astraia, die Sternenjungfrau, oder auch Demeter und Tyche. Aus solcher Phantasie heraus waren auch viele andere antike Göttinnen Jungfrauen; Artemis z. B., die Göttin, die nicht nur keusche Jünglinge schützt, sondern auch die Herrin von Jugend, Hochzeit und Geburt ist. Athene war eine Jungfrau, eine mutterlose Göttin, die ebenso wie die jungfräuliche Nike dem Kopf des Zeus entstieg. Und Nemesis und die schon erwähnte Dike sind als Jungfrauen die unnahbaren und unabhängigen Göttinnen des Rechts. Viele ließen sich noch nennen. Bei ihnen allen war die Vorstellung von Göttin und Jungfrau zugleich der zweifache Klang und Ausdruck der einen alten aus menschlichen Träumen geborenen Sehnsucht nach un- und überirdischem Sein. So liegt es nahe, daß auch bei der Hoffnung auf Erlösung wieder Jungfrauen eine besondere Rolle spielen. Uralt ist die Vorstellung von Jungfrauen, die göttliche Kinder gebären. »Der Erlöserkönig erscheint überall als Jungfrauensohn« (Kittel, Theologisches Wörterbuch zum Neuen Testament, 5, 828, Anm. 21). »Der Mythos von der wunderbaren Geburt des Retterkindes ist in der Tat weltweit verbreitet«, schreibt Ratzinger und vermutet, daß »die verworrenen Hoffnungen der Menschheit auf die Jungfrau-Mutter« vom Neuen Testament aufgenommen wurden (Joseph Ratzinger, Einführung in das Christentum, München 1968, 2. Aufl., S. 224).

Der Engel und die Jungfrau. Hinter der ersten schönen und unschuldigen Welt dieses Bildes verbirgt sich eine zweite, gar nicht

mehr so schöne und gar nicht mehr so unschuldige. Denn in allen religiösen und kultischen Bildern von der Jungfrau ist mehr enthalten als allgemeine Menschensehnsucht. Hinter ihnen verbergen sich Männerphantasien. Es liegt Aggressives darin, Urvorstellungen von Lust auf Eroberung, von Neuland, von herrischem Männer- und Götterbesitz. Es liegt Tod darin. Von Männern wurden Jungfrauen getötet als für den Einfluß auf die Götter besonders wirksame Opfer. Es liegen sexuelle Zwangsvorstellungen im Bilde der Jungfrau, zugleich mit viel Frauenverachtung verbunden, der lockende Reiz der Unberührten und die Verdammung und Vernichtung der nicht mehr Reinen, der Geschändeten. Jungfrauen sind nicht nur Männerträume, sie sind auch Männerbeute. Und die Lust der Männer auf solche Jagd ist nicht selten von dem Gott dieser Männer gesegnet. Das zeigt z. B. die Anordnung von Moses bezüglich der kriegsgefangenen Midianiter, wie sie Numeri 31, 17f. berichtet wird. Moses war ein frommer Mann, der im Namen Gottes handelte. Der Priester Eleasar war bei ihm, als Moses befahl: »So tötet nun von den Kindern alle Knaben und von den Frauen jene, die schon mit einem Mann verkehrt haben. Aber alle Kinder weiblichen Geschlechts, die noch mit keinem Mann verkehrt haben, lasset für euch am Leben.« Der Gott der Kindermörder und der Jungfrauenjäger ist offenbar ein Männergott. Er ist einer ihresgleichen. Und es ist kein Zufall, daß er sich im Bedarfsfall selbst einer Jungfrau bedient. Und so wird im schönen Bild des Engels und der Jungfrau der begehrliche, Gott unterschobene Männerblick deutlich: Auch Gott will eine Frau, die noch mit keinem Mann verkehrt hat.
Vor dem Hintergrund der mit dem Begriff »Jungfrau« verbundenen alten Traum- und Primitivvorstellungen ist die neutestamentliche Schilderung einer Jungfrauengeburt Jesu aus Maria zwar immer noch in einer rechten Weise verstehbar, aber es war für die Deuter immer schwer, dabei nicht in alte männliche Assoziationen und Denkschemata zu verfallen. Dieser Gefahr ist man theologisch und kirchlich auf breiter Front erlegen. So kommt es, daß von allen christlichen Glaubensvorstellungen die Vorstellung von der jungfräulichen Empfängnis und Geburt Jesu die, wenn nicht mißverständlichste, so doch mißverstandenste ist. Sie wurde nahezu unmittelbar nach ihrem Entstehen falsch verstanden.
Der eigentliche Inhalt der Glaubensvorstellung von der Jungfrauengeburt ist ein sehr einfacher. Zum rechten Verständnis müssen wir uns allerdings von dem Gedanken lösen, daß Gott einer wäre, der sich männergleich unter den Frauen eine Jungfrau erwählt hätte, der zu irgendeiner Tat einer Jungfrau bedurft hätte oder der gar das

Problem gehabt haben könnte, die von ihm Erwählte nicht mit einem Mann teilen zu wollen. Ein Gott, der so gedacht oder gehandelt hätte, wäre ein Mann- und Männergott gewesen. Ursache und Wirkung sind bei solcher Anschauung verwechselt: Die Jungfräulichkeit Marias war nicht die Voraussetzung für Gottes Handeln, sie war nicht das Fundament, auf das Gott seinen neuen Anfang der Zeit gebaut hätte, sondern sie war die Folge seines Handelns und der erste Buchstabe der Geschichte, die er ohne jede menschliche Voraussetzung zu schreiben begann. Vor Gottes Handeln ist alles Land Neuland und die Chronik eines jeden Menschen eine jungfräuliche Chronik. Es sollte auf der Hand liegen, daß bei dem theologischen Begriff von Jungfrauengeburt nicht von Biologie die Rede ist und sein kann. Hier ist von Größerem die Rede als von menschlicher leiblicher Verfaßtheit. Davon handelt die Geschichte von der Jungfrauengeburt nicht, nicht von eines Menschen Ehe oder Ehelosigkeit, nicht von eines Menschen Enthaltsamkeit. Sie handelt von keines Menschen Tun, sondern ausschließlich von der Tat Gottes des Schöpfers, der aus dem Nichts einen neuen Beginn der Geschichte setzt. Dafür bedarf es keiner Jungfrau. »Geboren aus einer Frau«, sagt Paulus Gal 4,4, und damit hat er die ganze Wahrheit gesagt, die durch nichts dekoriert oder ergänzt werden muß, die vielmehr durch jede Ergänzung verfälscht würde. Jungfrauen sind Trophäen, mit denen sich Männer gern schmücken. Gott, dem Männer einen ebensolchen Schmuck andienen wollten und wollen, bedarf solcher Trophäen nicht.

Die Theologenmänner haben den Begriff der Jungfrau biologisch gesehen und verstanden, und sie haben damit Gott mit ihrer Elle gemessen. Sie ahnten freilich, daß der oben am Beispiel des Moses gezeigte männliche Umgang mit Jungfrauen, der diese im besten Fall zu einer Art Wegwerfjungfrauen, im schlimmeren Fall zu ihren Mordopfern machte, nicht der gottgemäße Umgang mit einer Jungfrau sein könnte, zumal es sich hier um die Mutter seines Sohnes handelte. Deswegen haben sie Gott eine trotz Empfängnis und Geburt und weiterer Ehe jungfräulich Bleibende zugedacht. Sie mußte Jungfrau bleiben, damit sie nicht Gottes männerüblicher Verachtung anheimfiel. Ihr eigener Sohn hätte sie, wäre sie nicht Jungfrau geblieben, verschmäht. Nach Papst Siricius im 4. Jh. hätte Jesus Maria nicht als Mutter akzeptiert, wenn sie außer ihm später noch weitere Kinder geboren hätte: »Jesus hätte nicht die Geburt aus einer Jungfrau gewählt, wenn er sie als so wenig enthaltsam hätte betrachten müssen, daß sie jene Geburtsstätte des Leibes des Herrn, jene Halle des ewigen Königs, durch menschliche Begattung ent-

weihte. Wer das behauptet, behauptet nichts anderes als den Unglauben der Juden.« Und mit dieser Behauptung legt Siricius laut Michael Schmaus (Katholische Dogmatik, 5. Bd., Mariologie, München 1955, S. 109) »ein Zeugnis für die einstimmige Lehre der Kirche« ab. Falsche Auffassung des Bildes der Jungfrauengeburt und Sexual- wie Frauenfeindlichkeit begegnen uns hier wie schon vorher und wie immer auch später in der Geschichte in einem kaum zu entwirrenden Knäuel theologischen Unsinns. Es ist bezeichnenderweise derselbe Papst Siricius, der mit seinem Haß gegen die damals noch weit verbreiteten Priesterehen das bis heute andauernde zölibatäre Zeitalter entscheidend mitbestimmte und mit seiner Sexualneurose bleibend infizierte.
So bildet sich durch solche Männersicht schon früh eines der vielen Mißverständnisse, die man die mariologischen Mißverständnisse nennen kann. Es ist eine Fehldeutung, die Jungfrauengeburt als ein biologisches marianisches Ereignis zu sehen, noch dazu als eines mit Fortsetzungen, so als ob einer für Gottes Tat erforderlichen leiblichen Jungfräulichkeit vor der Geburt eine Jungfräulichkeit in der Geburt und schließlich noch nach der Geburt folgen müßte. Jungfrauengeburt meint nicht die Geschichte einer privaten Keuschheit. Solche fromme Ausmalerei hat den Kern der gemeinten Wahrheit, nämlich das Bild vom souveränen Heilshandeln Gottes verlassen. Dieses Handeln Gottes richtet sich nicht nach einer individuellen Geschichte eines Menschen und ist von ihr gänzlich unabhängig. Aus einer falschen Sicht hat man schließlich den Sinn und den Inhalt der christlichen Lehre weithin auf den Kopf gestellt. Wetzers und Weltes Kirchenlexikon von 1893 lehrt uns die Summe einer theologisch verkehrten Welt: »Der ganze Schwerpunkt des Christenglaubens ruht auf der Thatsache, daß Maria als *Jungfrau* empfangen und geboren hat, durch Einwirkung des heiligen Geistes befruchtet. Alles, was weiter von der Entsündigung und Befreiung unseres Geschlechtes durch das Blut Jesu Christi. »als des unbefleckten Lammes« gelehrt und geglaubt wird, stützt sich auf dieses Factum« (Bd. 8, S. 719f.).
Neben dem mariologischen begegnet uns ebenfalls früh das christologische Mißverständnis, die Gottessohnschaft beruhe auf der Jungfrauengeburt oder sei irgendwie damit verknüpft. Man sah in der Jungfrauengeburt so etwas wie die Voraussetzung und Bedingung der Gottessohnschaft. Theologisch aber ist solcher Zusammenhang falsch. Gottes Handeln ist auch hier von menschlichem Handeln und Sein unabhängig. »Die Gottessohnschaft Jesu beruht nach dem kirchlichen Glauben nicht darauf, daß Jesus keinen menschlichen

Vater hatte; die Lehre vom Gottsein Jesu würde nicht angetastet, wenn Jesus aus einer normalen menschlichen Ehe hervorgegangen wäre. Denn die Gottessohnschaft, von der der Glaube spricht, ist kein biologisches, sondern ein ontologisches Faktum; kein Vorgang in der Zeit, sondern in Gottes Ewigkeit: Gott ist immer Vater, Sohn und Geist; die Empfängnis Jesu bedeutet nicht, daß ein neuer Gott-Sohn entsteht, sondern daß Gott als Sohn in dem Menschen Jesus das Geschöpf Mensch an sich zieht, so daß er selber Mensch ›ist‹« (J. Ratzinger a. a. O. S. 225). Die für die Theologen bis auf wenige Ausnahmen selbstverständliche Erkenntnis, daß die Gottessohnschaft Christi nicht von der Tatsache einer Jungfrauengeburt abhängig gemacht werden kann, ist beim sogenannten gläubigen Volk so gut wie ganz und in der Hierarchie noch weithin unbekannt. Solche Abhängigkeitsvorstellungen finden sich z. B. bei Kardinal Höffner, der behauptet, wenn Jesus einen menschlichen Vater gehabt hätte, dann wäre er nicht »wahrer Mensch und wahrer Mensch zugleich« (Ruhrwort 4. 7. 87, S. 11). Dabei hätte ein nur kurzer Blick in eine Dogmatik genügt, um zu erkennen, daß seine Befürchtung unbegründet ist.

Die theologische (nicht biologische) Vorstellung von der Jungfrauengeburt meint also einen neuen Horizont der Geschichte. Das Bild von der Jungfrauengeburt ist ein großes Bild, und als Zeichen für Gottes Heilshandeln, als Versuch einer bildhaften Annäherung an das Geheimnis der Erlösung hat es seinen bleibenden Wert. Man hätte es so bleiben lassen sollen wie es war, aber man (Mann) wollte mehr daraus machen und hat es mit eigenen Bildern übermalt und so zu einer Karikatur seiner selbst werden lassen. Schon früh ist es zu Vorstellungen gekommen, daß es bei der Jungfrauengeburt nicht ausschließlich um die Heilstat Gottes als solche, sondern um so etwas wie Gottes Suche und Gottes Finden einer moralisch möglichst reinen Methode gegangen wäre, sein Heilswerk in die Tat umsetzen zu können. Es war nicht so sehr ein göttlicher als vielmehr ein männlicher Gedanke, hier die Wahl auf eine Jungfrau fallen zu lassen, wenngleich in diesem Fall notwendigerweise auf eine verheiratete. Nur aus der vom Mann diktierten Anschauung einer Frauenschande (nicht so sehr Männerschande) bei einer unehelichen Geburt, aus einer Vorstellung, die Frauen dann gehorsam übernommen haben, hat man Josef zwar nicht als Ehemann im allgemeinen Sinne, aber doch als Schützer und Beschirmer der Jungfrau konstituiert. Er hat mit seinem guten Namen das in den Augen der Welt suspekte Handeln Gottes nach außen, wenngleich mit einem Etikettenschwindel, legitimiert. Ohne solchen männlich-ritterlichen Flan-

kenschutz, ohne solches himmlisch-menschliche Schweigekomplott wäre in Männeraugen die ganze Erlösung möglicherweise gescheitert. Darum gilt es bei Männern als richtig, daß Josef Jesus als seinen Sohn ausgab, daß Maria Jesus als Sohn Josefs ausgab und Jesus sich selber als Sohn Josefs verstehen ließ. Es war ja alles eine Täuschungsgeschichte zu einem guten Zweck, ging es doch um das um der Ehre der Jungfrau willen notwendige Verleugnen ihrer Empfängnis vom Hl. Geist. »Und mit gutem Grunde«, sagt der heilige Ambrosius (†397), »stellte die Schrift beides fest, daß sie Verlobte und Jungfrau war: Jungfrau, damit sie unberührt vom Umgang mit einem Manne erschiene; Verlobte, damit sie nicht wegen Verletzung der Jungfräulichkeit in Verruf käme und gebrandmarkt würde, wenn der schwangere Leib ihr offen das Schandmal der Entehrung aufzudrükken schiene. Lieber aber wollte der Herr Zweifel über seine eigene Herkunft als über die Keuschheit seiner Mutter zulassen... und glaubte nicht die Glaubwürdigkeit seiner Herkunft auf die Gefahr ungerechter Verdächtigungen seiner Mutter sichern zu sollen" (Lukas-Kommentar II, 1). Übrigens zeigt derselbe Ambrosius an eben derselben Stelle, wie wenig sich die Männermariologen scheuten, die Frauen mit ihrem Marienbild zu domestizieren und auf ein devotes Bewußtsein von Männerwürde abzurichten: »Es ist Jungfrauenart, zu erzittern und bei jedem Eintritte eines Mannes zu erbeben, vor der Anrede durch einen Mann zu erröten. Möchten die Frauen das Ideal der Keuschheit, das sie vor Augen haben, nachahmen lernen« (Lukas-Kommentar II, 8). Hier wird erahnbar, wie groß in Männeraugen die Schande einer Frau ist, die Mutter ohne Mann ist. Das Bewußtsein für solche Schande wird auch bei Maria vorausgesetzt. Von daher kommt es dann zu solchen Deutungen der Engelerscheinung, wie wir sie beim heiligen Johannes Chrysostomus (†407) lesen: »Wenn ihr nämlich der Sachverhalt nicht ganz klargewesen wäre, so hätte man fürchten müssen, sie würde sich mit Selbstmordgedanken tragen, würde zum Strick oder zum Schwert greifen, wenn sie die Schmach nicht hätte zu ertragen vermocht" (Matthäus-Kommentar, Homilie 4,5).
Es ist erfreulich, in den Evangelien aus dieser konstruierten Welt in die reale zurückkehren zu können und dort frischeren Wind zum Atmen zu finden. »Nirgendwo hat ein Prophet so wenig Ansehen wie in seiner Heimat, bei seinen Verwandten und seiner Familie«, sagt Jesus (Mk 6,4). An anderer Stelle heißt es: »Als seine Angehörigen davon hörten, machten sie sich auf den Weg, um ihn mit Gewalt zurückzuholen. Sie sagten: »Er ist verrückt« (Mk 3,21). »Für Markus steht fest, daß Jesu Familie – und seine Mutter bildet darin

keine Ausnahme – zumindest zur Zeit der Mission Jesu eher seinen Gegnern zuzurechnen sei« (Robert Mahoney in: Die Frau im Urchristentum, 1983, S. 97). Daran ändert auch nichts der Umstand, daß sich Jesu Mutter später dem Jünger- und Jüngerinnenkreis ihres Sohnes anschloß.

Nachdem die Frau, die Gott sich erwählt hat, durch die zölibatären Männer dadurch geehrt worden war, daß sie sie als immerwährende Jungfrau definierten, nachdem also der Herr-Gott gemäß ihrer Lehre sich unter allen Frauen eine reine Jungfrau erwählt und sie, obwohl es sich um eine nach außen zu verbergende Tatsache handelte, durch diese Jungfrauenwahl so hoch geehrt hatte, wollten die Männertheologen Maria auf ihre Weise noch weiter ehren. Sie haben sie mit allen Männerkräften auf die Altäre ihres Denkens erhoben. Das höchste, was ein Mann an Ehre denken kann, außer der Frauenehre um der Männerehre willen, das ist all das, was dem Manne eignet: die Virtus, d. h. die Mannhaftigkeit, das Heldentum, das kriegerische nämlich. Allenfalls der Heldentod wiegt an Ehre noch schwerer, aber der hätte in diesem Fall nicht gepaßt. Und so hat man die Mutter Jesu, ohne daß ein engerer Zusammenhang ersichtlich gewesen wäre, neben schon früher in der Männerphantasie entstandene Heldinnen gestellt und sie mit denselben Lobsprüchen bedacht, mit denen man die früheren Heroinnen lobte und pries. Dieser schöne Brauch hat sich bis heute erhalten. Im Graduale des Festes »Maria Empfängnis« heißt es: »Du bist der Ruhm Jerusalems, du die Freude Israels, du die Ehre unseres Volkes.« Diese Seligpreisung für Maria war ursprünglich an Judith gerichtet, nachdem diese dem betrunkenen und schlafenden Holofernes den Kopf eigenhändig abgeschlagen hatte (Jud. 15,9). Im selben Graduale wird eine zweite Kopfabschlägerinnen-Seligpreisung, die Judith galt, auf Maria angewendet: »Gepriesen bist du bei dem höchsten Gott vor allen Frauen der Erde«. Dieser Lobpreis erging in dem Augenblick, als Judith den abgeschlagenen Kopf des Holofernes dem Volke zeigte (Jud. 13,18). In der katholischen Mariologie und »Liturgie werden vor allem Judith und Esther als Bilder Marias verstanden“ (Schmaus, Mariologie 1955, S. 163). Das »Marienbild« Esther leistete vergleichsweise noch Größeres als Judith, indem sie nämlich dafür sorgte, daß 75810 Männer »samt Kindern und Frauen« (Esth. 8,11) getötet wurden. Esther: »Die zehn Söhne Hamans möge man an den Galgen hängen« (Esth. 9,13). Als »Bild der unbefleckt Empfangenen« (Schmaus S. 164) hat diese Massenvernichterin in der Liturgie des Festes der Erscheinung von Lourdes ihren heiligen Ort. Es gibt noch mehr Vorbilder Marias in der bisherigen Mariologie, Debora z. B., die bei der Ausrottung der Kananäer erfolgreich war (Ri 4,4–5,31), und Jael, die dem feindlichen Feldherrn Sisera, als dieser sich bei ihr ausruhte, mit einem Hammer einen Holzpflock durch die Schläfe schlug (Ri 4,21). Alle vier, Judith, Esther, Debora und Jael, sind laut dem Mariologen Alois Müller »in solchen Taten symbolische Vorgestaltungen von Marias Erlösermutterschaft« und »typologische Vorgestaltungen für die Erwählung Marias« (Mysterium salutis, III, 2, 1969, S. 397). Weil Maria solchen Frauentypen mariologisch nachgestaltet ist, erstaunt es nicht, daß auch sie selbst im Laufe der christlichen Geschichte militärisch aktiv wurde. Wobei sie manchmal sogar gegen sich selbst kämpfte, so im 13. Jahrhundert als Madonna der Kreuzritter von Marienburg gegen die Maria von Nowgorod. Sie kämpfte gegen Heiden, Türken und Protestanten. Auch die Kevelaer-Jungfrau wurde im Dreißigjährigen Krieg mit tatkräftiger Unterstützung des spanischen Statthalters in Brüssel (Kevelaer gehörte damals zu den spanischen Niederlanden) als Bollwerk gegen die Protestanten stationiert. Nicht zuletzt hatten die Juden unter ihrer Jungfrauengeburt zu leiden, wenn sie an solche nicht glauben mochten. Kein Laie, so bestimmte der Heilige König Ludwig IX. von Frankreich (1214–1270), solle mit Juden über die Jungfrauengeburt streiten, sondern er solle, wenn einer den christlichen Glauben verleumde, den Juden das Schwert in den Leib stoßen, »so tief es hineingehe«. So berichtet sein Freund und Biograph Jean Sir de Joinville.

In diesem Jahrhundert war Maria im Falklandkrieg engagiert und zog blau und weiß gekleidet den argentinischen Soldaten voran, wie der argentinische Episkopat verkündete. Im spanischen Bürgerkrieg hat Franco sie zum Generalissimus seiner Armee ernannt, und im Einsatz in der psychologischen Kriegsführung gegen die Kommunisten hat sie 1917 in Fatima zum Kampf gegen dieselben aufgerufen. Die Panzer Hitlers erfüllen die Fatimaweissagung hinsichtlich der Bekehrung Rußlands, berichtet Friedrich Heer über die Auffassung der Berater Pius XII. Marianischer Antikommunismus auch in Vietnam: 1954 war Nordvietnam kommunistisch geworden, und die Jungfrau Maria war in den Süden nach Saigon geflüchtet. Als ich im Krieg 1972 den Erzbischof von Hanoi besuchte, erfuhr ich, daß es seinem Vorgänger nicht gelungen war, zu verhindern, daß 600000 Katholiken und 75% des Klerus in den Süden zogen, weil dort laut amerikanischer Propaganda die hl. Jungfrau nach ihren Kindern im Norden weinte, die, wenn sie ihr nicht nachfolgten, die Hölle auf Erden und das ewige Feuer im Jenseits erleiden würden. Die

Beispiele marianischen Kriegseinsatzes ließen sich beträchtlich vermehren. Maria hat die Züge einer christlichen Kriegsgöttin angenommen.

Kehren wir zurück zu den Maria von den Theologen zugedachten Ehren und Ehrungen. Daß sie als Frau im Verhältnis zu Gott den Männern ebenbürtig sein könnte, daß sie vor Gott die gleiche Würde haben könnte wie ein Mann, dieser Gedanke war für die Mariologen bei aller Liebe zu Maria selbst unvollziehbar. Trefflich macht das der große Josef Scheeben deutlich, der in seiner Dogmatik die Summe des bis dahin angesammelten theologischen Tiefsinns der Mariologen über die Frau zusammenfaßt. »Im Gegensatz zur väterlichen Zeugung ist die mütterliche wesentlich nur Mitwirkung mit einem anderen Prinzip, welches eigentlich über die Existenz des Produktes entscheidet" (Dogmatik II, 1878, S. 920). Und weil »die väterliche Zeugung... weit mehr ein Abbild der ewigen Zeugung als die mütterliche« ist (S. 921), würde eben darum ein leiblicher Vater als »Concurrenz mit der ewigen Zeugung bezüglich desselben Produktes die letztere eher in den Schatten stellen als verherrlichen, indem dadurch Gottvater nicht mehr der einzige Vater seines Sohnes wäre... Um so leichter und naturgemäßer aber kann mit der göttlichen väterlichen Zeugung eine menschliche mütterliche Zeugung sich verbinden, da dieselbe sich der ersteren naturgemäß unterordnet" (S. 921). Die weibliche Zeugung macht also keine Probleme. Muttersein ist nämlich weniger als Vatersein, darum keine Konkurrenz für Gottes Vaterschaft. Denn die Mutter verhält sich »auch gegenüber der Person, deren Mutter sie wird oder ist, nur dienend... indem sie... nicht direkt zu deren Existenz als Person, sondern bloß zur materiellen Seite ihres Wesens oder ihrer Substanz beiträgt" (S. 920). Darum kann im Gegensatz zur väterlichen Zeugung »die mütterliche Zeugung ohne alle Schwierigkeiten auf eine Person bezogen werden... welche an sich selbst bereits vor jener Zeugung existiert und durch dieselbe nur ein zweites, leibliches Dasein empfängt« (S. 920). Kurz charakterisiert, sagt die traditionelle Mariologie, wie sie Scheeben zusammenfaßt, bezüglich der Jungfrauengeburt dieses: Der Mann ist ein Herr. Und Gott ist auch ein Herr. Die Frau ist kein Herr. Sie ist aller Herren Dienerin und Magd. Ein Herr und eine Magd, das paßt zueinander, eine Magd und zwei Herren, das ergäbe Kollisionen.

Die modernere Theologie hat sich von den traditionellen Theorien noch immer nicht sehr weit entfernt. Michael Schmaus erklärt zwar einerseits die Lehre, ein menschlicher Vater hätte der Ehre Gottes Konkurrenz gemacht, zur gnostischen Irrlehre zur heidnischen

Mythologie, und nennt damit die traditionellen, auch heute noch weitverbreiteten Meinungen in der Mariologie mit ihrem wahren Namen (S. 137f.), andererseits begründet er den Sinn und die Angemessenheit der Jungfrauengeburt mit einer anderen männlichen Überlegung: »Die Erlösung ist nicht männlichem Tatwillen zu verdanken« (S. 138f.), als ob, wenn Jesus einen natürlichen Vater hat, die Erlösung dann männlichem Tatwillen zu verdanken wäre. Der alte Gedanke wird so wieder neu lebendig. Nach der alten, nahezu gottebenbürtigen Männerherrlichkeit zeigt sich eine neue. Von weiblichem Tatwillen ist folgerichtig nicht die Rede. Er hat, wenn es denn einen solchen gibt, immer eine mindere Qualität. Man sieht, die durch den deutschen hl. Albertus Magnus (†1280) in die Theologie eingeführte aristotelische frauenfeindliche Biologie, die die Frau nur als eine Art passiven Blumentopf sieht, in den der Mann seinen die Zeugung eigentlich und vorrangig bewirkenden Samen hineinsteckt, ist auch nach der Entdeckung des weiblichen Eis (1827) von den Männer-Theologen fast unbeschädigt und unversehrt ins 20. Jahrhundert hineingerettet worden. Gott ist jedoch, wie der leider so plötzlich verstorbene Papst Johannes Paul I. richtig erklärt hat, nicht nur Vater, sondern auch Mutter. Aber der Gedanke einer Mutterkonkurrenz zu Gott ist noch keinem Theologen in den Kopf gekommen. Gemäß der Mariologie ist es ja vollends evident, daß Gott ein Mann ist. Er wirkte in Maria das, was sonst die Männer tun. »Was sonst durch das männliche Tun geleistet wird, wirkte in Maria die Allmacht Gottes« (Schmaus, Mariologie 1955, S. 107). Aha.

So wenig Maria als Frau den Männern ebenbürtig ist, so sehr ist sie als Mutter den anderen Müttern überlegen. Hier entfaltet die männliche Mariologie ungehemmt ihren vollen, überschwenglichen Reichtum an zölibatärer Verehrung für die eine Reine im Gegenüber und Gegensatz zu den sämtlichen übrigen Unreinen. Hier bedeutete jedes nur erdenkliche Maß an Heiligkeit im Vergleich zur sonstigen Weiblichkeit ja keine Einbuße an Männerwürde und -ehre. Neben der generellen (auch Marias) Minderwertigkeit der Frau gegenüber dem Mann gibt es in der Mariologie eine spezielle Minderwertigkeit der gewöhnlichen Frauen gegenüber Maria. Diese Diffamierung hat aber, da Maria ledigliche eine Ausnahme bildet, einen allgemeinen Charakter. Als Beispiel sei das Dogma von der Jungfräulichkeit in der Geburt genannt, wesentlich Ähnliches gilt aber auch für die Jungfräulichkeit vor und nach der Geburt. Die traditionelle Lehre von der Jungfräulichkeit in der Geburt besagt, daß 1. das Hymen Marias unbeschädigt blieb, daß 2. die Geburt schmerzfrei war und daß 3. keine Nachgeburt (Sordes = Unflat) vorhanden war. Maria soll Jesus wie einen Lichtstrahl, schon von seiner Auferstehung her verklärt, wie den brennenden Dornbusch, der nicht verbrennt, oder wie ein Gedanke entsteht, geboren haben oder so, »wie überhaupt die Geister ohne Widerstand durch die Körper hindurchgehen« (Scheeben II, S. 939). Mag die Frage, ob Christus, wenn er als eine Art Lichtstrahl oder »wie überhaupt die Geister« geboren wurde, dennoch Mensch geworden ist, hier dahingestellt bleiben, mariologisch darf die Würde der Gottesmutter nicht dadurch gesichert werden, daß man die übrigen Mütter als durch die Zerreißung des Hymens »beschädigt« hinstellt. Bei A. Müller ist die Versehrung der Mütter beim Gebären ein besonderes »Zeichen des erbsündlichen Fluches« (l. c. S. 464f.), und damit sind wir beim Fluch, der für die Mariologen auf Müttern und Mutterschaft lastet. Schmerzfrei war nur die Geburt Marias, während alle anderen Mütter Gottes Fluch (Gn. 3) zu spüren bekommen: »Mit Schmerzen sollst du Kinder gebären.« »Nach der Ursünde traf Eva diese schmerzhafte Verfluchung ihrer Mutterschaft« (S. 463), und seitdem sind alle Mütter außer einer verflucht. In ihren Schmerzen sind sie verflucht. Siebenmal auf einer einzigen Seite (464) spricht A. Müller das Wort »Fluch« in bezug auf die Mutterschaft aus, aber je öfter manche Mariologen die Mütter verflucht sein lassen, um so stärker drängt sich der Verdacht auf, daß es sich wohl schon im Alten Testament nicht um einen Fluch Gottes, sondern eher um einen Fluch in den Augen der Männer handelt, einen Fluch, der dann durch zölibatäre Theologen zu seiner vollen Entfaltung kommen sollte: schmerzfrei war die Geburt Marias nämlich auch noch aus einem anderen Grund, den Augustinus (†430), der Vater unserer lustfeindlichen Sexualmoral, beigesteuert hat: »Ohne Fleischeslust hat sie empfangen und darum ohne Schmerzen geboren.« Die Theologen werden nicht müde, das auch in unserem Jahrhundert zu behaupten. Im Vergleich zu Maria also ist jede andere Mutter beschädigt, mit Schmerzen bestraft und verflucht und schließlich beschmutzt. Nur von Maria gilt: »Sie hat ein Kind geboren und blieb *doch* reine Magd«, wie wir alle Weihnachten singen in dem Lied: »Es ist ein Ros entsprungen«.

Die eine reine Mutter und die andern unreinen. Die Theologen haben ihren theologischen Unrat auf die Mütter abgeladen und mit frommem Eifer geglaubt, dadurch die Mutter Jesu um so makelloser zu malen. Aber indem sie alle anderen im Gegensatz zur immerwährenden Jungfrau so immerwährend verfluchten, ist ihnen der Blick auf die Frau insgesamt verengt, ist ihnen der Begriff von Frausein insgesamt vergangen, falls sie einen solchen Begriff überhaupt je gehabt haben. Indem man Maria so sehr von den anderen Frauen, die Kinder geboren haben, ausgrenzte, hat man sie zu einer Art Unfrau gemacht. Nach Mariologenart mag man ihr gegeben haben, an Frauen- und damit Menschenart hat man ihr Entscheidendes genommen. Wer eine biologische Jungfräulichkeit in der Geburt behauptet, als eine Lichtstrahl- oder Gedanken- oder Geistergeburt, der muß wissen, daß er die Mutter, von der er redet, um eben ihre Mutterschaft bestiehlt. Es mag sein, daß es manche Menschen nach dem Bild einer Himmelskönigin verlangt, aber mehr Menschen verlangt es nach einem Menschen. Und alle die, die in einem theologisch weniger mirakulösen und darum wahrhaftigeren Bild Marias dem Bild eines wirklichen Menschen hätten begegnen können, hat man mit der Lehre von einem unverständlichen und darum existentiell bedeutungslosen Naturwunder um diese Begegnung betrogen. Mit solchem humanen Defizit in der Mariologie wird der Glaubensvollzug des Christen, sofern ihm Maria konkretes Vorbild im Glauben sein soll, unmöglich gemacht. Wie soll eine Frau sich in Maria wiedererkennen, wenn in der Lauretanischen Litanei Maria als die »Mater inviolata«, »o unversehrte Mutter« besungen wird. Dabei ist »versehrt« eine sehr beschädigte Übersetzung. Laut lateinischem Lexikon sind alle anderen Mütter als matres violatae das, was das Wort »violatae« bedeutet. Das heißt, sie sind solche, denen Gewalt angetan ist, die mißhandelt, besudelt, befleckt, verletzt, geschändet und entweiht sind. Violatae kommt nämlich nicht von viola, Veilchen, sondern von vis, Gewalt, allenfalls von Veilchenauge. Maria ist also gemäß lauretanischem Mütterbeschädigungswerk im Unterschied zu allen anderen Müttern die Madonna ohne Veilchenauge. Und alle Väter wären bei frommem Licht besehen Schläger und Vergewaltiger. Auch Papst J. P. II. spricht in seiner Marienenzyklika 1987 von Maria als der Mutter, die ihre Jungfräulichkeit »unversehrt« bewahrte.

Wie Maria ihren Sohn nicht nach Frauenart geboren hat, so hat sie ihn nach der Mariologen Meinung auch nicht nach Frauenart verloren. Eine Mutter, die die Hinrichtung ihres Sohnes miterleben muß, das ist eine Szene, deren Schmerzhaftigkeit nicht ausgemalt zu werden braucht. Im »Kirchenlexikon« von 1893 stellt sich die schlimme Szene anders dar: »In dieses Opfer willigte auch sie ein und leistete damit von seiten der Menschheit den freien Antheil, der von derselben erwartet werden konnte« (Wetzer und Welte 8, S. 723). Weiter heißt es: »Mit noch viel heldenmüthigerer Ergebung stand sie unter dem Kreuz ihres Sohnes, um von seiten der Mensch-

heit das Opfer wirklich hinzugeben.« Welchen freien Anteil der Menschheit an Einwilligung zu der Hinrichtung ihres Sohnes Maria angeblich auch geleistet haben soll, meiner war jedenfalls nicht dabei. Die Vorstellung von der Einwilligung Marias zur Kreuzigung ihres Sohnes findet sich auch in der neuesten Marienenzyklika des Papstes J. P. II. 1987. Dem Papst zufolge hat Maria der Hinrichtung »in mütterlichem Geist... liebevoll zugestimmt«. Dieser Satz scheint dem Papst so gut zu gefallen, daß er ihn aus dem 2. Vat. Konzil übernimmt (lumen gentium, c. 58) und diese Haltung Marias unter dem Kreuz als »heroisch« bezeichnet. Man sieht, die Kirchenmänner haben keine Ahnung von mütterlichem Geist.
Und so setzte ich denn meine mariologische Sicht dagegen: Maria hat sich mit allem, was sie fühlte und dachte, gegen die Tötung ihres Sohnes aufgelehnt. Sie hätte, wenn sie es vermocht hätte, diese Hinrichtung zu verhindern gesucht. Sie hat nicht eine Art soteriologischer Nutzen-Kosten-Rechnung aufgemacht, sie hat keine Henkertheologie um unseres Heiles willen betrieben, wie sie weithin im Christentum verbreitet ist und das Christentum in Gefahr bringt, zu einem primitiven und abstrusen Menschenopferkult zu verkommen. (Zwischenfrage: Wenn es schon bei den Römern keine Todesstrafe mehr gegeben hätte, wie heute z. B. in der Bundesrepublik, wäre dann die Erlösung der Menschheit an der Humanität der Menschen gescheitert?) Maria hat weder dieser Hinrichtung zugestimmt noch irgendeiner anderen Hinrichtung, nicht dieser Tötung noch irgendeiner anderen Tötung. Was der Papst an Zustimmung zur Hinrichtung Jesu offenbar zu leisten bereit ist, mit einem verdrehten Marienbild im Kopf, das muß er schon selber leisten. In Wirklichkeit lehrt Maria uns, daß wir uns eben nicht und niemals, auch nicht aus einem noch so frommen Anlaß auf die Seite der Henker stellen dürfen. Der Schmerz einer Mutter, nicht einer Mariologenmutter, sondern einer wahren Mutter, lehrt die alte einfache Wahrheit des Du-sollst-nicht-Töten. Und so ist die wahre Madonna eine andere als die CIA-Propaganda-Jungfrau oder die Falkland-Madonna, die heroisch andere Mütter dazu bringen sollte, dem Tod ihrer Söhne heroisch ebenfalls zuzustimmen. Sie ist die, die will, daß wir nicht nur das ungeborene, sondern auch das geborene Leben schützen. Sie ist nicht die, die ihre Jungfräulichkeit in der Geburt hätte bewahrt haben müssen, weil solche Verletzung eine Verfluchung bedeutet. Sie ist vielmehr die Verletzliche und die Verletzte und die mit allen weinenden Müttern Weinende um allen Tod und alle Gewalttat in der Welt.
Die Mariologie hat in der katholischen Theologie lange genug auf

dem Kopf gestanden, es ist an der Zeit, sie wieder auf die Füße zu stellen. Was sie aus ihrem rechten Stande brachte, ist der Umstand, daß sie schon früh eine Männermariologie geworden war, eine zölibatäre dazu, und daß so die üblichen männlichen Verkehrungen der Welt und ihrer Werte in ihr bestimmenden Raum gegriffen haben. Die traditionelle Mariologie verdient in nicht wenigen Punkten ihren Namen nicht, sie ist weithin eher eine Art Antimariologie geworden, indem sie zwar die Größe und Würde eines Menschen, einer Frau, hervorzuheben und theologisch wissenschaftlich auf Goldgrund malen zu wollen vorgibt, in Wirklichkeit aber mit groben und dummen Fingern das zerquetscht, was weibliche Würde im besonderen, bei dem Menschen Maria nämlich, und im allgemeinen, bei allen Frauen nämlich, ausmacht.

Es ist ein schlimmes Schicksal für eine Frau, ein von Männern korsettiertes und dogmatisiertes Frauenleben leben zu müssen. Maria hat es in einmaliger Weise getroffen. Ihr wurde von den Herren der Schöpfung das lebendige Leben lediglich so weit wie für ihr Funktionieren nötig zugeteilt, darüber hinaus wurde es ihr genommen. Über ihre Weisheit z. B. sagt Thomas von Aquin: »Es ist nicht daran zu zweifeln, daß die selige Jungfrau in hervorragender Weise das Geistgeschenk der Weisheit empfangen hat. Den Gebrauch der Weisheit hat sie gehabt in der Beschauung: nicht aber hat sie den Gebrauch der Weisheit gehabt in der Weise des Lehrens.« Die Herren wünschen, über sie zu lehren. Die Herren wünschen nicht, von ihr belehrt zu werden.

Im Grunde sind die zölibatären Männer trotz und vor allem wegen aller dogmatischen Ausgestaltung an Maria, dem Menschen und der realen Frau, immer vorbeigegangen. Sie haben ihre Rolle in der Heilsgeschichte auf zölibatäre Weise gesehen und sie in dieser Rolle mit mirakulösen und abstrusen Attributen bedacht. Dieses menschenfremde Bild haben sie in ihre männlich-karge Gedankenwelt gehängt. Bischof Hermann Volk hat einen solchen dünnen Männergedanken aufgeschrieben: »Maria ist nicht um ihrer selbst willen geehrt und im Evangelium genannt, vielmehr um ihrer Funktion und Beanspruchung willen in dem Heilsplan Gottes« (Gesammelte Schriften 1966, II, 78). Das wäre gewiß eine zölibatäre Sünde, eine Frau um ihrer selbst willen zu ehren. Wichtig und ehrenswert ist Maria lediglich als funktionierende Planerfüllerin. Die Theologen haben ihr den Titel Gottesgebärerin gegeben, und sie haben damit das äußerste geleistet, was sie an dogmatischer Würdigung zu leisten vermochten, aber sie haben nie begriffen, daß eine Frau auch etwas anderes ist als eine Gebärerin, und sei sie die Gebärerin Gottes, daß

sie auch etwas eigenes ist, mit einer eigenen Würde nämlich, die von eben demselben Gotte stammt, dessen Sohn sie gebar, und die er ihr nicht erst als Gebärerin gab, sondern längst schon zuvor. Sie war eine Frau, die er liebte und ehrte um ihrer selbst willen.
Und wie sind schließlich nach alledem die beiden neutestamentlichen Berichte von der Jungfrauengeburt (Mt. 1 und Lk. 1) theologisch zu verstehen? Karl Rahner hat es gesagt: »Wir können durchaus diese Berichte, innerhalb deren die Jungfrauengeburt ausgesagt wird, als Midrasch, als ausmalende, aktualisierende Predigt, als Lehr- und Erbauungserzählung verstehen. Man könnte sagen: als eine Schöpfung der Theologie, die es innerhalb des Neuen Testamentes selbstverständlich schon gibt und die sich gewisse theologische Fragen stellt und beantwortet... Ein solches literarisches Genus schließt natürlich nicht notwendigerweise den Anspruch ein, daß alles so dramatisch inszeniert Gesagte im Sinne eines modernen Begriffs von Historie von vornherein rigoros historisch verstanden werden müsse« (Zum Thema Jungfrauengeburt, Stuttgart 1970, S. 124f.). Dem ist nichts hinzuzufügen und davon ist nichts wegzustreichen. Damit hat die Sache ihre theologische Ordnung.

Empfangen vom Hl. Geist zu 50% oder: Die Jungfrauengeburt und das weibliche Ei

Es war eine sehr tiefsinnige Vorstellung, Gott durch eine biologische Jungfrauengeburt als einen allein und souverän Handelnden zu sehen und darzustellen. Die Kirche hat dabei an eine Jungfrauengeburt nicht nur ohne männlichen Samen, sondern auch ohne weibliches Ei geglaubt, an eine souveräne Schöpfung Gottes aus dem Nichts. Die Geburt Jesu sollte in keinerlei Hinsicht menschlichen Zeugungsbeitrag beinhalten, die Erschaffung Jesu sollte ganz und gar ein übernatürliches, eben Gottes ausschließliches Werk sein. Der Vorstellung von der Jungfrauengeburt liegt die alte aristotelische Biologie zugrunde, dergemäß die Frau nur der passive Blumentopf oder das leere Gefäß für das männlich allein zeugende Prinzip ist. Auch heute noch sprechen wir fälschlicherweise nicht von einem »Zeugen« der Frau, sondern nur von ihrem »Empfangen«. Jungfrauengeburt bedeutet also nicht eine von selbst erfolgende Teilung der weiblichen Eizelle, sie bedeutet nicht eine göttliche Befruchtung derselben, sie bedeutet keine Form von Zeugung durch Gott, Gott ist in keinem Sinn der physische oder biologische Vater Jesu, die »jungfräuliche« Empfängnis Jesu bedeutet vielmehr *Neuschöpfung Gottes.*

Seit der Entdeckung des weiblichen Eies 1827 jedoch und damit der Entdeckung des hälftigen Anteils der Frau an der Zeugung läßt sich die traditionelle Vorstellung der Jungfrauengeburt als Bild eines souveränen Handelns Gottes nicht mehr halten. Das weibliche Ei steht der in der Jungfrauengeburt zum Ausdruck gebrachten Idee genauso entgegen wie der männliche Same. Nicht nur der männliche Same, sondern auch das weibliche Ei schließen für ihren Teil das souveräne, alleinige Handeln Gottes aus. Hätte man das weibliche Ei gekannt, dann hätte man es ebenso wie den männlichen Beitrag ablehnen müssen, denn ein weibliches Ei bedeutet in gleicher Weise wie der männliche Same die Zerstörung der großen Grundidee, die hinter der Vorstellung von der biologischen Jungfrauengeburt steht, der Idee nämlich, daß Gott der allein Wirksame ist. Maria sollte gänzlich »reine Magd«, d. h. gänzlich reines Werkzeug sein. Wer aber ein weibliches Ei bei Maria mitdenkt, der kehrt dem alten Glauben den Rücken. Denn er leugnet, falls er die Jungfrauengeburt

biologisch versteht, daß Maria Christus gänzlich und total »vom Hl. Geist empfangen« hat. Es könnte allenfalls noch heißen: »Empfangen vom Hl. Geist zu 50%.«
Ein Ei hätte zudem eine geschlechtliche Beziehung und Verbindung bedeutet, denn weibliche Eizellen bzw. der Eierstock sind nun einmal die wichtigsten weiblichen Genitalien, und die Beschattung oder Bedeckung, wie es im NT heißt, wäre mit der Absicht und Wirkung der Befruchtung der weiblichen Eizelle erfolgt. Die Anerkennnung der weiblichen Eizelle bei gleichzeitiger Behauptung einer »jungfräulichen« Empfängnis bedeutet, was die Empfängnis Jesu auf keinen Fall ist und sein darf, nämlich Zeugung, Befruchtung, geschlechtliche Beziehung zwischen Gott und einer Frau. Das müßte mit Recht als heidnischer Aberglaube abgelehnt werden. Sonst wäre der Hl. Geist in die Schrumpfrolle eines übernatürlichen Männerersatzes verkümmert. Gott hätte dann nicht mehr Christus gänzlich und allein erschaffen. Gott hätte dann lediglich auf übernatürliche Weise die Rolle eines natürlichen Mannes bzw. des männlichen Samens übernommen und damit nur einen halben göttlichen Anteil in einem im übrigen natürlichen geschlechtlichen Vorgang gehabt.
Der fehlende Begriff von einer weiblichen Eizelle war also die Voraussetzung für die Vorstellung einer Jungfrauengeburt vom Hl. Geist im geschlechtslosen Raum. Nach der Entdeckung des weiblichen Eis bedeutet die weitere Behauptung der biologischen Jungfrauengeburt Marias eine Reduktion der Heilstat Gottes. Aber ganz offenbar besitzt leider heute die Vorstellung der biologischen Jungfräulichkeit Marias Priorität vor der ursprünglichen, fundamentaleren, ganzheitlichen Vorstellung der Tat Gottes. Man hält daran fest, selbst um den Preis einer Minimalisierung des Handelns Gottes. Die Lehre von der biologischen Jungfrauengeburt ist eine Männerlehre. Sie ist so fest in Männerhand, daß auch der kleinste Versuch, von der Natur gegebene weibliche Vorhandenheiten vorzubringen, um den starr und stramm nach rückwärts gerichteten Blick zölibatärer und sexualfeindlicher Kirchenmänner ein wenig realer werden zu lassen, zunächst zum Scheitern verurteilt ist. Die Herren berufen sich stereotyp, wie Bischof Hengsbach von Essen es z. B. tut, auf die kirchliche Lehrtradition, und diese Tradition weiß tatsächlich nichts von neueren naturwisssenschaftlichen Erkenntnissen über den menschlichen Zeugungsvorgang. Die Bischöfe ahnen dunkel, daß die Anerkenntnis der Tatsache einer weiblichen Eizelle Schwierigkeiten bedeutet, wenn sie auch nicht genau wissen, wieso. Auf alle Fälle glauben sie, besser daran zu tun, solche fatalen weiblichen

Gegebenheiten nicht zur Kenntnis zu nehmen oder jedenfalls keine Konsequenzen daraus zu ziehen. Und sie stürzen sich lieber kopfüber in häretische Unsinnigkeiten, als für einen Augenblick die Augen zu öffnen und zu erkennen, daß das alte Weltbild nicht mehr standhält. So hat man in der Theologie eine wahrhaft männliche Haltung eingenommen und versucht, das weibliche Ei einfach zu ignorieren. Man redete und redet so weiter wie zu Zeiten des Aristoteles und hofft offenbar, daß es irgendwie gutgeht, nämlich weiter so wie bisher.

Falls aber auch nach 1827 seitens der Kirchenmänner Maria kein weibliches Ei zugestanden würde, dann ist sie nicht mehr Mutter Jesu im wahren Sinn des Wortes, sondern nur noch eine Art übernatürliche Leihmutter. Behauptet man also eine Empfängnis ohne weibliches Ei, um so die ursprüngliche Idee von Gottes Neuschöpfung aufrechtzuerhalten, so ist die Mutterschaft Marias im biologischen Sinn aufgehoben.

Will man die ursprüngliche Souveränität des Handelns Gottes wieder zur Geltung bringen und verdeutlichen, so ist es seit den neueren biologischen Erkenntnissen nicht mehr möglich, dieses lediglich in Gottes Beziehung zu der Mutter seines Sohnes zu sehen, es muß, soll es wieder als Ganzes und Umfassendes zur Geltung kommen, ganzheitlicher gesehen werden, nämlich in einer (theologisch) »jungfräulichen« Elternschaft eines natürlichen Elternpaars. Theologisch darf Gott nicht als lediglich männlich oder pseudomännlich Handelnder gesehen werden, der einen männlichen 50%-Anteil bei der Zeugung Jesu göttlich ersetzt, er muß vielmehr als ein insgesamt göttlich Handelnder gesehen werden, so daß nicht nur die Mutterschaft einer natürlichen Mutter, sondern auch die Vaterschaft eines natürlichen Vaters zugleich die Menschwerdung seines eigenen Sohnes bedeutet. In dem Sohn dieser Eltern, Jesus, zieht Gottes ewiger Sohn das Geschöpf Mensch an sich. Theologisch läßt sich die natürliche Elternschaft zweier Eltern als eine »jungfräuliche« betrachten in dem Sinn, daß Gott mit dem Sohn dieser Eltern als seinem Sohn einen neuen Horizont der Geschichte setzt. Und von da her begegnet uns wieder das Bild einer Frau als »Jungfrau«, da Gottes Geschichte mit ihr und in ihr beginnt.

Jesus, der Sohn Josefs

»Philippus traf den Nathanael und sprach zu ihm: ›Wir haben den gefunden, von dem Moses im Gesetz geschrieben hat und die Propheten: Jesus, den Sohn Josefs, aus Nazareth‹« (Joh. 1,45). An einer anderen Stelle heißt es: »Da murrten die Juden über ihn ... und sagten: Ist dieser nicht Jesus, der Sohn Josefs, dessen Vater und Mutter wir kennen?« (Joh. 6,41 f.)
In zweifachem Aspekt taucht hier der Begriff »Sohn Josefs« auf, einmal als Inhalt apostolischer Verkündigung – Philippus war einer der zwölf Apostel –, dann als Widerspruch gegen eben diese Verkündigung. Der Sohn des Josef ist ein Stein des Anstoßes, ein Glaube an ihn wäre ein skandalöser Glaube. Beide Aspekte gehören zusammen: Die Verkündigung stößt auf Widerspruch. Die Fleischwerdung des Logos aus Vater und Mutter ist unvorstellbar. Der Anstoß und Skandal eines solchen Glaubens ist bis heute geblieben. Auch die Christen vermögen, und das nahezu von Anfang an, an den von Moses verheißenen Sohn Josefs nicht zu glauben. Ein solches Handeln Gottes erscheint ihnen zu unglaubwürdig. Und so haben sie aus dem Sohn einen Nicht-Sohn Josefs gemacht. Eine Jungfrauengeburt vom Hl. Geist erscheint ihnen einleuchtender, weil das Göttliche auf diese Weise deutlicher und ausmalbarer wird. Die Menschlichkeit des Menschen Jesus ist dann erkennbar göttlich überhöht und von Anfang an mit einem Heiligenschein, mit göttlichem Garantiestempel, zu uns gesandt. Die Vorstellung einer jungfräulichen Geburt löst für die Christen das Problem, das nicht ein Problem des Glaubens, sondern des Unglaubens ist, nämlich das Göttliche konstatierbar zu machen. Sie sind bereit, das Göttliche in einem Mirakel zu akzeptieren. In der armen Alltäglichkeit, in dem obskuren Nazareth, in dem Jesus, der Josefs Sohn ist, vermögen sie nichts zu erkennen, was ihrer Erwartung von Gottes Handeln entspräche. Die Welt »nimmt gerade daran Anstoß, daß ihr die Offenbarung in der Geschichte, in der Sphäre, in der sie vertraut und zu Hause ist, begegnet, daß *der* der Offenbarer sein will, über dessen Woher sie Bescheid weiß" (Bultmann, Das Evangelium des Johannes, 1962, S. 170). Und so glauben viele Christen an Mirakel, weil sie im Aberglauben leben. Sie meinen, Kriterien der Glaubwürdigkeit

Gottes zu besitzen, Merkmale des Erlösers bestimmen zu können, an den von Moses verheißenen Jesus, den Sohn Josefs, glauben sie darum nicht. »Ist das nicht des Zimmermanns Sohn?« (Mt 13,55) Damit war Jesus schon damals disqualifiziert. Es war nicht ein eingebildeter Skandal, als wenn Jesus lediglich scheinbar der Sohn des Zimmermanns gewesen wäre, in Wirklichkeit aber mit einer solchen Vorstellung seine Hörer in den April geschickt hätte. Der Skandal war ein echter Skandal. Und das gilt auch heute weit und breit: Ist er des Josefs, des Zimmermanns, Sohn, so verdient er heute wie damals nichts anderes, als daß man ihm achselzuckend den Rücken kehrt.
Und so haben ihn die Christen aus ihrer Mitte verstoßen, wissen sie doch besser, was ein Erlöser ist und wie er zu sein hat. Sie haben sich nach ihrem Urteil einen besseren ausgemalt. Ihr Erlöser darf nicht anders sein, als sie es wollen, sie würden sich sonst einen würdigeren suchen. Sie können an ihn nur glauben, wenn sie ihn von einem Engel verkündigt wissen, wenn er von einer Jungfrau geboren wurde, wenn Magier, möglichst heilige Könige, ihn aus dem Morgenlande anzubeten kamen. Mit Gold, Weihrauch und Myrrhe und mit himmlischen Heerscharen auf der Weide. Sie wollen, daß er ein Wundertäter ist, einer der Macht hat und über das Wasser laufen kann, einer, der Brot wunderbar vermehrt und Wasser in Wein verwandelt. Sie wollen die großen Taten eines Außergewöhnlichen von ihm, aber die Gewöhnlichkeit eines Jesus, der des Josefs Sohn ist, mag er auch von wem auch immer verheißen sein, die wollen sie nicht. Ein solcher Erlöser ist zu erkennbar ein falscher.
Als von einem in seiner Glanzlosigkeit armen und darum falschen Erlöser sind immer wieder alle von ihm fortgegangen, damals wie heute. Und so ist der Jesus, Sohn des Josef, heute ein sehr verlassener Jesus. Eigentlich war er immer schon sehr verlassen, im Leben wie im Sterben. Seine Verlassenheit während der ganzen Kirchengeschichte, seine Verleugnung in den Büchern der Theologen, sein Abhandengekommensein in der Verkündigung der Kirche ist vielleicht so etwas wie eine Fortsetzung seines Sterbens. Man hat ihn zu einer Unperson gemacht. Nur manchmal, wenn man beim Lesen in den Evangelien seinem verdrängten Jesus-Josefssohn-Namen begegnet, taucht aus den vorbeifliegenden Buchstaben für einen winzigen Augenblick sein vom langen Tode blasses Gesicht auf und verschwindet gleich wieder. Denn es ist kein Platz, der ihm zum Bleiben geblieben wäre.

Veröffentlicht in Publik-Forum Nr. 12/13, 3. Juli 1987.

Bitte um einen sanften Gott – zum Scorsese-Film „Die letzte Versuchung Christi“

Erschienen in „Der Spiegel“, Nr. 46/88, 14.11.1988

Der Mensch steht, wenn es ihm dient, auf Tod und Blut. Immer hat er im Töten ein Mittel gesehen, Übel zu beseitigen, durch Todesstrafe, Kriege und durch die Vernichtung von Bösem. Blut hat für den Menschen eine erlösende Funktion.

Blut hat nicht nur eine erlösende Wirkung en détail, sondern auch en gros: Die Menschheit insgesamt wird gemäß einer unter Christen verbreiteten Vorstellung durch Blut erlöst, denn auch Gott steht auf Blut. Es ist Gottes eigener Sohn, der sterben muß, in diesem Fall stellvertretend sühnend für die Sünder, damit diese von allem Bösen erlöst werden.

Der Scorsese-Film erzählt in grandiosen Bildern die Geschichte des Jesus von Nazareth, der, um unseres Heiles willen, Gottes Blutopfer wurde und, an ein Kreuz genagelt, sterben sollte, obwohl er doch davon träumte, leben zu dürfen. Denn es war nicht sein eigener Wille gewesen, zu sterben, sondern der Wille seines göttlichen Vaters. Was ihn selbst betraf, so hatte er im Gebet versucht, seine schlimme Bestimmung von sich abzuwenden: „Du verlangst von mir, daß ich mich kreuzigen lasse. Gibt es keinen anderen Weg? Du reichst mir einen bitteren Kelch, aber ich kann nicht, ich möchte nicht trinken. Bitte, laß ihn an mir vorübergehen, bitte...“ Aber da half diesem Sohn das Beten nicht und nicht seine Trauer, nicht sein Blutschweiß und nicht die lange Nacht seiner Angst. Wie soll eines Menschen Verzweiflung auch an das Ohr Gottes reichen, wenn sie sich gegen Gottes Willen richtet. Und dieser unerbittliche Wille hieß: Tod.

Gott beharrte auf dieser Hinrichtung seines Sohnes. Und auch die Christen beharren auf ihr. Niemals werden sie Jesus erlauben, weiterzuleben, denn ohne dessen Hinrichtung wären sie nicht erlöst – so meinen sie. Das sieht dann auch Jesus ein. Der Film-Jesus zu Judas: „Ich habe keine Wahl. Ich bringe Gott und die Menschen auf diese Weise zusammen. Wenn ich nicht sterbe, finden sie nie zueinander. Ich bin das Opfer.“ Diese Hinrichtung durfte nicht verhindert, das Menschenopfer mußte dargebracht werden. Wer Einwände hätte, verdiente den Namen eines Christen nicht mehr, denn gegen Jesu Tod zu sein, bedeutet, gegen Jesus selbst sich zu wenden.

Sogar die Mutter des Gehenkten hat nach katholischer Lehre diese Hinrichtung bejaht. Sie stand laut Pius X. „nicht schmerzverloren in diesem furchtbaren Anblick, sondern freudig“ am Kreuz ihres Sohnes (Enzyklika „Ad diem illum“ 1904) und hat laut Johannes Paul II. der „Darbringung des Opfers, das sie geboren hatte, in mütterlichem Geist... liebevoll zugestimmt“ (Marienenzyklika 1987), und bei solchem Menschenopfer-Vater und solcher Menschenopfer-Mutter ist es gotteslästerlich, diesen Tod abzulehnen und an ein Weiterleben zu denken.
Mir fallen bei dieser Gelegenheit zwei Leute ein. Der eine ist Bischof Klaus Hemmerle von Aachen, sonst gewiß ein sensibler Mensch, der auf die Frage eines Journalisten, was er morgens bei der Begegnung mit dem ersten Menschen, der ihm entgegenkomme, denke, am 11. Juni 1980 um 22.25 im ZDF sagte: Bei der Begegnung mit dem ersten Menschen morgens sehe er das Blut unseres Erlösers an diesem Menschen herabfließen und wisse dann, daß wir erlöst sind. So ähnlich jedenfalls. Und der zweite ist der Chinese Lin Yu-Tang, Sohn eines christlichen Pastors. Er gab 1958 seine geistliche Laufbahn auf und kehrte zum chinesischen „Heidentum“ zurück, weil er es als ungereimt ansah, daß Gott, nachdem Adam und Eva von einem Apfel gegessen hatten, so zornig wurde, daß er sie und alle ihre Nachkommen zum Leiden verurteilte, dann aber, als eben diese Nachkommenschaft seinen eigenen Sohn tötete, darüber „so erfreut war, daß er allen vergab.“ Das Christentum führt offenbar zu Mißverständnissen, wenn man sich nicht klarer ausdrückt. Und eine Frage fällt mir ein: Was wäre denn geschehen, wenn das Römische Reich schon so human gewesen wäre wie die Bundesrepublik und Pontius Pilatus keine Todesstrafe hätte verhängen können? Wäre dann die Erlösung der Menschheit an der Humanität der Menschen gescheitert?
Im Scorsese-Film kommt dem Sterbenden im Traum eine Frau in die Quere und sabotiert den rettenden Tod. Sie dringt in die Phantasien des Gekreuzigten ein und ist weit davon entfernt, die christliche Henkertheologie um unseres Heiles willen nachzuvollziehen. Zunächst erscheint Jesu Schutzengel und versichert dem Gehenkten, es sei nicht notwendig, daß er sterbe. Aus letztem Lebenswillen heraus träumt der arme Mensch Jesus am Kreuz diesen Traum, der Vater habe ihm erlaubt, zu leben. Der Filmengel sagt: „Dein Vater ist der Gott des Erbarmens, nicht der Bestrafung... Der Herr will nicht dein Blut. Er sagte: Laß ihn sein Leben leben.“ Und Jesus steigt vom Kreuz herab und vom Berg herunter und heiratet Maria Magdalena, die ihn liebte und die er liebte, und er lebt als Mensch

unter Menschen wie vor seiner Predigttätigkeit auch. (Wenngleich kritisch zu vermerken ist, daß für den Scorsese-Jesus die Frauen austauschbar sind gemäß der Engelweisheit: „Es gibt nur eine Frau in der Welt, eine Frau mit vielen Gesichtern." Unmittelbar nach dem Tod von Maria Magdalena heiratet Jesus Maria, die Schwester des Lazarus).
Das Anstößige in den Augen der Christen liegt nicht nur im Unterbrechen und Beinahe-Abbruch des vorschriftsmäßigen Sterbens am Kreuz, sondern mehr noch in der *Art* der Unterbrechung: durch eine Liebesbeziehung zu einer Frau. Der grausame Vater stört nicht das christliche Gottesbild, wohl der verheiratete Sohn. Blasphemie ist es in den Augen vieler Christen nicht, daß sie Gott die eigene Grausamkeit andichten, Blasphemie ist es für sie, dieses grausame Spiel nicht mitzuspielen und dazu noch auf solche Weise. Lieben soll der Gottessohn zwar schon, aber die Liebe muß sich im Blutopfer manifestieren, nie etwa im Liebesakt. So mag es die Christen trösten, daß er auch bei Scorsese mit dem Entzug seiner Messianität bestraft wird. „Ich muß nicht geopfert werden?" fragt er. Und der Engel sagt: „Nein, nein, gewiß nicht." Dann: „Ich bin nicht der Messias?" und der Engel: „Nein, bist du nicht."
Leider läßt also auch Scorsese trotz aller guten Andeutungen das Bild eines bedingungslos liebenden Gottes letztlich nicht gelten. Und das ist der Einwand, der eigentliche und schwere Einwand gegen diesen Film, daß er bei allem positiven Ansatz die christenübliche theologische Entgleisung dann doch mitvollzieht, indem er diesen Jesus einen schlimmen Preis dafür zahlen läßt, daß sein Vater sich seiner erbarmt: daß er dann und darum nicht mehr der Messias ist. Und so macht sich Scorsese dann doch noch mit der gotteslästerlichen Lüge von einem unerbittlichen Gott gemein.
Gottessohnschaft und Weiterleben gehören also nicht zusammen, und Gottessohnschaft und eheliche Liebe erst recht nicht. Zwar ist nach christlicher Lehre Christus wahrer Gott und zugleich wahrer Mensch und in allem den Menschen gleich außer in der Sünde. Aber an seiner Menschlichkeit sparen Christen den Sexualbereich grundsätzlich aus. Diesen haben sie, christlicher sexualfeindlicher Tradition gemäß, zu nahe neben die Sünde plaziert. Dabei spricht einiges dafür, daß Jesus schon längst vor seiner Kreuzigung der Gedanke an Ehe gekommen war und zwar als völlig normaler und naheliegender, eben menschlicher Gedanke. Die These, daß Jesus verheiratet war, hat neuerdings wieder der jüdische Religionsphilosoph Ben-Chorin vertreten. Er legt dafür „eine Kette indirekter Beweise" vor, wie er es nennt.

Es ist in der Tat denkbar, daß die schon früh sich bildende gnostisch-asketische Akzentuierung des Christentums („gnostisch“ kommt von dem Wort „Gnosis“ = Erkenntnis; es handelt sich um eine etwa gleichzeitig mit dem Christentum aus dem Osten, wahrscheinlich aus Persien, einträmende pessimistische leibfeindliche Religion) nicht nur die Lehre Jesu verfälscht hat (die Jungfräulichkeits- und Zölibatsmanie Johannes Paul II. war Jesus fremd), sondern auch das Bild von der Person Jesu umgestaltet hat: Jesus wurde zum ersten Zölibatär, was seiner jüdisch-alttestamentlichen Herkunft absolut widerspricht.

Zum Glück für die Christen ist alles nur ein böser Traum. Der Film-Jesus kehrt zurück ans Kreuz. Der Film-Judas hat ihm klargemacht: „Dein Platz war am Kreuz. Dort hatte Gott dich hinbefohlen... Als der Tod dir zu nahe kam, brach dir der kalte Angstschweiß aus, du ranntest weg... Gegen Gott, deinen Vater, hast du dich gewendet.“ Die durch ein Menschenopfer blutig Erlösten können aufatmen. Aber der Schock klingt noch nach. Denn die Vorstellung, daß dieser der Erlösung halber Gehenkte leben dürfe, beleidigt das fromme Gefühl aller christlichen „Kreuzigt-ihn“-Schreier, all derer, die nach religiösem Blutrausch verlangen, die im „Stabat mater“ beten: „Mach mich von Christi Blute trunken.“

Man muß schon gegen die übliche christliche Gedankenlosigkeit andenken, um in dem, was der Engel sagt, nicht Blasphemie, sondern gerade die eigentliche christliche Wahrheit zu erkennen, die lautet, daß Gott nicht die Tötung seines Sohnes will und auch nicht sonst irgend jemandes Tötung, weil Gott, wie der Engel sagt, ein Gott der Barmherzigkeit ist, der keine Menschenofper will, und daß Jesus das Recht Gottes auf seiner Seite gehabt hätte, wenn er vom Kreuz herabgestiegen wäre.

Zu leicht und zu selbstverständlich wollen Christen diesen Menschen nach Gottes Willen hängen sehen. Aber Gott ist kein Henker. Gott trauert über diesen Tod. Weil Menschen Henker sind, haben sie Gott zu einem Blutgott gemacht. Die Träume von der Barmherzigkeit Gottes sind keine abwegigen Phantasien, sie sind Wahrheit, auch wenn sie in der Realität der Welt Träume bleiben. Eine „Versuchung“ nennt Scorsese diesen Traum von Menschlichkeit. Aber er ist keine Versuchung. Er ist die Anklage eines von einem unmenschlichen Gott und von unmenschlichen Menschen verlassenen Opfers.

Es ist wahr: Jesus wurde getötet, aber nicht von seinem Vater. Ermordet wurde Jesus von Menschen. Wer sich wie er mit allen Armen und Angewiesenen solidarisiert, ist in unserer Welt der Mörder verloren. Wenn dagegen im Film schließlich der unerbittliche Heil-durch-Blut-Wille Sieger bleibt und Jesus zurück an das Kreuz steigt und seinen Tod im Gehorsam gegen den Vater zu Ende stirbt, so ist das wieder das alte Klischee. Schade, daß Scorsese ihn sterben ließ und so auch seine Filmunterschrift zu diesem Tode gab. Wir aber sollten ihn, was an uns liegt, vom Kreuz herabsteigen und als Messias weiterleben und, wenn er mag, auch heiraten lassen, weil auf solche Weise das Bild eines schrecklichen Gottes, wie es verbreiteter christlicher Gedankenleere entspricht, eines Gottes, der um einer heiligen Sache willen den Tod seines eigenen Sohnes will und gegebenenfalls auch den Tod anderer Menschen um anderer heiliger Sachen willen, verblaßt und einem anderen Gottesbild Platz macht: dem Bild eines sanften Gottes, der ein Gott des Lebens und nicht des Tötens ist.

Macht dieser Papst die Kirche kaputt?

Erschienen in „Die Abendzeitung“, München, 12.1.1989

Jeder Christ hat einen Traum von der Kirche, wie sie sein sollte, es sei denn, er ist ein phantasieloser Nachbeter. Und auch mancher, der der Kirche aus Enttäuschung längst den Rücken gekehrt hat, bewahrt immer noch eine Erinnerung an diesen Traum. In dem leisen Schmerz, den diese Erinnerung ihm manchmal bereitet, kann ein Rest des alten Traumes wieder lebendig werden.
Der Mensch braucht Träume, denn es ist nicht wahr, daß alle Träume Schäume sind, insbesondere solche Träume nicht. Vielmehr sind unsere Realitäten und Alltage Schäume, die einer nach dem andern zerfallen. Der Traum von der Kirche, wie sie sein sollte, meint aber mehr, als die geringe Zeit, die uns entgleitet. Dieser Traum verlangt nach einer anderen und größeren Wahrheit, als sie uns in den alltäglichen kleinen Wahrheiten und großen Lügen zuteil wird.
Der Mensch braucht den Traum von der Kirche, weil es ihn nach der Stimme verlangt, die im Sprechen der Kirche hörbar werden soll, nach der Stimme der Barmherzigkeit Gottes nämlich in einer unbarmherzigen Welt. Diese Stimme begegnet ihm, wenn ihm die Kirche als eine menschliche begegnet. Die Menschlichkeit der Kirche, das ist des Menschen Traum von der Kirche.
Aber leider hat die Kirche vieles sonstige über sich in ihr Credo geschrieben, daß sie z.B. einig und heilig und katholisch und apostolisch sei, aber daß sie eine menschliche Kirche sei, sagt sie nicht und könnte es nach ihrem Verhalten in der Geschichte auch nicht gut von sich behaupten. Daß sie sich wenigstens bemühen wolle, eine menschliche Kirche zu werden, sagt sie auch nicht. Und das ist schade. Denn so kommt es, daß die Kirche durch ihre pompöse Selbstdarstellung und mangelnde Menschlichkeit den Menschen um den eigentlichen Horizont seines Daseins betrügt und daß der Mensch bei allem Einig-heilig-katholischen-apostolischen der Kirche verlassen draußen vor den Kirchentüren bleibt.
Einem Papst stehen viele Titel zu, z.B. der des Stellvertreters Gottes und des Stellvertreters Christi. Aber es scheint, daß er nicht einen barmherzigen Gott und einen menschenfreundlichen Christus vertritt, sondern zwei göttliche Wesen repräsentiert, denen vor allem an der Macht des Papstes gelegen ist.

Die Macht ist immer in Gefahr, Amok zu laufen. Auch die päpstliche Macht ist nicht davor gefeit. Eine unfehlbare Macht ist zudem leicht eine unbelehrbare Macht. Und so ist die Gefahr, in der ein Papst schwebt, größer als die anderer Mächtiger. Da seine Macht die Gewissen zu binden sich anmaßt und von den Seelen der Menschen Besitz zu ergreifen sucht, ist sie folgenschwerer als die anderer Herren der Welt.

Ein Papst sollte sich zur Behutsamkeit verpflichtet wissen. Denn ein päpstlicher Elefant im kirchlichen Porzellanladen ist das, was die Kirche am wenigsten braucht. Der gegenwärtige Papst aber trompetet seine Botschaft vom Verhütungsverbot bzw. von der sexuellen Enthaltsamkeit ohne Rücksicht auf Scherben und andere Verluste urbi et orbi und bringt die Kirche so in die Gefahr, den Spott der Welt herauszufordern. Dabei sieht er sich in der Rolle eines neuen Offenbarers und seinen Vorgänger Paul VI. als seinen Propheten. Anläßlich der Einstufung des Kondomgebrauchs seitens der Aidskranken als „schweres Delikt" (12.11.1988) verweist er auf die „prophetische Lehre" seines Vorgängers, nämlich auf die Pillenenzyklika „Humanae vitae", welchselbige er seinerseits, damals noch Erzbischof von Krakau und Leiter des Krakauer Kreises, in einem Memorandum dieses Krakauer Kreises dem damaligen Papst Paul VI. dem Inhalt nach maßgeblich untergejubelt hatte.

Aber nicht nur beruft er seinen Vorgänger zu seinem eigenen Propheten. Johannes Paul II. geht noch weiter. Die Lehre der Apostel wird nachträglich korrigiert. In seinem „Apostolischen Schreiben" über „Die Würde der Frau" vom 30.9.1988 (Inhalt: päpstliche Jungfräulichkeitsmanie und männlich-bornierte kirchliche Apartheidspolitik gegenüber den Frauen) übersetzt der Papst in der neutestamentlichen Hauptstelle über die Ehe, nämlich Epheserbrief Kapitel 5, die Worte „Ehemann" und „Ehefrau" mit „Bräutigam" und „Braut" und spricht vom „Begriff des Bräutigams im Epheserbrief", welchselbiger Begriff aber im ganzen Epheserbrief nicht ein einziges Mal vorkommt, wovon jeder sich leicht überzeugen kann. Vielleicht hat der Papst eine polnische Übersetzung des Neuen Testaments zugrunde gelegt, in der die Worte Mann und Frau im Sinne von Ehemann und Ehefrau unzüchtig erscheinen, die Worte „Bräutigam" und „Braut" dagegen sauberer, keuscher, enthaltsamer, jungfräulicher und frommer, sozusagen mehr der Josefs- oder Marienehe angeglichen.

Wie dem auch sei, nachdem schon der Vorgänger und die Vor-Vorgänger des Vorgängers, nämlich die Apostel, auf dem neuen päpstlichen Enthaltsamkeitstrip waren, steht jetzt für den Papst zur Sicherung seines Gedankenguts nur noch die Frage seiner Agenturen und Nachfolger auf dem Programm. Und hier ist der Papst eifrig dabei, auf jeder freiwerdenden Apostelnachfolgerstelle sich selbst zu klonen und auf diese Weise sein höchstpersönliches Zentrum der christlichen Verkündigung, nämlich die Jungfräulichkeit, an die absolute Spitze zu schieben, als das, wie er behauptet, durch „das Kommen Christi" bewirkte „neue Glaubensbewußtsein", als den „Radikalismus des Evangeliums", der sich „in diesem evangelischen Ideal der Jungfräulichkeit" verwirklicht („Die Würde der Frau", Kap. 20).

Der Mensch braucht den Traum von der Kirche. Aber es ist möglich, daß ein Papst diesen Traum zu einem Alptraum macht.

Hans Siemsen

Schriften

Auf drei Bände angelegt ist die erste Werkausgabe der Schriften von Hans Siemsen (1891–1969), eines bedeutenden und zu Unrecht vernachlässigten Autors der Zwanziger Jahre. Kurt Tucholsky lobte an seinen Erzählungen die Mischung aus "Liebe und Ironie". In der "Weltbühne" schrieb Siemsen über Kunst, Film, Varieté, Bücher und Musik und gegen den Krieg. Er entdeckte Chaplin für Deutschland und gab aus dem Exil den Nachlaß seines Freundes Ringelnatz heraus. Band I bringt "Verbotene Liebe" und andere Erzählungen (262 S., brosch., ISBN 3-924868-02-6), Band II umfaßt die kritischen Schriften, denen ein Briefband folgt.

Die "Zeit" fand im ersten Band *"rührende, zärtliche Passagen,* die jedem heterosexuellen Eiferer besonders zu empfehlen sind", und die "Frankfurter Rundschau" begrüßte die Edition, "die alle Chancen hat, **begeisterte Leser zu finden**".